Stefan Aust

Kennwort
Hundert Blumen

Die Verwicklung des Verfassungsschutzes in den Mordfall Ulrich Schmücker

Konkret Literatur Verlag

Umschlaggestaltung: Reiner von Drathen
Druck: Fuldaer Verlagsanstalt GmbH, Fulda
ISBN 3-922-144-04-7

Inhalt

Tod im Grunewald

Es war eine kühle Frühsommernacht. Die Nacht vom 4. auf den 5. Juni 1974. Das Thermometer zeigte knapp 10 Grad Celsius. Ein leichter Wind wehte von West-Nordwest. Der Himmel war sternenklar.

Um 20.24 Uhr begann sich der Schatten der Erde langsam über den Vollmond zu schieben.

Um 23.17 Uhr hatte die partielle Mondfinsternis ihren Höhepunkt erreicht. Der Erdschatten verdunkelte 83 Prozent des Mondes.

Die Wachpolizisten Walter Sommer und Hans-Joachim Lange vom Revier 166 der Westberliner Polizei waren auf Streifengang am Rande des Grunewaldes. Als sie die Straßenecke zwischen Elvirasteig und Kloppstockstraße erreicht hatten, schaute Walter Sommer auf seine Armbanduhr. Es war genau zwanzig Minuten vor Mitternacht. Die Polizeibeamten sahen zu, wie der halbrunde Erdschatten den Mond langsam wieder freigab.

Die Straßen waren menschenleer. Kein Fahrzeug störte die nächtliche Ruhe. Plötzlich hörten die beiden Polizeibeamten einen Schuß. Er kam aus nördlicher Richtung, dort wo der Südzipfel der Krummen Lanke liegt.

»Da ist eben geschossen worden«, sagte Walter Sommer zu seinem Kollegen. Er hatte den Eindruck, daß es ein scharfer Schuß aus einer Pistole von weniger als 9 Millimeter Kaliber war. Von seiner Schießausbildung bei der Polizei wußte Walter Sommer, scharfe Schüsse von Übungsmunition und Schüsse aus großkalibrigen von Schüssen aus kleinkalibrigen Pistolen zu unterscheiden.

Ruhig setzten die beiden Polizeibeamten ihre Streife fort. Schüsse waren in dieser Gegend keine Seltenheit. Die amerikanische Armee machte häufig Nachtübungen im Grunewald.

In derselben Nacht wachte die Hausfrau Christel Voigtmann in ihrer Wohnung am Elvirasteig durch einen Knall auf.

Es war kurz vor Mitternacht. Ihre Nachbarin, die Sozialrichterin Brigitte Chomse hörte in der Stunde vor Mitternacht ebenfalls einen Knall. Sie war aber nicht sicher, daß es sich um einen Schuß handelte.

Der Freizeitangler Schönau, der in jener Nacht an der Südspitze der Krummen Lanke nach Aalen fischte, hatte schon eine Stunde vorher ein schußähnliches Geräusch wahrgenommen.

Von den vier Schußzeugen wurde später im Prozess nur die Aussage des Anglers als glaubwürdig gewertet. Seine Angaben über den Zeitpunkt des Schusses trafen mit der Theorie der Staatsanwaltschaft zusammen.

Die übrigen Anwohner am Elvirasteig nahmen in dieser Nacht nichts Verdächtiges wahr. Auch 15 amerikanische Soldaten, die auf dem Parkplatz zwischen Krummer Lanke und Fischerhüttenweg das Kommandozelt für eine Nachtübung besetzt hielten, hörten nichts.

Gegen 24.00 Uhr traten vier Gruppen mit je zwölf US-Soldaten auf verschiedenen Wegen den Rückmarsch von ihrer Nachtübung an. Aus Richtung Heerstraße durchquerten sie ein Stück des Grunewalds, um sich auf dem Parkplatz an der Krummen Lanke zu treffen. Die Soldaten trugen weder Waffen noch Munition bei sich.

Während ihres Marsches spalteten sich die Gruppen weiter auf. Sergent Blue schlug zusammen mit einem anderen GI einen Weg parallel zum Ufer der Krummen Lanke ein. Als sie den halben Weg zwischen der Südspitze des Sees und dem Parkplatz erreicht hatten, hörten sie ein leises Röcheln. Es war genau 20 Minuten nach Mitternacht. Die Soldaten gingen dem Geräusch nach und stießen in einer Schonung am Rande des Waldweges auf einen jungen Mann. Er lag ausgestreckt auf dem Rücken und hatte eine Loch in der Stirn, aus dem langsam Blut floß und im sandigen Waldboden versickerte.

Die Soldaten rannten zum Parkplatz und verständigten den Übungsleiter.

Ein Sanitätswagen, der dort stationiert war, wurde in Bewegung gesetzt. Über die Notrufsäule am Elvirasteig, Ecke Fischerhüttenweg, rief jemand die Polizei.

Als das Sanitätsauto nach wenigen Minuten die Fundstelle erreicht hatte, gab der junge Mann noch Lebenszeichen von sich. Die Soldaten legten einen Verband über Kinn und Vorderkopf an.

Um 0.30 Uhr traf der Funkstreifenwagen Ida 46 mit den Polizeiobermeistern Langhafel und Eisfelder ein. Der junge Mann gab kaum noch Lebenszeichen von sich. Acht bis zehn US-Soldaten standen neben dem Sterbenden. Drei Meter weiter parkte der Sanitätswagen. Der lockere Sandboden war aufgewühlt von den Rädern des schweren Armeefahrzeuges.

Zwanzig Minuten später kam der Rettungswagen der Feuerwehr. Die Beamten stellten den Tod des jungen Mannes fest. »Somit«, so hieß es später im Polizeibericht, »wurden keine Rettungsmaßnahmen erforderlich.«

Um 1.25 Uhr erschien die Kriminalpolizei. Die Beamten gaben zu Protokoll:

»Der Leichnam befand sich auf einem ca. drei bis vier Meter breiten Sandweg, der parallel an dieser Stelle zur Krummen Lanke verläuft. Rechts vom Weg befindet sich die Krumme Lanke, während sich links vom Weg eine Art Schonung befindet, die vom Weg durch einen Zaun abgegrenzt wird.

Der Tote lag in Rückenlage an bzw. mit dem Kopf unter diesem Zaun, und zwar in ausgestreckter Haltung. Die Augen waren etwa zur Hälfte geöffnet, der Mund stand offen. Unter dem Hinterkopf hatte sich eine ca. zwei-faustgroße Blutlache gebildet. Nach Entfernung der leicht um den Kopf gelegten Binde wurde auf der rechten Stirnseite ein Einschuß sichtbar. Beim näheren Betrachten des Kopfes wurden in der Blutlache unter dem Kopf Teile der Gehirnmasse sichtbar.

Der Tote war bekleidet mit einer braunen Wildlederjacke, grünen Cord-Jeans, braun-weiß gemustertem Polo-Hemd, Unterhemd und -hose, gelben Socken, sowie halbhohen, mit Fransen versehenen Wildlederschuhen.

Der Tote trägt einen spärlichen und rötlichen Kinn- und Oberlippenbart. In der linken Gesäßtasche befand sich ein Bundespersonalausweis auf den Namen Ulrich Schmücker — weiteres bekannt.«

Die Kriminalbeamten informierten über Funk die Mordkommission, den Erkennungsdienst, eine Hundeführerstaffel und Bereitschaftspolizei, die eine »Lichtgiraffe« herbeischaffen sollte. Anschließend befragten sie die US-Soldaten, acht bis zehn Mann, die immer noch um die Leiche herumstanden. Die beiden Soldaten, die den Sterbenden gefunden hatten, waren nicht dabei. Sie waren damit beschäftigt, einen Bericht über den Vorfall zu schreiben. Das Protokoll über den Leichenfund wurde dem Gericht später niemals vorgelegt.

Später, im Schmücker-Prozeß, fragte das Gericht über den Berliner Justiz-Senator bei der amerikanischen Militärmission an, ob es Unterlagen über das Manöver gäbe. Die Antwort des Rechtsberaters der amerikanischen Besatzungsmacht: Es gäbe über die fragliche Zeit nach Auskunft der Militärbehörden keine schriftlichen Unterlagen mehr.

Diese Antwort war falsch. Ende 1979 wandte ich mich selbst an die amerikanische Militärmission in Berlin. Ich berief mich auf die »Freedom of Information Act«, ein Gesetz, das amerikanische Dienststellen verpflichtet — unter bestimmten Bedingungen — offizielle Unterlagen herauszugeben. Daraufhin erhielt ich zwei Dokumente: Eine Kopie aus dem »Emergency Operations Center Duty Journal«, in dem ein Bericht über das Auffinden des sterbenden jungen Mannes stand, und zweitens einen Auszug aus dem Tagebuch der Militärpolizei.

Aus den Unterlagen ergab sich ein merkwürdiger Vorgang. Dort stand nämlich: »Prior to the arrival of the German Police, an unknown Representative of the german press (BILD) took several pictures of personnel at the scene.« (Vor dem Eintreffen der deutschen Polizei machte ein unbekannter Vertreter der deutschen Presse (BILD) Aufnahmen der Personen auf der Szene).

Davon war noch nie etwas bekannt gewesen. Im Gegenteil: Alle Polizeibeamten, die in der Tatnacht am Tatort gewesen waren, hatten im Prozeß zum Teil unter Eid ausgesagt, es seien keine Reporter und keine anderen Zivilpersonen am Tatort gewesen.

Gegen 3.15 Uhr übernahm die Mordkommission den Fall. Sie fand in den Taschen des Toten eine angebrochene Schachtel Rothhändle, eine Schachtel Streichhölzer, ein Feuerzeug, ein Rhombus Salino, vierzehn Bonbons, ein Eukalyptus, zwei Zehn-Mark-Scheine und 2,51 Mark Kleingeld, ein Taschentuch, einen abgebrochenen Kamm, ein Tempotaschentuch, einen Sicherheitsschlüssel, zwei Kugelschreiber, einige Papiere und Notizen. Zu Füßen des Toten lagen eine Zeitschrift, eine nickelfarbene Brille und ein Briefumschlag mit Ansichtskarten, Reklamebogen und Briefmarken.

Ein Brief, den die US-Soldaten nach ihrer späteren Zeugenaussage auf der Leiche gesehen haben wollten, tauchte in der Asservatenliste nicht auf.

Der Brief hat offenbar tatsächlich existiert. In seiner Vernehmung vor Gericht, am 25. Mai 1978 sagte der Polizeiobermeister Langhafel unter Eid aus: »Ich wurde von US-Soldaten über einen Polizei-Melder an der Krummen Lanke zum Tatort gerufen. Die Meldung kam nach Mitternacht. Bei Schmücker fand ich dessen Personalausweis in einer Brieftasche im Jackett. Ich habe bei ihm außerdem ein Briefkuvert mit einer Briefmarke gefunden. In dem Kuvert war ein eine Seite langer handgeschriebener Brief«.

Polizeiobermeister Langhafel sagte, er habe den handgeschriebenen Brief an den Kriminalkommissar vom Dienst Müller gegeben. Der aber konnte sich nicht erinnern. Der Brief blieb spurlos verschwunden.

Nach dem Abtransport der Leiche untersuchten fünf Polizeibeamte den Tatort im Umkreis von 100 Metern nach Spuren. Vergeblich durchharkten sie den knöcheltiefen Sand, um die Patronenhülse der tödlichen Kugel zu finden.

Am Nachmittag des 5. Juni versuchten es vier Bereitschaftspolizisten noch einmal. 20 Meter um den Tatort trugen sie das Erdreich je nach Beschaffenheit des Bodens 10 bis 30 Zentimeter tief ab und warfen es auf ein engmaschiges Sieb. Die Patronenhülse wurde nicht gefunden.

Am selben Nachmittag durchsuchten Kriminalhauptkommissar Ribbeck und Kriminalhauptmeister Schmidt eine Wohnung in der Lahnstraße 82 in Berlin-Kreuzberg. Dort, so hatten die Nachforschungen der Kripo ergeben, hatte Ulrich Schmücker unter dem Namen Bernd Laurisch gewohnt. Eine Spurensicherung wurde entgegen sonstigen kriminalpolizeilichen Bräuchen in der Wohnung nicht durchgeführt. So blieb unbekannt, welche Personen in Ulrich Schmückers Wohnung Fingerabdrücke hinterlassen hatten.

Um 19.24 Uhr schickte das Polizeipräsidium Berlin ein verschlüsseltes Fernschreiben an alle Landeskriminalämter und an das Bundeskriminalamt in Wiesbaden.

»Betr.: Mordsache Schmücker.

Am 5.6. — 0.20 Uhr wurde der Student Schmücker, Vorname Ulrich, 4.8.1951 Hagen geb. in Berlin-Zehlendorf, Nähe der Krummen Lanke im Grunewald im Jagen 44, mit einem Einschuß in der rechten Stirn von übenden US-Soldaten schwerverletzt aufgefunden. Er verstarb am Ort. Fremdverschulden ist offensichtlich. Schmücker war ab etwa Mitte April 1972 Mitglied einer kriminellen Vereinigung, Untergruppierung der Bewegung 2. Juni, die Sprengstoffanschläge und Banküberfälle verübt hat. Seine Festnahme erfolgte am 7.5.1972 in Bad-Neuenahr-Ahrweiler. Hinsichtlich der von ihm begangenen Straftaten war Schmücker geständig. Er wurde am 7.2.1973 vom Landgericht Berlin zu einer Freiheitsstrafe von 30 Monaten verurteilt. Der zunächst ergangene Haftverschonungsbeschluß wurde später aufgehoben, da Schmücker unbekannten Aufenthalts war. Nach Sachlage kann nicht ausgeschlossen werden, daß Schmücker aufgrund seines Verhaltens von Gesinnungsgenossen liquidiert worden ist«.

Dann folgte eine Liste von 15 »Kontaktpersonen«, über deren Aufenthalt und deren Verbindungen zu Schmücker die Berliner Polizei von den angeschriebenen Diensstellen Auskunft erbat.

Unter den genannten Personen waren: Ilse Bongartz, geb. Henecke, aus Wolfsburg, Götz Tilgener, Berlin, Wolfgang Weßlau, Wolfsburg, und Wolfgang S., Wolfsburg.

Am Abend des 5. Juni trat der Leiter der Staatsschutz-Abteilung der Berliner Polizei, Manfred Kittlaus, vor die Fernsehkamera. In der Berliner Abendschau fordert er die Bevölkerung zur Mithilfe bei der Fahndung auf:

»Wer kann uns Angaben machen über den Umgang des Toten, des Ulrich Schmücker, in der letzten Zeit, insbesondere vor der Tat?«

Beim Berliner Landesamt für Verfassungsschutz war Schmückers Umgang zu dieser Zeit längst bekannt.

Ulrich Schmücker

Ulrich Schmücker wurde 22 Jahre und 10 Monate alt. Er war das einzige Kind aus der späten Ehe einer Kriegerwitwe und eines Witwers.

Als er am 4. August 1951 in Hagen in Westfalen geboren wurde, war seine Mutter 37 und sein Vater 51. Der Vater, von Beruf Sportlehrer, versuchte aus dem schmalen Jungen einen »ganzen Kerl« zu machen.

Einem Journalisten sagte er später: »Zwischen lateinischen Vokabeln und den Hausaufgaben in Mathematik habe ich ihn kräftig rangenommen. Kniebeugen, Liegestützen, Trimm-Dich-Pfad, Schwimmen, Ski und Tennis.«

Ulrich Schmücker gab sich alle Mühe, den Ansprüchen seines Vaters gerecht zu werden. Seine Mutter: »Er war eine wilde Hummel. Manchmal beängstigend forsch. Wir waren mal mit ihm an der Nordsee, da ist er aus fünf Meter Höhe in eine Schleuse gesprungen. Solche Sachen machte er. Das war beängstigend. Dann blieb mir fast das Herz stehen«.

Ulli — oder »Pullewitsch«, wie ihn seine Eltern nannten, nahm im Urlaub an Kinder-Ski-Rennen und an Schwimmwettkämpfen teil. Bei einer Schwimmprüfung in der Schule strengte er sich so an, daß er anschließend in der Umkleidekabine zusammenbrach.

Während der Pubertät bekam Ulli wachstumsbedingte Beschwerden an den Kniegelenken, so daß er mit dem Schwimmen aufhören mußte.

In Castrop Rauxel, wohin die Familie gezogen war, besuchte Ulrich Schmücker das Adalbert-Stifter-Gymnasium. Er zeigte Begabung für Sprachen, für geisteswissenschaftliche Fächer und für Musik.

Als der Vater pensioniert wurde, zog die Familie um nach Bad Neuenahr-Ahrweiler. Ulli war ein guter Schüler, der aber anfangs nur wenig Kontakt zu seinen Klassenkameraden hatte. Vor allem das rauhe Klima zwischen Lehrern und Schülern machte ihm zu schaffen. Als

Lehrerssohn hatte er sich an seiner vorherigen Schule möglichst unauffällig verhalten — der Vater hätte jede Aufmüpfigkeit seines Sohnes sofort mitgeteilt bekommen.

An der neuen Schule gewöhnte sich Ulli langsam einen freieren Ton den Lehrern gegenüber an. Er fand Freunde, die im Begriff waren, sich zu politisieren.

Vor allem zur Familie eines seiner Klassenkameraden fühlte er sich hingezogen. Dort gab es zehn Kinder und einen Vater, der als Kommunist Jahre im Konzentrationslager zugebracht hatte.

Das alles war neu für Ulli. Zu Hause hatte es wenig Gespräche über Politik gegeben. »Mein Mann«, sagte seine Mutter, »war überhaupt nicht politisch interessiert. Und ich muß ehrlich sagen, ich habe unter Adolf Hitler gelebt und war auch Parteigenossin und habe das damals sehr schön gefunden mit dem Arbeitsdienst und so. Das war für mich eine herrliche Welt, weil ich als Einzelkind aufgewachsen war. Plötzlich in eine schöne Gemeinschaft zu kommen, wo immer gesungen wird und wo man auch noch was lernen kann. Das hat Ulli natürlich nicht verstanden, daß ich diese Zeit für gut befunden habe.«

Mehr noch als für Politik interessierte sich Ulrich Schmücker in dieser Zeit für Pop-Musik. Auf seiner Gitarre spielte er nach der Schule die Musik der Rolling-Stones nach. In den letzten drei Jahren seiner Schulzeit trat er als Gitarrist und Sänger in einer Rock-Gruppe auf.

Nebenbei engagierte er sich bei der Kirche. Er nahm an Wochenendseminaren der evangelischen Schülerarbeit im — katholischen — Rheinland-Pfalz teil und beschloß, Pfarrer zu werden.

Die Mutter war erstaunt über das Sendungsbewußtsein ihres Sohnes. »Wir sind absolut kein religiöses Haus. In keiner Weise. Ich habe immer gesagt, 'Mensch, werd doch Arzt. Dann kannst Du mich wenigstens behandeln. Als Pfarrer kannst Du mich nur beerdigen'.«

Durch die kirchlichen Seminare, in denen über soziale Fragen, über Politik, über die Probleme der Dritten Welt diskutiert wurde, verstärkte sich sein soziales und politisches Engagement.

»Immer schon hatte er anderen Menschen irgendwie helfen wollen«, erinnerte sich seine Mutter. »Das hat er schon als Kind gehabt. Wir wohnten in Castrop Rauxel in einem Haus, da war unten ein Milchgeschäft. Und dann sagte er zu mir, ich sollte doch mal Frau

Kröncke fragen, ob er nicht alten Leute die Tasche nach Hause tragen dürfte. Er fand das wohl sehr beschwerlich für die alten Leute, wenn sie ihre Taschen oder ihre Milchkannen immer wieder abstellen mußten.

Später in Neuenahr versorgte er dann eine alte Frau, die eine gelähmte Tochter hatte, mit der sie unter sehr elenden Bedingungen zusammenlebte. Er hat denen immer die Besorgungen gemacht oder Behördengänge erledigt. Und wenn er mal wegfuhr, dann sagte er zu mir: 'Könntest Du heute Frau Orbschat betreuen?' Dann bin ich immer hochgegangen und habe mich um die gekümmert. Das waren armselige Leute, nein, sowas schreckliches. Daß so ein Junge überhaupt zu denen hinging! Die Tochter mußte immer im Bett liegen. Die hatte Spitzfüße gekriegt durch das lange Liegen. Die Frau konnte auch nicht aus dem Haus«.

Ulrich Schmücker war ein stiller, gefühlvoller Junge. Er hatte eine Gruppe von Freunden um sich, war aber nur der Mittelpunkt, wenn er auf seiner Gitarre spielte und dazu sang. Er war ernst, ernster als die meisten aus seiner Schulklasse.

Wenn er aus der Schule kam, dann setzte er sich für eine Zeit allein in sein Zimmer und klimperte auf der Gitarre herum. »Ich brauche das«, sagte er seiner Mutter.

Manchmal dachte er daran, in eine Wohngemeinschaft zu ziehen, doch als die Eltern ihm alle Freiheiten zusicherten, blieb er zu Hause wohnen.

Konflikte gab es höchstens über seine lange Haare.

In der Oberprima erhielt er die Gelegenheit, als Austauschschüler des American Field Service für ein Jahr in den USA zu leben.

In der Kleinstadt Osseo im Bundesstaat Minnesota lernte er den Gegensatz zwischen der Wohlstandsfassade und der Realität aus Armut und Rassendiskriminierung kennen. Zusammen mit jungen Amerikanern leistete er in den Slums praktische Sozialarbeit. Der täglich erlebte Rassismus wühlte ihn auf. Er begann, nach Ursachen und Zusammenhängen zu fragen, und suchte Antworten nicht mehr in der Bibel sondern bei Marx und Engels und Marcuse.

Als er nach einem Jahr aus den USA zurückkehrte, war aus seinem Gefühl christlicher Nächstenliebe politisches Engagement geworden, der Wille, an der Veränderung gesellschaftlicher Verhältnisse mitzuarbeiten.

Der Schulabschluß, den er in Minnesota gemacht hatte, wurde in der Bundesrepublik nicht anerkannt. Ulli mußte zurück auf seine alte Schule, um das Amerika-Jahr nachzuholen. Er arbeitete hart, las viel, hatte für die oberflächlichen Vergnügungen seiner Klassenkameraden nicht viel Verständnis. Eine gleichaltrige Freundin, die Perserin Farzaneh beklagte sich bei seiner Mutter: »Was kann ich nur dagegen tun, daß Ulrich immer so ernst ist. Er will mit mir über das Elend der Welt sprechen, und das deprimiert mich so. Ich will doch tanzen und fröhlich sein.«

Ulrich Schmücker wollte jetzt nicht mehr Pfarrer werden, er wollte praktisch politisch arbeiten — nur wie, das wußte er noch nicht.

Zu seiner Mutter sagte er: »Ich kann nicht für einen Gott auf die Kanzel gehen, der es zuläßt, daß man nur seiner Hautfarbe wegen geprügelt wird«.

Mit seinen Freunden in Bad Neuenahr führte er lange Gespräche über die Zukunft. Sie beschlossen, gemeinsam nach Berlin zu gehen und an der Freien Universität zu studieren. In ihren Vorstellungen verbanden sie die FU mit Aktion, mit Selbstverwirklichung und Aufbruch.

Vor allem aber wollten sie der Bundeswehr entgehen. 11 aus seiner Klasse von insgesamt 16 oder 18 Schülern wollten den Sprung nach Berlin machen.

Im Frühjahr 1971 bestand Ulrich Schmücker das Abitur mit der Durchschnittsnote »Gut«.

Kurz darauf fuhr er für zwei Wochen nach Berlin, um sich dort nach Wohnmöglichkeiten zu erkundigen.

Anschließend verbrachte er sechs Wochen im Rahmen des deutsch-französischen Jugendaustausches in Bordeaux. Er wohnte dort bei französischen Gasteltern, deren Kind mehrfach in Bad Neuenahr zu Besuch gewesen war.

Am 15. Oktober 1971 schrieb er sich an der Freien Universität Berlin als Student der Geschichte und Ethnologie ein. Seine Schulfreunde aus Bad Neuenahr waren bereits in Berlin. Zu ihnen hielt Ulli weiterhin engen Kontakt.

In dieser Zeit telefonierte er oft mit seinen Eltern in Bad Neuenahr und schrieb ihnen Briefe, in denen er sein neues, unabhängiges Leben schilderte.

In Berlin wohnte er anfangs bei einem Jungfilmer zur Untermiete. Im Februar 1972 fand er in Neukölln in der Weisestraße 30 eine Einzimmerwohnung.

Von seinen Eltern bekam er regelmäßig eine finanzielle Unterstützung von 200 Mark im Monat. Zusätzlich zahlten ihm die Eltern die Wohnungsmiete, Fahrkarten und Bücher.

Bei seinem ersten, zweiwöchigen Aufenthalt in Berlin hatte Ulrich Schmücker die Dreharbeiten an einem Lehrlingsfilm »Über unsere Situation« beobachtet. Dabei hatte er Jugendliche aus dem Kreuzberger Jugendzentrum kennengelernt, die ein leerstehendes Fabrikgebäude besetzt hielten. Schmücker erfuhr von ihnen Einzelheiten über Stadtteilarbeit in Kreuzberg, über Mieterinitiativen und Kindergruppen. Er fand solche Aktionen notwendig — aber er selbst wollte vorerst noch nicht mitmachen.

Während des Wintersemesters verlor Ulrich Schmücker die Lehrlinge aus den Augen. Er engagierte sich in der »Roten Zelle Historiker«. Doch die politische Arbeit innerhalb der Universität reichte ihm nicht aus. Er wollte an Aktionen außerhalb des studentischen Milieus teilnehmen, am liebsten Stadtteilarbeit machen.

Im Februar 72 stieß er zur »Schwarzen Hilfe«, einer Organisation, die sich vor allem der Betreuung politischer Häftlinge widmete. Bei der Schwarzen Hilfe traf er Siegfried und Karin M., die in der Schwedenstraße im Wedding wohnten. Genau wie Schmücker war auch das Ehepaar M. mit der eigenen politischen Arbeit nicht zufrieden. Sie nahmen an Stadtteilaktionen teil, aber das war ihnen an politischer Praxis zu wenig.

In langen Diskussionen lernten sie sich näher kennen, bauten das allgegenwärtige Mißtrauen ab. In einem dieser Gespräche kam die Rede auf die RAF, die »Rote Armee Fraktion«. Schmücker hatte kurz zuvor die RAF-Schrift »Über den bewaffneten Kampf in West-Europa« gelesen. Auch das Ehepaar M. kannte den Text. Die RAF schien für Schmücker und seine neuen Freunde Ansätze für einen gangbaren politischen Weg zu beschreiben.

»Wir wollten«, so sagte Schmücker später der Polizei, »in gezielten Aktionen der von der herrschenden Klasse ausgeübten Gewalt revolutionäre Gegengewalt entgegensetzen«.

Als die Berliner Verkehrsgesellschaft, die BVG, ihre Preise erhöhte, machten Schmücker und seine neuen Freunde Ernst.

Mit Ulrich Schmückers altem Volkswagen 1200, Kennzeichen AW-N-166, fuhren die drei nach Rudow. Auf den U-Bahnstationen verstopften sie die Fahrscheinautomaten mit Metallkitt. Daneben klebten sie Zettel, auf denen gegen die Tariferhöhung, die am nächsten Tag in Kraft treten sollte, protestiert wurde.

Die Flugblätter und das Kaltmetall hatten sie von Verena Becker erhalten, jener Verena Becker, die später im Austausch gegen den entführten Berliner CDU-Politiker Peter Lorenz freigelassen wurde.

In dieser Nacht waren nicht nur Schmücker und das Ehepaar M. am Werk. Andere Gruppen machten sich ebenfalls an Fahrscheinautomaten zu schaffen und verklebten sie mit Metallkitt.

Ulrich Schmücker wußte, daß Verena Becker Kontakt zu Gruppen der RAF und der »Bewegung 2. Juni« hatte.

Die Bewegung 2. Juni

Entstanden war die »Bewegung 2. Juni« aus einer Vielzahl von Gruppen und Grüppchen, die zusammen den Westberliner »Blues« bildeten, eine Subkultur der »antiautoritären« Linken.

Eine später innerhalb des »Prozeßbüro Berlin« erarbeitete Dokumentation definiert die Bewegung so: »Der Blues ist ein Synonym für eine antiautoritäre politische Richtung, deren Inhalte und Zielvorstellungen sich kennzeichnen lassen mit Begriffen wie: Auffinden neuer Lebensformen, Entwicklung konkreter Utopien, Solidarität mit allen Unterdrückten, Sensibilität in der Kommunikation untereinander, Phantasie und Spontaneität in der revolutionären Aktion, zugleich direkte und militante Angriffe auf den Klassenfeind und seine, den Genossen und der Bevölkerung unmittelbar gegenüberstehenden Repräsentanten: Angehörige der Polizei, der Justiz, des Strafvollzugs, des — vor allem — amerikanischen Militärs, Agenturen des nationalen und internationalen Kapitals. Die militante Aktion war dabei grundsätzlich nicht nur Konsequenz einer theoretischen Überzeugung und Analyse, nicht nur der Aufklärung dienendes Symbol, sondern stets auch der Versuch, die eigene Ohnmacht zu überwinden, aus der Passivität herauszufinden in den aktiven Angriff, die eigene Aggressivität nicht gegen die Genossen oder sich selbst, sondern — oft wie in zahlreichen westberliner Straßenschlachten — gezielt gegen die Agenturen des Gegners und, zumindest, die Symbole seiner Macht zu richten, damit der Versuch, sich selbst in der aktiven Handlung weiterzuentwickeln, sich selbst nicht nur mit dem Kopf, sondern auch mit dem Bauch, mit seinen Bedürfnissen und Emotionen in die politische, militante Aktion einzubringen«.

Historisch entsprachen diese Auffassungen am ehesten dem Anarchismus, dem Rätekommunismus, dem Spontaneismus und der antiautoritären Bewegung der Sechziger Jahre. Nur selten wurden die Konzepte des »Blues« schriftlich formuliert. Sie waren ständiger Diskussionsstoff und Ausdruck des Lebensgefühls von Leuten, die mit der bürgerlichen Welt radikal gebrochen hatten. Es galt das Motto der frühen Tage: »Macht kaputt, was Euch kaputt macht« oder »High sein, frei sein, Terror muß dabei sein«.

Für diese Gruppen bestand die »Rote Armee Fraktion« (RAF), die sich nach der Baader-Befreiung im Mai 1970 gebildet hatte, aus »Leninisten mit Knarren«. Im Gegensatz zur RAF, die sich die gesamte Bundesrepublik als revolutionäres Tätigkeitsfeld gesucht hatte, beschränkten sich die Gruppen des »2. Juni« auf West-Berlin.

Im Januar 1975 entstand in der »Bewegung 2. Juni« eine interne Schrift unter dem Titel: »Mit dem Rücken zur Wand?« Darin hieß es:

»Die Bewegung 2. Juni wurde in einer Phase von antiimperialistischem Massenkampf geboren. Aus den Haschrebellen und der proletarischen Subkultur formierte sich eine Gruppe, die vor allem die Justizkampagne und militante Aktionen unterstützend vorantrieb. Über die Untergrundzeitung *833* agitierte sie für eine organisierte Massenmilitanz und für Kommandoaktionen. So wurde z.B. während des Einmarsches der US-Armee in Kambodscha noch in derselben Nacht das von Bereitschaftspolizei bewachte Amerikahaus in Westberlin von 20 Genossen mit Mollis, Steinen und Stangen angegriffen. Wenige Tage später — aus den Massendemonstrationen heraus — gingen die letzten Scheiben dieses imperialistischen Kulturzentrums zu Bruch. Von den in die Demonstranten hineingetriebenen Polizeipferden wurden zwei abgestochen. Den bewaffneten Bullen gegenüber verteidigten sich die Militanten mit Steinen, Stahlkugeln und aufgeschweisten Eisenplatten«.

Das harte Durchgreifen von Polizei und Justiz wurde von den militanten Gruppen mit weiterer Eskalation beantwortet. Der Kampf wurde straffer organisiert und nahm immer mehr konspirative Züge an. Aktionen wurden in dieser Zeit unter den verschiedensten Etiketten durchgeführt. Die »Kommandos« firmierten unter dem Namen »Tupamaros Westberlin« oder »Schwarze Ratten«. Die Polizei ging davon aus, daß der an den Aktionen beteiligte Personenkreis weitgehend derselbe war, daß lediglich die Namen der Kommandounternehmen ausgewechselt wurden. Die militanten Aktionen richteten sich vor allem gegen Einrichtungen der Polizei, der Justiz und des Strafvollzuges. Waffen waren zumeist Molotow-Cocktails und selbstgebastelte Brand- und Sprengsätze. Nur selten gelangen der Polizei Festnahmen, es wurden lediglich eine Reihe von Ermittlungsverfahren eingeleitet.

Als »Rädelsführer« in Verdacht hatte die Polizei vor allem Ralf Reinders, Georg von Rauch, Thomas Weisbecker, Heinz Brockmann und »Bommi« Baumann. Gar nicht erst gefaßt, aus der Haft entlassen oder — wie Georg von Rauch — geflohen, galten die Fünf für die Polizei als die »Most-Wanted-Persons« der militanten Untergrund-Szene.

Parallel zu diesen »Kommandos« entstanden gegen Ende der sechziger Jahre in Westberlin Organisationen, die sich vor allem der Betreuung der »politischen Häftlinge« annahmen. So die anarchistisch orientierte »Schwarze Hilfe«, zu der Inge Viett und Verena Becker gehörten. Auch das Ehepaar M., das Ulrich Schmücker zu Anfang seiner Berliner Zeit kennengelernt hatte, arbeitete in der »Schwarzen Hilfe« mit.

Aus den beiden Bereichen »Blues« und »Schwarze Hilfe« kristallisierte sich ein harter Kern, die spätere »Bewegung 2. Juni«. Neben ihr, mit einzelnen personellen Verflechtungen, entstand etwa zur selben Zeit die »Rote Armee Fraktion«.

Beide Gruppierungen hatten sich Konzepten des bewaffneten Kampfes verschrieben. Mit einem wesentlichen Unterschied: die Gruppen des »2. Juni« sahen sich mit den »Kämpfen des Proletariats« in den Metropolen verbunden, während sich die RAF immer mehr mit den militanten Befreiungsbewegungen der Dritten Welt identifizierte. Für die RAF gehörte schließlich das Proletariat der Industrienationen zu jenem westlichen Machtapparat des Kapitalismus, der die Dritte Welt ausbeutete.

In einem Fernsehinterview sagte das ehemalige RAF-Mitglied, Rechtsanwalt Horst Mahler: »Die RAF verstand sich als antiimperialistische Kampfgruppe, die nicht Teil der Kämpfe hier war, sondern Teil der Kämpfe in der Dritten Welt. Und das erscheint dann hier als Kriegsführung gegen das eigene Volk.«

In dem Papier »Mit dem Rücken zur Wand?« wurde die Strategie der »Bewegung 2. Juni« dagegen so formuliert:

»Die 'Bewegung 2. Juni' hat zunächst versucht, aus ihrer politischen Geschichte eine politische Perspektive zu machen. Sie hat dann aber erfahren und gelernt, daß eine Guerilla mit aufklärerischem Konzept keine wirkliche Verbindung zum Volk bekommt, wenn sie nicht ein Teil seines Kampfes wird, und nicht von den täglich nahen Konflikten der Betroffenen ausgeht und versucht, daraus bewaffnete Gegenmacht zu entfalten. Die Bewegung hat gelernt, daß nicht die linke Szene die revolutionäre Kraft ist, sondern der Massenarbeiter, der Lehrling, die gefangenen Proleten, die rebellierenden Frauen in der Fabrik und im Stadtteil.«

Eher selbstkritisch heißt es in dem Papier weiter:

»Über drei Jahre versuchten die Genossen, ein bewaffneter Teil der undogmatischen Berliner Linken zu werden. Das Ziel war: im Rahmen antiimperialistischer Massenkampagnen Einrichtungen vor allem der USA nicht nur symbolisch anzugreifen, sondern größtmöglichen Schaden zu erzielen; und zweitens exemplarische Aktionen in Zusammenarbeit mit undogmatischen Betriebs- und Stadtteilgruppen in den proletarischen Zentren Berlins durchzuführen. Bei Zwangsräumungen, Entlassungen, Mieterhöhungen, Betriebsstillegungen usw. sollte der Haß der Betroffenen in militanten und letztlich bewaffneten Widerstand umgesetzt werden. Obwohl die Berliner Bewegung immer wieder von vielen Genossen solidarisch unterstützt wurde, waren es gerade die Kontaktgenossen zu den Basis- und Betriebsgruppen, die offensiv-bewaffnete Aktionen in Fabrik und Stadtteil passiv verhinderten. Sie sperrten notwendige Informationen zur Intervention, verpennten oder mußten dringend verreisen.

Die wenigen Flugblätter und Erklärungen der bewaffneten Bewegung wurden zum Teil unterdrückt und noch nicht einmal in der linken Presse veröffentlicht. Auf jeden Fall wollten aber auch die Genossen jeden Pressewirbel vermeiden, solange es ihnen nicht gelang, den Widerspruch zwischen Ziel und sichtbarer Praxis zu überwinden. In diesem Zusammenhang ist es leicht zu verstehen, daß hauptsächlich spektakuläre Banküberfälle das Bild über die bewaffnete Bewegung in Berlin bestimmten. Auch bei konsequentem Sparprogramm benötigten die Genossen Geld, um handlungsfähig zu bleiben, aber ein Teil wurde auch an die undogmatische Bewegung abgegeben.«

Einstieg in den Untergrund

Als Mitte März 1972 im Audimax der Technischen Universität Berlin eine politische Veranstaltung stattfand, entdeckte Ulrich Schmücker auf der Empore eine Gruppe Jugendlicher, die Flugblätter in den Saal herrunterregnen ließen. Die Zettel waren mit den Worten »Jetzt reichts« überschrieben. Mit diesen Flugblättern übernahm die »Bewegung 2. Juni« die Verantwortung für einen Brandanschlag auf das Landeskriminalamt Berlin in der Gothaer Straße.

Der mißglückte Anschlag auf das Landeskriminalamt war die erste Aktion, mit der die »Bewegung 2. Juni« an die Öffentlichkeit trat. Die Aktion sollte ein Protest gegen die Erschießung Thomas Weisbeckers durch die Polizei am 2. März 1972 in Augsburg sein. »Tommy« Weisbecker hatte zu einer der Gruppen gehört, aus denen später die »Bewegung 2. Juni« entstand.

Das Flugblatt trug zum ersten Mal als Unterschrift das Datum des 2. Juni, des Tages, an dem 1967 der Student Benno Ohnesorg von einem Polizeibeamten erschossen worden war.

Schmücker und seine Begleiter, das Ehepaar M., sprachen die Zettelwerfer an. Eine von ihnen war Inge Viett. Schmücker erwähnte kurz seine eigenen Pläne zum Aufbau einer revolutionären Gruppe. Dann verabredeten sie sich für den nächsten Samstag in Ulrich Schmückers Wohnung in der Weisestraße 30.

Ulrich Schmücker konnte das nächste Wochenende kaum abwarten. Am Nachmittag trafen seine Gäste ein: das Ehepaar M., Inge Viett, Verena Becker und Harald Sommerfeld.

Schmücker kochte Tee, und dann wurde er in großen Zügen in die Struktur der »Bewegung 2. Juni« eingeweiht. Dem Staatsanwalt berichtete er später über diesen Besuch:

»Inge Viett, Verena und Harald bildeten eine Zelle des '2. Juni', neben ihnen gab es eine Reihe anderer Gruppierungen, die in losem

Kontakt zueinander standen. Man sprach über die Grundbegriffe eines Lebens in der Illegalität, über verschiedene Methoden, Ausweise zu fälschen usw. 'Am besten ist es', so meinte einer der Anwesenden, 'jede Gruppe hätte einen Film mit den Dienststempeln der wichtigsten deutschen Großstädte. Dann könnte man jederzeit Pässe und Formulare fälschen'.«

Die Besucher kamen ins Plaudern. Inge Viett deutete an, selbst schon an Sprengstoffanschlägen beteiligt gewesen zu sein. Einzelheiten aber verriet sie nicht. Das war zwei Monate, nachdem der Bootsbauer Erwin Beelitz im Britischen Yachtclub Gatow von einer Bombe zerfetzt worden war.

Der Mechaniker Heinz Brockmann, aktives Mitglied der »Bewegung 2. Juni« legte darüber später ein umfassendes Geständnis ab.

Danach hatte Michael, genannt »Bommi«, Baumann die Idee, nach den blutigen Auseinandersetzungen im nordirischen Londonderry an mehreren Stellen in Berlin Bomben explodieren zu lassen. Durch die Anschläge sollte Solidarität mit der kämpfenden IRA, der Irisch Republikanischen Armee demonstriert werden.

»Bommi« Baumann baute unter Mithilfe von Peter Knoll und Brockmann in einer von den Eheleuten M. gemieteten Wohnung einen Sprengkörper. Harald Sommerfeld, Inge Viett, Verena Becker und Willi Räther waren dabei — so sagte Brockmann später bei der Polizei aus. Aus einem Auto-Feuerlöscher, Marke Gloria, und mehrfach verschraubtem und verzinktem Eisenrohr bastelten sie die Bombe und füllten sie mit Sprengstoff aus einer Mischung von Natriumchlorat und Zucker. In das Gemisch führte ein Glühzünder, der über Zündleitungen mit einem elektrischen Wecker und Zusatzbatterien verbunden war.

Diese Höllenmaschine sollte von Harald Sommerfeld, Verena Becker, Inge Viett und Willi Räther an einem möglichst symbolträchtigen Ort deponiert werden. In der Nacht zum 2. Februar 1972 legten sie den Sprengsatz auf einen Stuhl auf der Terrasse des Britischen Yachtclubs in Berlin-Gatow.

Sie stellten den Zeitzünder auf 2.15 Uhr und ließen ein Flugblatt in der Nähe der Bombe. Doch der zweckentfremdete Feuerlöscher detonierte nicht zum vorgesehenen Zeitpunkt.

Gegen 8.15 Uhr kontrollierte der Bootsbauer Erwin Beelitz auf seinem morgendlichen Rundgang den Bootsschuppen und entdeckte den Sprengkörper. Er nahm ihn mit ins Haus und untersuchte ihn. Als er die Bombe in einen Schraubstock klemmen wollte, explodierte sie. Erwin Beelitz wurde dabei so schwer verletzt, daß er kurz darauf starb.

Der Tod des Bootsbauers Erwin Beelitz wurde von den jugendlichen Bombenlegern mit Entsetzen aufgenommen. Sie hatten ein Zeichen gegen das Morden in Nordirland setzen wollen — daß ihre Bombe einen Menschen töten könnte, daran hatten sie nicht gedacht.

Der Tod des Bootsbauers wurde für Bommi Baumann, der den Anschlag initiiert hatte, nach seinen eigenen Angaben Signal zur Umkehr. In einem Interview mit einem Westberliner Untergrund-Filmer sagte er 1973:

»Da wird Dir plötzlich klar, wofür sterben hier Leute, wie der Bootsbauer Beelitz, der da durch 'ne Bombe irgendwie umkommt. Wofür sterben hier Leute? Für *die* Sache? Du siehst doch, es wird sich eigentlich nicht groß was ändern. Da wird Dir plötzlich klar, das ist ziemlicher Wahnsinn. Und Du siehst auch die Reaktion Deiner Mitkämpfer, die eigentlich nicht mehr besonders gefühlvoll ist auf solche Sachen.«

Tatsächlich aber hat sich Bommi — laut Brockmann — noch Anfang 1973 an einem Banküberfall beteiligt.

In diese Welt der Bombenleger, der Stadtguerillas, wollte Ulrich Schmücker eintauchen. Aus seinem frühen moralischen Engagement wurde Militanz.

Langsam wuchs er in die Untergrund-Szene hinein. Anfang März besuchte Ulrich Schmücker einen Tutor der Freien Universität, den er bei seinem Ethnologie-Studium 1971/72 kennengelernt hatte. Detlef Z. hatte einmal bei einem Gespräch in kleinem Kreis vor einer Lehrveranstaltung Sympathien für die Rebellen in Dhofar und Oman am Persischen Golf geäußert.

Als gegen Ende des Wintersemesters im Institut für Ethnologie Informations-Papiere zur Situation am Persischen Golf auslagen, vermutete Schmücker, Detlef Z. habe die Zettel ausgelegt.

Später erfur er, daß Z. Mitglied des Soliaritätskomitees zur Unterstützung des Kampfes am Persischen Golf war. Von ihm erhoffte sich Ulrich Schmücker Kontakte zu arabischen Guerilla-Gruppen.

Als er später vor der Polizei auspackte, hatte er die größten Bedenken — und die größte Angst — als das Gespräch auf seine Kontakte zu Arabern kam.

»Die folgenden Aussagen« — so steht es im Vernehmungsprotokoll — »bitte ich vertraulich zu behandeln und unter Ausschluß der Öffentlichkeit zu verhandeln, da ich im Falle eines Bekanntwerdens dieser Aussagen mit gutem Grund um mein Leben fürchte.

Zu diesem ganzen Komplex möchte ich nur gesondert und ganz vertraulich Stellung nehmen. Mir ist aus Gesprächen bekannt, daß die Leute, um die es dabei geht, Verräter unter allen Umständen liquidieren; ich bin sicher, daß ich im Falle eines Bekanntwerdens meiner diesbezüglichen Aussagen von ihnen bedroht wäre und mich in Lebensgefahr befände.«

Schmücker gab sich Detlef Z. gegenüber wie ein alter Hase der Stadtguerilla. Er fragte ihn, ob er nicht helfen könne, wenn jemand mal »für eine Weile im Ausland verschwinden« müsse. Detlef glaubte »da jemanden zu kennen«, fügte aber hinzu, daß so etwas nur bei »politischer Übereinstimmung« in Frage käme.

Bei zwei oder drei weiteren Treffen führten Schmücker und Detlef Z. lange politische Gespräche, in denen Schmücker die Notwendigkeit des bewaffneten Kampfes in den Metropolen hervorhob. Dadurch, so hoffte er, gab er sich als »zumindest potentieller Stadtguerilla« zu erkennen.

In den ersten April-Tagen kam Z. unangemeldet in Schmückers Wohnung und sagte: »Komm mit. Ich bring Dich zu jemandem, der mit Dir reden will.«

Zwischen zehn und elf Uhr vormittags brachen die beiden auf und fuhren mit Detlefs altem Volkswagen zuerst kreuz und quer durch Kreuzberg. Dann steuerte Z. Dahlem an. In der Archivstraße stoppte er und sagte: »Fahr du jetzt weiter und park bei der U-Bahn-Station Dahlem-Dorf!«

Er sprang aus dem Wagen. Schmücker rutschte auf den Fahrersitz hinüber und folgte den Anweisungen. Neben der U-Bahn-Station wartete er eine halbe Stunde im Wagen. Dann tauchte Detlef plötzlich wieder auf und gab neue Order.

»Geh zum Kiosk gegenüber der U-Bahn-Haltestelle und trink eine Cola. Warte auf jemanden, der auch eine Cola bestellt und eine Packung »Kurier« oder — wenn sie die nicht haben — »Reval Filter« kauft. Mit dem kannst Du über Einzelheiten reden.«

Nachdem Detlef wieder verschwunden war, machte sich Schmücker auf den Weg. Er bestellte eine Cola und wartete. Nach wenigen Minuten erschien ein 20 bis 25 Jahre alter Mann mit dunkelblondem bis braunem Haar und Bart. Er trug eine dickumrandete Brille, hatte dunkle Cordhosen und eine grüne Militärjacke an. In fließendem Deutsch, aber mit einem starken ausländischen Akzent sprach er Schmücker an. Ein paar Worte über das Wetter, dann tranken sie schweigend ihre Cola aus und verließen den Kiosk.

Während sie in kleinen Nebenstraßen spazierengingen, entwickelte sich ein Gespräch. Ein wenig politische Theorie, dann kam man zur Praxis. Der Araber mit dem hellen Haar erklärte Schmücker, daß jemand, der für vier bis sechs Jahre aus Europa verschwinden wolle, auf Umwegen zum Persischen Golf reisen und dort in Dhofar oder Oman bei Guerilla-Organisationen aktiv werden könne. Falsche Pässe und die Planung der Reise würden 5.000,— Mark kosten. Besonders »heiße« Leute könnten auch für ein halbes oder ein Jahr im Raum Syrien, Irak oder Libanon verschwinden. Preis: 2 bis 3.000,— Mark. Organisator sei die PFLP des Dr. Georges Habash, die »Volksfront für die Befreiung Palästinas«.

Dann kam das Gespräch auf die innere Sicherheit illegaler Gruppen. »Verräter und enttarnte Spitzel«, so bemerkte der Araber nebenbei, »sind natürlich unter allen Umständen zu liquidieren.«

Die beiden vereinbarten eine längerfristige Zusammenarbeit. Die Bewegung 2. Juni sollte Waffen jeden gewünschten Typs in jeder gewünschten Menge, Sprengstoffe und Zünder erhalten. Als Gegenleistung sollten die Leute vom 2. Juni die Araber mit größeren Geldbeträgen unterstützen.

Bomben- und Geldkisten

Am 4. April 1972 blieb Ulrich Schmücker zu Hause und wartete auf Besuch. Zum ersten Mal sollte seine Wohnung nach einer Aktion als Treffpunkt dienen. Was genau geplant war, wußte er nicht.

Zwischen 10 und 11 Uhr klingelte Inge Viett an der Wohnungstür. Sie trug eine dunkle Einkaufstasche aus Kunstleder in der Hand. Wenige Minuten später kamen Verena Becker und Harald Sommerfeld. Die drei umarmten sich zur Begrüßung. Schmücker stand etwas ratlos daneben:

»Was ist denn gelaufen?«

»Das wirst Du schon früh genug erfahren!«

Dann wurde er zum Einkaufen geschickt. Als Schmücker zurückkehrte, fragte ihn Inge Viett:

»Hast Du irgendwelche Straßensperren gesehen?«

»Nein, keine«.

Inge und Verena brachen auf. Sie wollten Freunde in der Strafanstalt Tegel besuchen. Harald Sommerfeld blieb in der Wohnung. Am Nachmittag schickte er Schmücker eine Zeitung holen. Die Schlagzeile der Abendausgabe meldete in dicken Lettern einen Bankraub in Berlin-Britz.

»Habt Ihr was damit zu tun?« fragte Schmücker.

Harald Sommerfeld antwortete nicht. Dann sagte er:

»Sieh Dir nachher mal die Abendschau an«.

Gemeinsam saßen die beiden vor dem Fernseher. Der Sprecher meldete den Bankraub in Britz und gab eine Personalbeschreibung der Täter durch, die genau auf Inge Viett, Verena Becker und Harald Sommerfeld paßte.

»Jetzt weißt Du ja Bescheid«, sagte Sommerfeld. Dabei packte er die schwarze Einkaufstasche aus. Er faltete eine weiße Plastiktüte auseinander und stapelte größere Mengen gebündelter Banknoten auf den Tisch. Daneben legte er drei Waffen: eine Firebird, Kaliber 9 Millimeter, eine Colt-Automatik-Pistole, 9 Millimeter, und einen Smith and Wesson-Revolver.

Harald Sommerfeld lehnte sich zurück und begann zu erzählen.

»Inge hat letzte Nacht einen roten VW geknackt. Damit sind wir gestern morgen raus gefahren nach Britz, wo wir schon letzte Woche eine Bank ausgesucht hatten.«

Schmücker hörte schweigend zu.

»Wir hatten Jacken und Mützen und Halstücher und Sonnenbrillen dabei. Ich trug den Colt-Automatik, Inge den Revolver und Verena die 'Firebird'. Verena und ich sind in der Nähe der Bank ausgestiegen, während Inge langsam weiterfuhr. Dann haben wir im Vorraum der Bank noch etwas gewartet und uns einen Aushang angesehen. Hinter einer alten Frau sind wir dann in den Schalterraum gegangen. Wir hatten uns Tücher vors Gesicht gebunden. Verena richtete ihre 'Firebird' auf die Kunden und Angestellten der Bank und ich bin auf den Kassierer losgegangen und hab ihm gesagt, er soll keine Faxen machen und schnell das Geld rausgeben.«

Sommerfeld zündete sich eine Zigarette an.

Er nahm einen Zug und sagte:

»Ich konnte kaum sehen. Meine Sonnenbrille war ganz beschlagen. Ich hab sie abgenommen und auf den Banktresen gelegt und blöderweise nachher vergessen. Der Kassierer war ganz schön verängstigt, aber er hat mir dann das Geld rübergeschoben. Als ich es gerade in meine weiße Plastiktüte stopfte, kam ein neuer Kunde in den Schalterraum.

Verena drehte sich superschnell zu ihm um und zischte:

'Geh weg'. Dann schwenkte sie ihre Pistole und wollte ihn dazu bringen, sich zu den anderen Kunden und Angestellten der Bank zu stellen. Aber der Mann reagierte überhaupt nicht. Verena hat ihn zur Seite gestoßen und wir sind an ihm vorbei aus der Bank gelaufen. Draußen sind wir dann in den VW gesprungen, Inge hat Gas gegeben und ist durch ein paar Seitenstraßen gefahren. Im Auto haben wir uns die Klamotten runtergerissen und das Geld und die Waffen in die schwarze Kunstledertasche gepackt. Die Jacken, Halstücher usw. haben wir im Auto gelassen. Verena hat in der Eile noch ihr Reservemagazin in der Jackentasche vergessen. Verena und ich sind dann schnell ausgestiegen und mit der U-Bahn weitergefahren«.

»Und was hat Inge gemacht?«

»Die ist noch ein paar Straßen weitergefahren und hat den Volkswagen irgendwo stehengelassen. Anschließend ist sie zu Fuß weitergegangen — in eine Laubenkolonie. Da hatte sie ein Fahrrad stehen. Sie hat die Tasche mit dem Geld und den Waffen auf den Gepäckträger geklemmt und ist einfach mit dem Rad weitergefahren. Der Weg durch die Laubenkolonie ist für Autos gesperrt. Nachher hat sie das Fahrrad an der U-Bahn-Haltestelle Leinestraße an eine Hauswand gelehnt und ist zu Fuß hierher gekommen«.

Schmücker war tief beeindruckt. Er nahm ein paar Bündel mit Geldscheinen vom Tisch.

»Laß uns mal zählen«.

Sommerfeld hatte nichts dagegen. Sie kamen auf genau 29 450 Mark.

»Wir könnten davon Waffen aus der 'arabischen Quelle' kaufen«, schlug Schmücker vor.

Sommerfeld war einverstanden. Er wollte gleich 40 000 Mark dafür anlegen: die gesamte Beute aus Britz und zusätzliches Geld, das andere Gruppen zur Verfügung hatten.

Noch in derselben Woche traf sich Schmücker mit dem Araber. Sie saßen in Detlefs Volkswagen am Paul-Lincke-Ufer. Schmücker bestellte im Namen des »2. Juni« für 15 000 Mark Handfeuerwaffen, für 15 000 Mark Sprengstoff — »möglichst Dynamit« — und für jeweils 5000 Mark Schnellfeuergewehre und Maschinenpistolen. Der Araber erklärte sich mit dem Handel prinzipiell einverstanden, sagte aber, er könne über einen solchen Großeinkauf nicht allein entscheiden. Er werde sich wieder melden.

Als Schmücker seinen Freunden den Ablauf des Gesprächs mit dem Araber schilderte, waren sie gar nicht begeistert. Ihnen erschien die Quelle nicht »cool«. Schließlich einigten sie sich darauf, lediglich für 8000 Mark Sprengstoff zu kaufen. Vorher sollte Verena noch eine »Sicherheitskiste« einbauen, das heißt, sie sollte mit einer anderen arabischen Kontaktperson sprechen und Schmückers Quelle »abchecken«.

Am Dienstag der nächsten Woche kaufte Ulrich Schmücker einen 10-Liter-Kanister und füllte ihn mit Benzin. Gegen Abend traf er sich in der Wohnung des Ehepaares M. mit Harald Sommerfeld, der gerade dabei war, die Zündvorrichtung für eine »Unkraut-Ex-Bombe« zu basteln. Das explosive Gemisch aus Unkrautvernichtungs-Mittel und Puderzucker hatte er in einen Kochtopf gefüllt und den Deckel mit Kaltmetall festgeklebt.

Noch in der Nacht sollten Schmückers Benzin-Bombe und Sommerfelds Unkraut-Sprengkörper gelegt werden.

Es war der 11. April 1972. Die Amerikaner hatten die Bombenangriffe auf Nordvietnam wieder aufgenommen. So wie Schmücker und Sommerfeld wollten auch andere Gruppen der Bewegung 2. Juni zurückbomben.

Schmückers Benzinkanister wurde unter dem Privatwagen eines amerikanischen Offiziers gezündet.

Kurz nach Mitternacht fuhren Ulrich Schmücker und Harald Sommerfeld in einem geliehenen Morris Mini zum Harnack-House, einem amerikanischen Offiziersklub in Berlin-Dahlem. Da die Sprengkraft der Kochtopf-Bombe relativ gering war, sollte sie psychologisch wirkungsvoll auf dem Dachboden des Club-Hauses deponiert werden.

Sie parkten den Mini in der Nähe des Harnack-Hauses und gingen um das Gebäude herum, um die Örtlichkeiten zu erkunden. Die Bombe hatten sie auf dem Rücksitz des Wagens zurückgelassen.

»Da steht ein Gartentor offen«, flüsterte Schmücker seinem Begleiter zu.

Doch Sommerfeld war die Sache zu riskant.

»Es ist absolut blödsinnig, auf den Dachboden raufzuklettern, bloß um eine simple Bombe loszuwerden«, sagte er leise.

»Dann mach ich es eben«, antwortete Schmücker.

Sommerfeld war einverstanden, und sie liefen zurück zum Wagen. Plötzlich tauchte aus der Dunkelheit ein Polizist auf. Mißtrauisch beobachtete er die beiden Gestalten. Schnell schlüpften Schmücker und Sommerfeld in den Wagen. Eine endlose Minute verstrich, bis Schmücker das Fahrzeug in Gang gesetzt hatte. Als der Wagen startete, blickte Schmücker noch einmal kurz in den Rückspiegel. Der Beamte stand immer noch da und beobachtete sie.

Ein paar Minuten lang umkreisten die beiden Bombenwerfer ihr Ziel. Als die Luft wieder rein war, deponierten sie den Sprengsatz in einem Kellerfenster. Der Zünder war zwischen drei und vier Uhr eingestellt. Doch die Bombe explodierte nicht zur beabsichtigten Zeit. Sie explodierte überhaupt nicht.

Am nächsten Morgen schaute Sommerfeld noch einmal nach. Der Kochtopf stand immer noch friedlich auf dem Fenstersims. Daraufhin rief Sommerfeld über 110 die Polizei an. Er wollte verhindern, daß wie im Yachtclub wieder ein Unbeteiligter zu Schaden kam.

Aus sicherer Entfernung beobachtete er, wie die Bombe von Spezialisten der Polizei entschärft wurde.

In der folgenden Zeit übernachtete Harald Sommerfeld häufig in Schmückers Wohnung. Nach seiner Teilnahme an den Bombenanschlägen galt Ulrich Schmücker jetzt als Mitglied der »Bewegung 2. Juni«. Von seinen Freunden erfuhr er Einzelheiten über den Aufbau der »Bewegung 2. Juni« — Einzelheiten, die er später an die Polizei weitergab.

In seiner Aussage vom 18. Juni 1972 hieß es:

»Die Bewegung 2. Juni besteht aus einer Reihe kleiner Kommando-Truppen, jede zwischen 3 und 9 Personen stark. Jede dieser Gruppen arbeitet weitgehendst selbständig in Bezug auf das Planen und Ausführen von Aktionen und ist in der Beschaffung von Geld, Waffen, Sprengstoff, Ausweisen, Wohnungen, Autos etc. autonom. Hiervon sind nur Fälschermaterialien und zentral gefertigte Spezialwerkzeuge (wie der 'Schraubenrausdreher' für KFZ-Schlösser, eine Erfindung der RAF, die irgendwie zum '2. Juni' gelangt war) ausgenommen. Es gibt zwischen drei und fünf Kerngruppen, deren Mitglieder sich größtenteils gegenseitig kennen, und andere Gruppen, von denen jeweils eine Person auch jeweils eine Person aus den anderen Gruppen kennen sollte«.

Schmücker schloß sich der Gruppe um Inge Viett immer fester an. Zwischen dem 20. und dem 25. April traf er zum dritten Mal mit dem Araber zusammen. Er erwartete ihn an einer Unterführung in der Nähe der Avus-Ausfahrt Hüttenweg und ging anschließend mit ihm im Grunewald spazieren.

Schmücker erklärte, daß seine Freunde nun doch nicht so viele Waffen kaufen wollten. Der Araber war einverstanden, denn auch seine Auftraggeber waren skeptisch geworden. Größere Waffenmengen wollten sie erst nach einer Ausbildung der Gruppe in einem ihrer Lager liefern. Die Ausbildung sollte 10 000 Mark pro Person kosten. Schmücker willigte ein. Es wurde vereinbart, daß in Zukunft Verena Becker in die Verhandlungen einbezogen werden sollte.

Kurze Zeit später traf Verena Becker mit einem anderen Araber zusammen. Dabei wurden zum ersten Mal feste Absprachen vorgenommen. Für eine »solidarische Gegenleistung« von 5000 Mark sollte die Gruppe Sprengstoff erhalten. Für die erste Juni-Woche wurde eine Reise zur Ausbildung im Nahen Osten geplant.

Ulrich Schmücker, Verena Becker, Inge Viett und Wolfgang Knupe sollten etwa drei Monate lang im südlichen Libanon in die Techniken des Guerilla-Kampfes eingeweiht werden. Dafür sollte die PFLP 40 000 Mark erhalten. Mehrere »Geldkisten« sollten den Trip finanzieren. Während der Abwesenheit der anderen sollte Harald Sommerfeld bei der Bundeswehr die Grundausbildung mitmachen und nach zwei bis drei Monaten desertieren. Dabei sollte er mit Hilfe einer anderen »2. Juni«-Gruppe noch schnell ein Waffenlager der Bundeswehr ausräumen und damit in Berlin untertauchen. Nach der Rückkehr aus dem Nahen Osten wollte die Gruppe dann politische Gefangene befreien. Die Pläne wurden immer hochfliegender.

In der letzten April-Woche fuhren Inge Viett, Verena Becker, Harald Sommerfeld, Wolfgang Knupe und Ulrich Schmücker nach Hannover. Sie wollten dort Banken auskundschaften, die sich für Überfälle eigneten. Acht bis zehn Banken in verschiedenen Stadtteilen wurden abgecheckt. Schmücker selbst schaute sich drei oder vier Banken genauer an. Getarnt mit einer schwarzen Perücke und gefärbtem Bart und Augenbrauen wechselte er jeweils Deutsche Mark in Devisen um. Seine Freunde ließen sich in den Banken Papier zum Einwickeln von Münzgeld geben.

Schließlich blieben zwei Banken übrig, die später von zwei Gruppen gleichzeitig überfallen werden sollten. Vorsorglich erkundeten sie fünf Fluchtwege und kauften in einem Kaufhaus der Innenstadt Halstücher und dünne Handschuhe. Harald, der sich in Hannover gut auskannte wurde beauftragt, eine konspirative Wohnung anzumieten, wo im Notfall Verletzte versorgt werden konnten.

Vor dem großen Coup in Hannover aber wollte es die Gruppe noch einmal in Berlin versuchen. Für den 9. Mai wurde dort ein Banküberfall geplant. Sollte die Beute über 100 000 Mark betragen, wollte man auf den Doppel-Überfall in Hannover verzichten.

Am Morgen des 1. Mai gegen 8.00 Uhr kam Detlef Z. in Schmückers Wohnung.

»Ein Bekannter will Dich sprechen«.

Schmücker sprang in die Kleider und setzt sich zu ihm ins Auto. Am U-Bahnhof Hansa-Platz stieg Schmücker aus, und Detlef fuhr davon.

Ulrich Schmücker betrat den Bahnhof und ging über den Bahnsteig auf den anderen Ausgang zu. Dabei blickte er sich unauffällig nach dem Araber um, konnte ihn aber nirgends entdecken. Als er in die andere Eingangshalle des Bahnhofs kam, stand der Araber plötzlich vor ihm. Die beiden verließen den Bahnhof und gingen in einer Nebenstraße auf und ab.

»Du mußt heute verreisen«, sagte der Araber, »möglichst in den nächsten zwei Stunden. Du sollst die geplante Sache erledigen«.

Schmücker war überrascht, er war nicht auf einen so plötzlichen Reisetermin vorbereitet. Er hatte kein Geld und wußte auch nicht, wo seine Freunde steckten.

»Ich weiß nicht«, sagte er. »Ich brauche mindestens vier oder fünf Stunden, um das Geld aufzutreiben. Kann aber nicht garantieren, daß es klappt.«

Der Araber nickte: »Fahr dann mit dem Zug Richtung Hannover. Zieh einen schwarzen Anorak an und binde Dir ein rotes Tuch um den Hals.«

Von einer Telefonzelle aus rief Schmücker die Bundesbahn-Auskunft an und erkundigte sich nach den Abfahrtszeiten der Züge in Richtung Hannover. Er wollte versuchen, einen Zug zwischen 17 und 18.00 Uhr zu erwischen. Um 16.30 Uhr wollte er den Araber wieder auf dem U-Bahnhof Hansaplatz treffen — auch wenn er das Geld bis dahin nicht aufgetrieben hatte.

Erregt von der Bedeutung seines Auftrages sprang Schmücker in ein Taxi und fuhr zum Mariannen-Platz, wo er Verena und Inge auf einem Volksfest vermutete. Atemlos lief er durch die Menschenmenge, konnte die Frauen aber nicht entdecken. Er ging in die Wohnung in der Eisenbahnstraße, stieß dort auf Waltraud Siepert und fragte sie nach Inges Wohnung, doch Waltraud wollte ihm die Adresse nicht verraten.

»Dann hol mir sofort einen von den dreien her. Es ist sehr dringend!«

Waltraud fuhr los und kam nach einer halben Stunde mit Sommerfeld zurück. Hastig erklärte Schmücker das Angebot des Arabers. Dann fuhr er mit Sommerfeld in Waltrauds blauem VW 1200 zu einer Kneipe am Kottbusser Tor.

»Warte hier«, sagte Sommerfeld bevor er ausstieg, »ich muß erstmal mit den Mädchen reden, bevor Du mit in die Wohnung kommen kannst«.

Eine dreiviertel Stunde später kam er zurück und führte Ulrich Schmücker in die Manteuffelstr. 61. Nach einem kurzen Gespräch drückte ihm Inge Viett 5000 Mark für den Sprengstoff und 440 Mark Reisespesen in die Hand.

Mit der U-Bahn fuhr Schmücker zu seiner Wohnung. Dort zog er sich um und packte zur Tarnung schmutzige Wäsche in seinen Koffer.

Pünktlich um 16.30 Uhr stand er auf dem U-Bahnhof Hansa-Platz.

Den Araber konnte er nirgendwo entdecken. Er sucht die Eingänge ab, den Bahnsteig, die Umgebung des Bahnhofs, nichts.

Nach 35 bis 40 Minuten, als der Zug nach Hannover längst abgefahren war, beschloß er, nicht länger zu warten. Er wollte mit der U-Bahn zum Zoo fahren und von dort mit dem Taxi nach Hause.

Die U-Bahn rollte ein. Schmücker wollte einsteigen. Da packte ihn jemand am Arm und zog ihn von der Wagentür zurück.

Schmücker und sein Begleiter verließen die Station und gingen eineinhalb Stunden im Park an der Straße des 17. Juni spazieren. Dabei erhielt er neue Instruktionen.

»Morgen früh um acht Uhr bist Du auf dem Hauptbahnhof in Braunschweig. Neben den Telefonzellen schreibst Du eine Postkarte. Du trägst den schwarzen Anorak und das rote Halstuch. Ein Mann mit einem schwarzen Anorak, der genauso aussieht wie Deiner, wird auf Dich zukommen. Er wird Dich fragen: Wie heißt die Freundin? Und Du wirst antworten: Ingrid. Und dann wirst Du den Mann beschreiben. Alles weitere kannst Du mit dem Mann selbst besprechen.«

Schmücker war klar, daß der Sprengstoff, den er am nächsten Tag in Braunschweig erhalten sollte, mit 5000 Mark fünf bis zehnfach überbezahlt war. Doch in seinen Augen war das kein Kauf, sondern ein »solidarischer Austausch ungleicher Werte«.

Nachdem der Araber wieder im Menschengewühl untergetaucht war, stellte Schmücker seinen Koffer in ein Schließfach am Bahnhof Zoo und bummelte bis zur Abfahrt des Zuges um 22.00 Uhr durch die City.

Früh am Morgen des 2. Mai traf er in Braunschweig ein und fuhr mit einem Taxi zu einer kleinen Pension. Er schlief ein paar Stunden und kehrte dann mit dem Taxi zurück zum Bahnhof.

Pünktlich um acht Uhr schrieb er seine Postkarte. Wenig später kam ein Mann auf ihn zu. Er war Mitte zwanzig, 180 bis 185 cm groß, schlank, kurze blonde Haare, Oberlippenbart.

»Wie heißt die Freundin?« fragte er mit ausländischem Akzent.

»Ingrid«, antwortete Schmücker und beschrieb den Fremden.

Beide stiegen in ein Taxi und fuhren zu einem Studentenheim am Bienenroder Weg 54, etwas außerhalb von Braunschweig. Im Lift ging es ein paar Stockwerke nach oben. Der blonde Ausländer führte Schmücker in eines der Zimmer, verließ ihn für einen Moment und kam mit einer Kanne Tee zurück. Während er Tee einschenkte, sagte er:

»Das Zeug ist ein gelantineartiger Spezialsprengstoff. Der ist sicher zu transportieren, weil er stoß- und wärmeunempfindlich ist. Er zündet erst bei einer Temperatur von 250 Grad und hat etwa die Sprengkraft von Dynamit. Im Gegensatz zu Dynamit hat er aber nach der Detonation eine sehr starke Brandwirkung, die durch Feuerzeuggas noch verstärkt wird. Er kann in jede gewünschte Form geknetet oder gerollt werden. Das Zeug riecht wie Persico, und wenn man die Dämpfe längere Zeit einatmet, kriegt man Kopfschmerzen.

Die Zündkapseln, die Du dazu bekommst, sind extra dafür entwickelt worden. Der Sprengstoff ist über mehrere Grenzen geschmuggelt worden. In Zahnpasta-Tuben. Die Zündkapseln waren in ausgehöhlten Filterzigaretten versteckt.«

Der Blonde lachte. Er nahm einen Karton aus dem Schrank und stellte ihn auf den Tisch. Dann packte er sechs braune DIN A 5-Umschläge mit gepreßten Sprengstoff-Platten, eine Zigarettenschachtel mit drei Zündkapseln, drei Ampullen Feuerzeuggas, zwei 4,5-Volt Batterien, einige Drähte, eine Taschenlampenbirne, einen präparierten Wecker und Bindfaden aus.

Schmücker war fasziniert. Aufmerksam hörte er zu, als der Blonde ihm die Konstruktion eines Sprengsatzes erklärte und dabei ein Demonstrationsmodell bastelte.

Als er fertig war, holte Schmücker das Geld aus seiner Tasche: 5000 Mark, gebündelt und mit Wäschegummi zusammengehalten. Vorsichtig räumte er die Bomben-Elemente zusammen und verstaute sie in seinem Koffer unter der schmutzigen Wäsche.

Gegen Mittag reiste er mit der Bahn zurück nach Berlin. Keine der Grenzkontrollen entdeckte seine explosive Fracht.

In Berlin angekommen fuhr Schmücker sofort in die Manteuffelstraße und übergab seinen Freunden den Sprengstoff.

Am nächsten Morgen, es war der 3. Mai, stand in der Zeitung, daß in der Türkei drei oppositionelle Studentenführer hingerichtet worden waren. Die Gruppe beschloß, den Tod der Studenten mit einem Bombenanschlag auf das türkische Generalkonsulat zu rächen. Sommerfeld übernahm die Vorhut. Zunächst fuhr er allein in die Kirschenallee 21a nach Charlottenburg.

Am Nachmittag begaben sich alle fünf zum Generalkonsulat, um ihr Bombenziel aus nächster Nähe anzusehen. Auf einem Minigolf-Platz hinter dem Konsulatsgebäude spielten sie eine Partie und beschlossen dabei, einen Sprengsatz mit dem neuerworbenen Gelantine-Sprengstoff unter der in den Garten führenden Freitreppe zu deponieren.

Anschließend baute Schmücker in der Manteuffelstraße unter den interessierten Blicken seiner Freunde eine Bombe zusammen.

Kurz nach Mitternach fuhren Ulrich Schmücker und Wolfgang Knupe, genannt »Lupus«, mit der Bombe in die Hessenallee. Dort wartete Harald Sommerfeld in einem gestohlenen schwarzen VW. Sie wechselten in den Volkswagen über und fuhren an die Rückseite des Minigolf-Platzes.

»Lupus« kletterte als erster über den Zaun zum Minigolf-Platz. Schmücker folgte ihm mit dem Sprengsatz, den er im Auto scharf gemacht hatte. 50 Minuten später sollte die Bombe explodieren.

Vom Golfplatz aus stiegen sie über den Zaun zum türkischen Konsulat. Schmücker legte den Sprengkörper in eine Mauerlücke der Freitreppe.

Am Morgen des 5. Mai fuhren Schmücker und Knupe mit den anderen zum Tatort, um die Sprengwirkung der Bombe zu begutachten. Doch alles lag still und ruhig wie am Tag zuvor. Die Bombe mußte versagt haben. Wieder einmal.

Über den Notruf alarmierten die erfolglosen Bombenleger die Polizei. Sie rückte an und durchsuchte Keller und Vorgarten des Konsulatsgebäudes. Der Sprengkörper wurde nicht gefunden.

Als die Berliner Abendschau den mißglückten Anschlag nicht erwähnte, schrieb Sommerfeld nach Schmückers Diktat einen Brief an die Deutsche Presseagentur, den die beiden in den Türspalt des DPA-Büros am Savignyplatz steckten. Dann rief Schmücker bei DPA an und verwies — mit verstellter Stimme — auf den Brief.

Das Schreiben lautete:

»Aus Solidarität mit dem Kampf des sich bewaffnenden türkischen Volkes gegen die Militärdiktatur in Ankara haben wir gestern eine Plastikbombe in das Konsulat dieser Faschisten gelegt. Die Bombe explodierte leider nicht. Um die Gefährdung Unbeteiligter durch eine Spätzündung zu verhindern, wurde die Polizei von uns benachrichtigt. Sie reagierte nicht! Die Bombe liegt noch jetzt in einer Mauernische der Hintertreppe des türkischen Generalkonsulats in der Kirschenallee/Charlottenburg. Hier wie überall auf der Welt wird der Kampf gegen das Großkapital, Faschismus und Imperialismus verstärkt fortgesetzt.

Es lebe der internationale Befreiungskampf!

Bewegung 2. Juni.«

Doch auch bei späteren Durchsuchungsaktionen wurde die Bombe nie entdeckt. Selbst als Ulrich Schmücker nach seiner Verhaftung genau beschrieb, wohin er die Bombe gelegt haben wollte, blieb sie unauffindbar.

In Harald Sommerfelds Aussage existierte die Bombe denn auch überhaupt nicht. Beim ihm hieß es lediglich:

»Die Örtlichkeit schien uns dazu nicht geeignet, deshalb begnügten wir uns damit, telefonisch über den Notruf der Polizei und schriftlich durch einen Brief an die Deutsche Presseagentur einen falschen Alarm auszulösen«.

Verhaftung im Morgengrauen

Nachdem der gescheiterte (oder gar nicht unternommene) Anschlag auf das Türkische Generalkonsulat nicht einmal in der Presse das gewünschte Echo hatte, beschloß die Gruppe, nach Bonn zu reisen und dort eine Bombe in die türkische Botschaft zu legen. Nach der Pleite in Berlin sollten Schmücker und Knupe dabeisein, um endlich zu lernen, wie man so etwas richtig macht. Verena Becker wollte in Berlin bleiben, um im Falle einer Verhaftung Spuren zu beseitigen. Am 6. Mai um 18.00 Uhr ging die Reise in einem hellgrauen Fiat 124 los.

Die vier waren gut ausgerüstet. Später fand die Polizei in ihrem Auto folgende Gegenstände, die akribisch in der Asservatenliste aufgeführt wurden:

1 Transistorgerät (zum Abhören des Polizeifunks)
2 Funksprechgeräte
2 Abziehvorrichtungen (Schloßabzieher zum Diebstahl eines Tatfahrzeuges)
1 vollständiges Kennzeichen B-WS-752
1 Rolle Draht, sowie auf einen Stab aufgerollten Klingeldraht
1 Wecker und
2 Witzhefte
2 Sortimente Schlüsselfeilen
1 Mäppchen mit diversem Handwerkszeug
1 Saugnapf
2 Rollen Isolierband
1 Rolle Tesafilm
1 selbstgebastelter Sprengkörper
1 Paket Zündschnüre
1 Tube Kaltkleber

1 elektrischer Lötkolben
2 Zündpillen salzhaltiger Substanz — in einer Tragetasche — mehrere Birnenhalter
2 Glasschneider
2 Batterien a 4,5 Volt
1 Batterie, 3 Volt
1 Nagelschere
1 Dose Lötfett
1 Tube Kleber — Kontakt 2000 —
1 Rolle Kordel und
1 Fläschchen Schwarzpulver

Ohne Schwierigkeiten passierten sie mit ihrer subversiven Fracht die DDR-Kontrollen.

Bei Braunschweig bogen sie von der Autobahn ab und fuhren langsam durch die Innenstadt. Es regnete. Bleich und stumm saß Inge Viett am Steuer, neben ihr Wolfgang Knupe, auf dem Rücksitz Ulrich Schmücker und Harald Sommerfeld. Sie fuhren durch die Außenbezirke Braunschweigs in Richtung Gifhorn/Lüneburg. Wolfgang Knupe dirigierte das Fahrzeug. Auf den Knien hielt er sein Notizbuch mit einer Skizze der Fahrtroute. Von Zeit zu Zeit leuchtete er mit einer kleinen Taschenlampe auf den Plan, verglich seine Eintragungen mit den Ortsschildern.

Irgendwo in einer spärlich besiedelten Gegend sollte das gesuchte Haus liegen. Als sie es in der Dunkelheit endlich gefunden hatten, stieg Knupe als erster aus. Es war ein winziges Einfamilienhaus mit verwildertem Vorgarten. Knupe klingelte, wechselte ein paar Worte mit einem Mann und kehrte dann zum Wagen zurück:

»Ist in Ordnung, Ihr könnt reinkommen«.

Die drei stiegen aus. Sommerfeld zog den Zündschlüssel ab, öffnete den Kofferraum und nahm eine große, schwere Tasche heraus. Knupe wartete und geleitete seine Mitfahrer ins Haus. Ein etwa 25jähriger mit langem schwarzen Haar begrüßte sie mit spärlichen Worten und Gesten. Ein anderer, etwa gleichaltriger Mann mit blonder Mähne stand stumm daneben. Schmücker hatte seine Gastgeber noch nie gesehen.

Es schien ihm, als werde die Berliner Reisegruppe schon erwartet. Erfreut waren die beiden über den nächtlichen Besuch offenbar nicht. »Wohl unpolitische Leute«, dachte Schmücker, während er das Wohnzimmer am gegenüberliegenden Ende des Hausflurs betrat. Einer der Bewohner drehte sich zu Schmücker um.

»Kannst Du Dir bitte die Schuhe ausziehen, bevor Du ins Wohnzimmer gehst«.

Verwundert blickte Schmücker die anderen an. Alle außer ihm hatten die Schuhe im Flur stehengelassen. Er hatte es nicht bemerkt. Stumm nickte er und ging zurück. Im Flur hing ein Schild mit dem Hinweis: »Bitte Schuhe ausziehen«.

Durch die angelehnte Wohnzimmertür drangen leise Stimmen. Auf Strümpfen kehrte Ulrich Schmücker zu den anderen zurück. Sommerfeld nahm ihn beiseite:

»Hör zu, Lupus hat den Leuten hier gesagt, wir beide sind schwul und wollen allein sein«.

Schmücker zuckte verständnislos die Achseln, folgte aber Sommerfeld in ein Nebenzimmer. Der Raum war etwa 12 Quadratmeter groß. Ein einfacher Tisch in der Mitte, ein Stuhl, ein Feldbett. Auf dem Tisch eine kleine Lampe, die bereits brannte. Sommerfeld stellte die mitgebrachte Tasche auf den Tisch und packte ein paar vollgestopfte Plastiktüten aus.

»Kannst Du die Kabel zusammenlöten und Bananenstecker anschrauben? Hilf mir mal.«

Schmücker war einverstanden. Ein elektrischer Lötkolben wurde erhitzt, dann löteten sie kleine Kabelstücke an eine Taschenlampenbatterie, um daran die Bananenstecker befestigen zu können. Sie füllten den Sprengstoff in braunes Packpapier und umwickelten es fest mit Draht. Daran klebten sie mit Isolierband die Batterie. Der Sprengkörper war fertig.

Wortlos packten die beiden die Tasche wieder ein. Die Bombenbastelei hatte eine knappe Stunde gedauert. Sie gingen in das Wohnzimmer zu den anderen. Niemand sagte etwas. Eine Viertelstunde später legte man sich schlafen.

Am späten Vormittag wurden die Besucher nach einem kärglichen Frühstück mit Nescafe und ein paar trockenen Scheiben Toastbrot mit Marmelade verabschiedet. Die Reise ging langsam mit vielen Pausen weiter in Richtung Westdeutschland. Im Auto wurde nicht viel gesprochen.

An der Autobahn-Tankstelle Rynern-Nord machten sie eine kurze Pause. Die Nacht brach an. Immer noch hatten sie ihr Ziel nicht erreicht.

Kurz vor Köln kam ein Gespräch auf. Im Plauderton erörterten Inge und Harald, wie und wo man am besten ein Auto stehlen könnte.

Schmücker erhielt die Anweisung, den Fiat 124 in eine Autobahnausfahrt zu lenken. Mechanisch gehorchte er, das Fahren hatte ihn angestrengt, er war müde und geistig etwas abwesend. Er dachte an die bevorstehende Aktion. Er blickte kurz hinüber zu Sommerfeld, der hatte in seiner rechten Brusttasche einen Schloßabzieher stecken. Ein weiterer »Korkenzieher« lag auf der Hutablage vor der Heckscheibe.

Am Kamener Kreuz gerieten die vier in eine Geschwindigkeitskontrolle der Polizei. An einem der folgenden Autobahn-Parkplätze hielt Schmücker an. Er stieg aus und lief die Böschung ein Stück hinunter um zu pinkeln.

Irgendwo verließen sie die Autobahn und fuhren in eine kleine Siedlung.

»Fahr hier mal ein bißchen rum«, sagte Inge zu Schmücker. Und nach einer Weile: »Hier kannst Du stoppen.«

Während Knupe und Schmücker im Wagen sitzenblieben, stiegen Inge und Sommerfeld aus, um sich einen geeigneten Wagen auszusuchen. Nach zehn Minuten kamen sie zurück.

»Es hat nicht geklappt, wir sind gestört worden, eine Tür ist aufgegangen.«

»Was war das für ein Auto?«

»Ein Mercedes. Es hat keinen Zweck, es nochmal zu versuchen.«

»Aber es ist doch noch dunkel.«

»Bald kommt der Morgenverkehr auf. Es ist zu spät.«

Schmücker startete den Motor und fuhr zurück auf die Autobahn in Richtung Bonn. Er war müde und unkonzentriert. Nördlich von Bonn verfuhr er sich.

Am nächsten Morgen gegen halb sechs Uhr erreichten sie Bad Neuenahr-Ahrweiler. Schmücker stellte den Wagen auf dem Parkplatz gegenüber dem Kaufhaus Moses ab. Sein Elternhaus war nur 30 Schritte entfernt. Die vier wollten noch ein paar Stunden im Auto schlafen. Zwischen 8.00 und 9.00 Uhr wollte Ulrich Schmücker zu seinen Eltern gehen. Er hatte seinen Haustürschlüssel in Berlin gelassen. »Rücksichtsvoll wie er nun einmal war«, sagte seine Mutter später, »wollte er uns nicht so früh aus dem Bett klingeln.«

Gegen 8.00 Uhr morgens kam ein Streifenwagen der Polizei vorbei. Den Beamten fielen die vier schlafenden jungen Leute in dem grauen Fiat auf. Sie stoppten und gingen auf den Wagen zu. Einer der Polizisten klopfte an die Scheiben.

»Könnte ich ihre Papiere sehen.«

Die vier Insassen schreckten hoch. Ihr Verhalten kam den Polizeibeamten auffällig vor.

»Würden sie bitte einmal den Kofferraum öffnen.«

Und dann entdeckten die Polizisten, wie es später in den Ermittlungsakten heißt, »den zündfertig montierten Sprengsatz, Kabel, sowie sonstige zur Durchführung eines Sprengstoffverbechens geeignete Werkzeuge und Gerätschaften«.

Die vier Reisenden ließen sich widerstandslos festnehmen.

Besuch vom Verfassungsschutz

Am 24. Mai wurde Ulrich Schmücker in der Haftanstalt Koblenz von Oberstaatsanwalt Braun vernommen. Schmücker war bereit, sich »zur Sache« zu äußern, spielte aber den Unschuldigen. In Neuenahr-Ahrweiler habe er nur seine Eltern besuchen wollen, von den Spreng-Utensilien habe er nichts gewußt, mit Inge Viett sei er eng befreudet, aber »nicht verlobt«. Und weiter: »Ich halte es für bedeutungsvoll zu erklären, daß ich auch politisch engagiert bin. Ich arbeite in der Roten Zelle Historiker in Berlin. Ich selbst bin nicht in dieser Roten Zelle sondern nur Sympathisant. Ich selbst habe in einer sozialistischen Gruppe mitgearbeitet. Wir haben Aufklärungsarbeit, Verbal-Agitation gemacht, um die politischen Verhältnisse klarzustellen. Nach meiner Auffassung sollten letztlich die politischen Verhältnisse in der BRD geändert werden. Ich distanziere mich aber entschieden von den Bombenlegern und Attentätern der letzten Zeit. Gerade diese Leute erschweren unsere Arbeit, wie oben dargelegt, ganz erheblich.

Ich bin ein fleißiger und erfolgreicher Student. Ich habe meine Scheine bisher mit sehr gut gemacht. Dazu gehört eine regelmäßige und intensive Arbeit. Ich habe vor, später die wissenschaftliche Laufbahn einzuschlagen.

Durch meine Inhaftierung ist mir sehr viel Stoff verlorengegangen. Es ist fraglich für mich, ob ich das nacharbeiten kann. Wenn ich weiter in Haft bleibe, werde ich vom Studium ausgeschlossen, was für mich der größte Nachteil wäre«.

In Berlin liefen derweil die Routineermittlungen der Polizei. Die Wohnungen der vier Verhafteten wurden mit magerem Ergebnis durchsucht. Bei Inge Viett fand man eine Mao-Bibel, bei Ulrich Schmücker ein »Handbuch für Heimfeuerwerker«.

Drei Tage nach seiner Einlieferung in die Haftanstalt Koblenz versuchte Wolfgang Knupe, sich mit seinem Handtuch am Fensterkreuz der Zelle zu erhängen. Das Handtuch riß, Knupe schlug mit dem Kopf auf die Bettkante und blieb bewußtlos liegen. Das jedenfalls erzählte er beim Haftüberprüfungstermin am 24. Mai. »Ich bin suizidgefährdet. Es fing schon im Alter von 15 Jahren an. Ich habe seitdem vier bis fünf mal versucht, mir das Leben zu nehmen.«

Knupe wurde nicht entlassen. Auch Ulrich Schmückers Haftbeschwerde wurde am 24. Mai abgelehnt.

Danach schrieb er an seine Eltern: »Gestern verstärkte sich mein Eindruck, daß jemand mir aus meinem politischen Engagement einen Strick zu drehen versucht. Wenn es mein Bestes ist, das Studium abzubrechen, um in einer Zelle zu verblöden, Kaffee-Einkaufstüten statt Referate anzufertigen und mir obendrein bei schlechtem Licht die Augen zu ruinieren — wenn das mein Bestes ist, dann ist dieser jemand mit Erfolg bemüht, mir dazu zu verhelfen.«

Ulrich Schmücker war ein ruhiger Gefangener, er war freundlich zu den Wachbeamten. In seiner Zelle las er stapelweise Bücher. Er fiel in tiefe Depressionen. So hatte er sich sein Leben als Revolutionär nicht vorgestellt: Eine winzige Gefängniszelle. Drei Schritte hin, zwei Schritte her.

An seinem 21. Geburtstag besuchte ihn sein Vater im Gefängnis Diez an der Lahn. Der Vater später: »Da sagte er mir, daß er eingesehen hätte, daß man die bestehende Gesellschaftsordnung nicht mit Mitteln der Gewalt beseitigen kann. Als er mir diese Erklärung gab, habe ich mich natürlich voll und ganz hinter meinen Sohn gestellt.

Er war ein stetig Suchender und ist dann zu dieser Gruppe gestoßen. Er muß meines Erachtens überredet worden sein, da mitzumachen. Er wollte sich bewähren, und da hatte er das Pech, daß er gleich beim ersten Versuch geschnappt wird. Ich war natürlich empört, das zu hören. Als wir nach der Verhaftung von der Polizeiwache angerufen wurden, hatte das natürlich eine unwahrscheinliche Schockwirkung. Ich war erschüttert bis ins Innerste«.

Die Eltern versuchten zu verstehen, warum ihr Sohn zum Bombenleger geworden war.

Sie hielten ihrem Sohn zugute, daß bei den versuchten Bombenattentaten nie Menschen verletzt worden waren.

»Er hatte immer Angst, anderen Menschen weh zu tun. Er war kein Gewalttäter. In allen Fällen, an denen er teilgenommen hat, hat der Sprengstoff entweder versagt, oder es ist überhaupt nicht zum Bombenattentat gekommen. Er wäre nie in der Lage gewesen, jemanden bewußt zu töten, darum war er ja auch Wehrdienstverweigerer. Er war gar nicht in der Lage, die Waffe gegen einen Menschen zu richten«.

Etwa zweieinhalb Wochen nach seiner Festnahme erhielt Ulrich Schmücker Besuch von zwei Männern. Einer von ihnen war ein Beamter der Baader-Meinhof-Sonderkommission, der Schmücker am Tage seiner Verhaftung auf der Polizeistation Remagen vernommen hatte. Er machte Schmücker mit seinem Begleiter bekannt und ließ die beiden dann allein.

So begann eine Bekanntschaft, die Schmücker das Leben kosten sollte. In einem 34seitigen Gedächtnisprotokoll, das Schmücker im Dezember 1972 in seiner Zelle anfertigte, und das er am 1. Mai 1973 seiner Mutter diktierte, berichtete er in allen Einzelheiten über seine Gespräche mit diesem Mann, der sich Peter Rühl nannte.

»Peter Rühl«, schrieb Schmücker in seinen Aufzeichnungen, »ist nach eigenen Angaben 36 Jahre alt, (sieht aber gut fünf Jahre älter aus). Er ist etwa 180 cm groß, vollschlank, trägt dunkelbraunes Haar, einen Kinn- und Oberlippenbart und eine ebenfalls dunkelbraune oder schwarze Brille. Er ist wohnhaft in Berlin, verheiratet und hat eine 4-6jährige Tochter. Er ist beamtet beim Senator für Inneres in der Abteilung für Verfassungsschutz. Die Telefonnummer in seiner Dienststelle ist 0311-870591-4218. Rühl spricht mit Berliner Akzent.«

Beim ersten Besuch gab sich Rühl als Sonderbeauftragter des Berliner Senats, der mit der Aufklärung von Sprengstoffanschlägen und ähnlichem beschäftigt sei, zu erkennen. Er zeigte Schmücker seinen roten Dienstausweis, ausgestellt vom Senator für Inneres.

»Ich kenne die Akten«, sagte er zu Schmücker, »ich möchte mich mal mit Ihnen unterhalten. Aus dem, was ich da gelesen habe, scheinen Sie mir der Vernünftigste von den vieren zu sein«.

Er fügte noch ein paar Schmeicheleien hinzu, aber Schmücker blieb stur und wiederholte, was er in den Vernehmungen vorher gesagt hatte.

»Kennen Sie nicht eine Veronika Becker, die mit Inge Viett befreundet ist? Oder einen Heinz Brockmann?«

»Nein.«

»Aber Sie sind doch eng mit der Inge befreundet? Da müssen Sie doch wenigstens aus Gesprächen mit ihr etwas über ihre politische Tätigkeit wissen. Na gut, Sie haben in den Vernehmungen zwar jede politische Tätigkeit bestritten — aber wir haben da ganz andere Informationen.«

Schmücker wehrte ab: »Ich hab keine Ahnung. Mit der Inge hab ich ein reines Fick-Verhältnis.«

Das brachte Rühl sichtlich aus der Fassung. Er wechselte das Thema.

»Ich bin gar nicht so an der Aufklärung von Straftaten interessiert, mich interessiert der Hintergrund. Sie brauchen ja ihre Genossen nicht zu verraten. Sie müssen keinen Namen nennen. Ich will nur allgemeine Informationen über die linke Szene haben, um mir selbst ein Bild davon machen zu können. Ich kenne eine ganze Menge Leute, auch überzeugte Linke, die sich von Zeit zu Zeit mit mir unterhalten und mir manchmal ein paar Aufzeichnungen überlassen. Ich weiß auch ziemlich gut über die Vorgänge im Sozialistischen Zentrum bescheid. Ich weiß z.B., daß gerade letzte Woche 3000.- Mark auf das Konto der Schwarzen Hilfe überwiesen worden sind. Das sind Sachen, über die ich mich gern mit Ihnen unterhalten würde. Im Vertrauen: ich will die Informationen nur zum persönlichen Gebrauch. Ich arbeite nicht mit der Justiz zusammen. Ich will Sie nicht 'linken'. Das würde sich sowieso rumsprechen, was glauben Sie, wer mir dann noch was erzählen würde? Im Notfall können Sie ja alles bestreiten, vor Gericht steht dann Aussage gegen Aussage. Was Sie mir erzählen, kann Ihnen also nicht schaden. Ich kann allerdings einiges für Sie tun.«

Schmücker hatte sich das ganze schweigend angehört. Dann sagte er:

»Ich weiß nichts. Und wenn ich was wüßte, dann würd ich nicht mit Ihnen hier im Knast darüber reden.«

»Vielleicht könnte ich mich für Ihre Haftentlassung einsetzen. Vielleicht auch die Reise zurück nach Berlin bezahlen. Wir können in Berlin dann ja mal ein Bier zusammen trinken«.

»Schon möglich«, brummte Schmücker.

Das schien Rühl vorerst zu genügen. Er verabschiedete sich und ging. Schmücker wurde aus dem Besucherzimmer der Anstalt zurück in seine Zelle gebracht.

Knapp eine Woche später tauchte Rühl wieder auf. Schmücker war jede Gelegenheit recht, für eine Weile aus der stickigen Zelle herauszukommen. Wieder saßen sie im Besucherzimmer. »Heut wollen wir uns mal rein menschlich unterhalten«, sagte Rühl zur Begrüßung.

Dann diskutierten sie eine Weile über die verschiedenen Formen gesellschaftlicher Organisation, über den psychischen Terror, der auf Gefangene ausgeübt wird, über die jüngsten Bombenanschläge, über politische Morde in der Bundesrepublik und über den Tod Georg von Rauchs, über den Rühl so gut Bescheid wußte, als sei er selbst dabeigewesen. Rühl bestritt den größten Teil des Gespräches. Nach jedem Einwand Ulrich Schmückers holte er wieder zu einem längeren Monolog aus. Schmücker hatte das Gefühl, Rühl wolle ihn »vollquatschen«.

Am nächsten Tag ließ Rühl Schmücker noch einmal kurz vorführen. Zuvor hatte er mit Sommerfeld gesprochen. Als Schmücker das Besucherzimmer betrat, lagen im Aschenbecher halb gerauchte Zigaretten, für Schmücker ein Indiz, daß Sommerfeld hier gewesen sein mußte.

»Na, haben Sie gerade den Harald hier gehabt?«

Rühl nickte.

»Es sieht nicht gut aus mit der Haftentlassung. In den Ermittlungen haben sich neue Aspekte ergeben. Die müssen erst überprüft werden. Ich flieg heute erstmal nach Berlin zurück. Sie werden mich also so bald nicht wieder sehen. Aber wenn Sie sich die Sache überlegt haben, können Sie mir ja einen Brief schreiben. Ich bin über den Innensenator zu erreichen.«

Am 10. Juni, zwei Tage nach Schmückers erster staatsanwaltschaftlicher Vernehmung, tauchte Rühl wieder auf.

»Na, Sie haben mich ja schwer aufs Glatteis geführt, neulich«, bellte er Schmücker an. »Alle Achtung. Sie sind ein ziemlich guter Lügner. Ich bin ja durch meinen Beruf allerhand gewöhnt. Aber Sie haben mich tatsächlich fast dazu gebracht, Ihnen zu glauben. Ich hab Sie doch glatt für einen kleinen Träumer gehalten. Aber jetzt liegen mir nachrichtendienstliche Informationen vor. Und die ergeben ein ganz anderes Bild von Ihnen.«

Langsam wurde Rühl wieder freundlicher.

»In Ihrer Wohnung ist ja schon ganz schön viel Geld gezählt worden. Es gibt Hausbewohner, die Sommerfeld, Inge und diese Veronika Becker wiedererkannt haben, und zwar genau an dem Tag, an dem die Bank in Britz überfallen worden ist. Und im Garten des amerikanischen Offiziersklubs in Dahlem sind Sie auch schon mal gewesen. Oder? Und dann sind Sie in der Mitte der ersten Mai-Woche in der Nähe des türkischen Generalskonsulats in der Kirschenallee gesehen worden. Und was haben Sie in der Nacht darauf beim DPA-Büro am Savigny-Platz gemacht?«

Scheinbar ruhig antwortete Schmücker: »Woher haben Sie denn das? Sind in Berlin unsere Fotos veröffentlicht worden, und haben sich dann ein paar Verrückte gefunden und Unsinn erzählt?«

»Nein, nein. Wir haben ein paar Passanten ausfindig gemacht, die Sie gesehen und jetzt wiedererkannt haben.«

Stumm hörte sich Schmücker die Erzählung des Verfassungsschützers an. Irgendjemand mußte ausgepackt haben.

Rühl spielte den Überlegenen, er jonglierte mit seinem Wissen.

»Ich wollte mir mal ein besseres Bild über Sie machen. Da hab ich an der FU ein paar Erkundigungen über Sie eingezogen. Besonders bei den Ethnologen. Ich bin dabei auf zwei interessante Leute gestoßen: einen persischen Studenten und einen gewissen Herrn Z. Den kennen Sie doch — oder? Wir wissen einiges über die beiden. Der Perser hat nämlich was mit Sprengstoff zu tun. Sie müßten ihn kennen. Wir haben seinen Namen zusammen mit Ihrem Namen auf der Teilnehmerliste eines Seminars gefunden. Und der Herr Z., der hat ziemlich gute Kontakte nach Clausthal-Zellerfeld. Das ist so eine Araber-

Hochburg. Haben Sie nicht ihren Sprengstoff von einem Araber gekauft?«

Schmücker war beunruhigt, daß der Verfassungsschützer ausgerechnet auf Z. und die Araber-Kontakte gestoßen war. Doch er spielte weiter den Unschuldigen.

»Also hören Sie mal, mit Ihren Informationen ist es auch nicht weit her. Vor zwei Tagen hat mir Oberstaatsanwalt Braun denselben Kram vorgehalten. In so einem kleinen Knast wie hier gehen eben die wildesten Gerüchte um. Das sind alles Stories, die nur aus der Phantasie von Harald Sommerfeld entsprungen sein können«.

Rühl schwieg und legte vor Schmücker drei postkartengroße Fotos des toten Erwin Beelitz auf den Tisch. Eines der Fotos zeigte in farbiger Großaufnahme die zerfetzte linke Hand des Bootsbauers. Auf dem zweiten Foto erkannte Schmücker die Leiche, so wie sie am Tatort aufgefunden worden war. Das dritte Foto zeigte den Toten in derselben Lage, aber nackt, in schwarz-weiß. Schmücker blickte schnell zur Seite. Er wußte, daß seine Freunde Schuld am Tod des Bootsbauers waren.

Rühl packte die Bilder wieder zusammen.

»Wissen Sie, mir geht es nicht darum, irgendwelchen Molliwerfern nachzujagen. Ich hab auch nichts gegen die politische Arbeit von irgendwelchen linken Gruppen. Aber bei einem Tötungsdelikt hört für mich der Spaß auf. Ich weiß zwar aus zuverlässiger Quelle, daß Sie bei dem Anschlag in Gatow nicht dabei waren — sonst würde ich mich im übrigen gar nicht mit Ihnen unterhalten — aber ich sag Ihnen, wenn vor Gericht raus kommt, daß Sie nur die geringste Verbindung mit dem Anschlag oder den Tätern haben, dann sind Sie dran.

Das können Sie genau bei Horst Mahler beobachten. Dem kann man zwar nichts nachweisen — aber der geht nicht unter 8 bis 10 Jahren nach Hause.«

Kumpelhaft fuhr Rühl fort: »Aber bei Ihnen ist ja noch nicht alles verloren. Sie sind doch intelligent. Wenn Sie mir ein paar Tips geben, besonders zu der Araber-Sache, dann kann ich dafür sorgen, daß Sie bald entlassen werden und weiter studieren können. Ich besorg Ihnen dann eine neue Wohnung; und wenn Sie von Zeit zu Zeit mit mir ein Bier trinken gehen, kann ich Ihnen ein Stipendium besorgen, so daß

Ihr Studium finanziell abgesichert ist. Das braucht ja nicht das Ende Ihrer politischen Tätigkeit zu bedeuten. Der Mann, der die Namen der Frankfurter Kaufhaus-Brandstifter an die Behörden weitergeleitet hat, ist auch wieder in linken Gruppen tätig. Lassen Sie sich das mal durch den Kopf gehen.«

Anwerbung eines V-Mannes

Schmücker wurde weich. Er bat den Verfassungschützer Rühl um Bedenkzeit bis zum nächsten Tag. Dann wurde er zurück in seine Zelle geführt. Die wortreichen Angebote von Peter Rühl hatten ihn irritiert. Er wollte raus aus der Gefängniszelle. Er hielt die Monotonie, die entwürdigende Machtlosigkeit des Gefangenen-Daseins nicht aus. Und er war ärgerlich über Rühls detailliertes Wissen, das er nur von Sommerfeld haben konnte.

Ulrich Schmücker beschloß, auf Rühls Angebot einzugehen. Was ihn wirklich dazu bewogen hatte, ist unklar. Schmückers eigene Aussagen sind widersprüchlich. In seinem Gedächtnisprotokoll schrieb er:

»Ich bat um Bedenkzeit, entschloß mich am nächsten Tag, auf sein Spiel zum Schein einzugehen, und legte mir zurecht, was ich ihm alles erzählen wollte«.

Zwei Tage, nachdem er Peter Rühl um Bedenkzeit gebeten hatte, besuchte ihn der Verfassungsschützer wieder in der Haftanstalt. Schmücker sagte ihm, er habe sich die Sache überlegt, er würde ihm die gewünschten Informationen geben. Dann zählte er Rühl die Themenbereiche auf, über die er reden wollte. Schmücker glaubte, Rühl ein paar Brocken hinwerfen und ihn damit zufriedenstellen zu können. Er glaubte, das Gespräch in der Hand zu haben.

»Ich bin also bereit, Aussagen zu machen. Aber glauben Sie nicht, ich bin ein Ruhland, den man vor Gericht zitieren und irgendwelche Aussagen wiederholen lassen kann. Ich mache auch weder vor Gericht noch vor dem Staatsanwalt irgendwelche Aussagen, wie das vielleicht Sommerfeld für ein paar Jahre weniger Knast und ein paar Piepen tun mag.« (Karl Heinz Ruhland war Mitglied der RAF und machte später umfangreiche — und zum Teil falsche — Aussagen vor Gericht.)

Schmücker wagte sich, wie er später in seinem Gedächtnisprotokoll schrieb, »zum Schein« ganz weit vor. Zu weit.

»Wenn ich schon die Seiten wechsel, dann will ich das auch richtig tun. Ich komm auf Ihr Bier-trink-Angebot zurück.«

Rühl war durch Schmückers Bereitschaft zur Zusammenarbeit sichtlich erregt. Mit schnellen Schritten ging er im Zimmer auf und ab und sagte schließlich:

»Ja, darüber kann man reden. Aber vorher müssen Sie mir alles sagen, was Sie wissen.«

Schmücker packte aus. Später versuchte er seine Plaudereien mit Rühl zu verharmlosen.

»Ich erzählte Rühl alles, was er meiner Meinung nach hören wollte, alles, was ich mir in den vergangenen eineinhalb Jahren zurechtgelegt hatte. Ein Sammelsurium aus Angelesenem und Hörensagen, aus frei konstruierten und übertrieben dargestellten Fakten, die Rühl überprüfen konnte, und solchen, die er mir selbst gegeben hatte und während des Gesprächs gab. Ich hatte ihn so geil darauf gemacht zu hören, was sein V-Mann in spe so alles wußte, daß er seine Skepsis überwandt und schluckte, was ich ihm vorsetzte. Vor allem gab ich ihm viel Background-Informationen — besonders zu der »Araber-Sache«, wie er es hatte haben wollen —, um ihm zu zeigen, daß ich im Zeugenstand nichts, als V-Mann aber sehr viel für ihn tun könnte.«

Als Schmücker seine Aussage handschriftlich skizzierte war Rühl dabei. Wenn Schmücker sich nicht mehr genau erinnern konnte, wenn ihm Namen, Daten und Fakten fehlten, sprang Rühl helfend ein.

»Wie war denn das noch?« fragte Schmücker manchmal und versank mit ernsthaft bemühter Miene ins Nachdenken.

Daraufhin packte Rühl ein paar mitgebrachte Aktenordner auf den Tisch, die mit »VS — vertraulich« gekennzeichnet waren. Er blätterte und las Schmücker vor, was dieser vergessen hatte. So wurden Schmückers Gedächtnislücken gefüllt. Ein Verfahren, das bei geständigen Angeklagten des terroristischen Untergrundes nicht gerade selten zu sein scheint.

Dann legte Rühl Schmücker eine Liste mit sämtlichen Sprengstoff- und Brandanschlägen von Herbst 1971 bis zum Frühjahr 1972 mit Datum, Ort, Zeit, Beschaffenheit der Bomben vor.

»Welche Anschläge davon gehen auf das Konto der 'Bewegung 2. Juni'?«

Schmücker antwortete so gut er konnte.

Rühl gab ihm konkrete Anhaltspunkte, und Schmücker stellte die Zusammenhänge her. Er legte ihm Fotos vor und Schmücker nannte die Namen. Als die beiden mit ihrer Gemeinschaftsarbeit fertig waren, packte Rühl die Schreibbogen zusammen und sagte:

»Ich muß das Protokoll natürlich weiterleiten, das verstehen Sie. Es ist aber nur zum VS-internen Gebrauch. Weder Polizei noch Justiz werden davon erfahren. Machen Sie vor Oberstaatsanwalt Braun auf keinen Fall weitergehende Aussagen.«

Rühl schien zufrieden.

»So, jetzt müssen Sie erstmal hier raus. Ich werde Ihre Haftentlassung innerhalb der nächsten zwei bis drei Wochen durchsetzen.

Sie nehmen dann Kontakt zu mir auf und zu gegebener Zeit tauchen Sie wieder unter — mit Genehmigung des Generalbundesanwaltes natürlich. Und dann nehmen Sie ihre Tätigkeit als V-Mann auf.«

Später kamen Rühl Bedenken.

»Eine zu überraschende Haftverschonung erregt in linken Kreisen bestimmt Mißtrauen.«

Schmücker stimmte zu:

»Das beste für Sie und für mich ist, wenn ich hier abhaue«.

Dann schmiedeten Schmücker und der Beamte des Berliner Landesamtes für Verfassungsschutz einen Fluchtplan. Danach wollte Rühl zu einer vorher bestimmten Zeit eine Vorführung bei Oberstaatsanwalt Braun arrangieren. Dort wollte er durch einen Anruf bei Braun dafür sorgen, daß Schmücker eine halbe bis eine Minute unbeaufsichtigt bliebe. In dieser Zeit sollte Schmücker aus dem Gerichtsgebäude fliehen, mögliche Verfolger abschütteln und in eine Seitenstraße laufen, wo Rühl in einem Wagen auf ihn warten würde. Er wollte ihn dann in den Raum Köln/Bonn bringen, wo Schmücker sich bei Bekannten für einige Wochen verstecken sollte. Währenddessen wollte er durch eine falsche Spur die Fahndung auf den Raum Frankfurt am Main lenken. Bei seinen Bekannten sollte Schmücker sein Aussehen verändern und sich von ihnen Geld leihen, weil der Verfassungsschutz ihn ja »nicht offen unterstützen« konnte. Anschließend sollte Schmücker Verbindung nach Berlin aufnehmen und sich falsche Papiere besorgen. Mit echten Papieren auf einen anderen Namen, die ihm vom Verfassungsschutz nur für die Dauer des Fluges zur Verfügung gestellt werden sollten, sollte Schmücker dann in Begleitung eines anderen VS-Beamten nach Berlin geflogen werden. Dort schließlich sollte er untertauchen und seine Arbeit in der »Bewegung 2. Juni« aufnehmen.

»Der Gedanke an meine Flucht erregte Rühl sehr«, erinnerte sich Schmücker in seinem Gedächtnisprotokoll.

»Das hat es in Deutschland noch nicht gegeben«, sagte Rühl, »das wird einen Riesenwirbel geben.« Es würden Ermittlungs- und Disziplinarverfahren eingeleitet, Oberstaatsanwalt Braun könne dann kaum noch mit einer Beförderung rechnen, und es käme sicher zu einer parlamentarischen Anfrage der Opposition im Bundestag.

»Wenn herauskommt, daß der VS seine Finger drin hat, ist der Skandal perfekt. Ein gefundenes Fressen für die Presse und die Linken.« Rühl fuhr fort: »Niemand darf davon erfahren. Ich werde die Sache nicht auf dem Dienstweg weiterleiten, sondern so, daß in ganz Deutschland höchstens zehn Leute davon wissen. Das geht bis zum Minister. Ich selbst kann die Verantwortung dafür nicht übernehmen. Aber ich werde mich auf jeden Fall für die Durchführung des Planes einsetzen«.

Noch am selben Abend, dem 13. Juni 1972, wollte Rühl nach Berlin fliegen, um mit seinem Vorgesetzten zu sprechen.

»Der kommt gleich unterm Bürgermeister«, sagte Rühl zum Abschied. Er konnte damit nur den damaligen Innensenator Neubauer meinen.

Am nächsten Tag kam Rühl wieder. Über den Fluchtplan, so sagte er, werde an »höchster Stelle« entschieden.

»Es hat sich zwar noch niemand bereit gefunden, die Verantwortung dafür zu übernehmen, aber es ist wahrscheinlich, daß die Sache wie geplant anläuft«.

Dann kam er auf Schmückers weitere Tätigkeit zu sprechen. »Ich werde in Berlin eine Wohnung für unsere künftigen Kontaktgespräche mieten. Nur zwei oder drei Kollegen werden davon erfahren. Ich werde Ihren Namen nicht in die Protokolle unserer Gespräche schreiben. Nur ich selbst und ein zweiter Beamter, der den Kontakt übernimmt, wenn ich mal krank oder in Urlaub bin, wird Sie kennen.«

Dann gab er Ulrich Schmücker genaue Anweisungen für seine zukünftige Agententätigkeit.

»In regelmäßigen Abständen finden in der angemieteten Wohnung Treffen statt. Passen Sie auf, daß Sie dabei nicht beobachtet werden. Sonst ist Ihre Sicherheit draußen nicht mehr gewährleistet und Sie müssen zurück ins Gefängnis.« Bei Aktionen seiner Gruppe solle sich Schmücker nicht zu sehr exponieren. Er solle sich bei der Planung von Aktionen zurückhalten und bei ihrer Durchführung höchstens als Fahrer mitmachen, oder sich auf so etwas wie das Fälschen von Papieren spezialisieren. Daneben solle er die Kontakte zu ausländischen Gruppen halten.

»Sie dürfen sich nie so verhalten, daß es ohne Sie nicht geht«, sagte Rühl. »Sonst sind Sie der Typ des klassischen 'agent provocateur'. Das kann man sich in einem Rechtsstaat nicht leisten«. Sollte Schmücker erfahren, daß bei einer Aktion Menschen zu Schaden kommen könnten, dann solle er sofort Rühl benachrichtigen, selbst auf die Gefahr hin, daß dann die ganze Sache aufflöge. Sonst solle er Rühl möglichst nicht anrufen.

Er selbst werde Schmücker über anstehende Polizeikontrollen und -aktionen auf dem laufenden halten, damit er nicht zufällig aufgegriffen werde. Sollte das doch einmal geschehen, dann solle er Rühl anrufen, bevor ein Protokoll über seine Festnahme angefertigt worden sei. Wenn seine Festnahme erstmal aktenkundig sei, dann könne er ihm auch nicht mehr helfen.

Das Schwerste bei seiner zukünftigen Agententätigkeit wäre wohl die psychische Belastung. »Sie sind ja die ganze Zeit mit Linken zusammen, dabei kommt es leicht zu emotionalen Bindungen. In dieser Beziehung haben wir schon Schwierigkeiten mit Peter Urbach gehabt.«

(Peter Urbach war ein V-Mann des Verfassungsschutzes, der schon zu Beginn der Studentenbewegung Informationen an den VS lieferte. In vielen Fällen überschritt Urbach die Grenze zum agent provocateur. So etwa, als er bei den Springer-Demonstrationen Ostern 1967 aus einem grauen Kasten mit Benzin gefüllte Milchflaschen an Demonstranten ausgab. Mit diesen Molotow-Coctails wurden Springer-Autos in Brand gesetzt.)

Rühl fuhr fort:

»Der war einige Male so weit, daß er alles hinschmeißen wollte. Erst mit viel Mühe und in stundenlangen Gesprächen haben wir ihn dazu bringen können, weiterzumachen. Und damals ist immerhin noch nicht geschossen worden.

Ich bin sicher, daß Sie auch einmal an einen solchen Punkt kommen. Ich will ganz offen sein: es ist durchaus denkbar, daß bei einer Polizeiaktion, die durch Ihren Hinweis herbeigeführt wird, mal ein oder zwei Leute erschossen werden. Oder glauben Sie etwa, daß sich Leute wie Baumann, Brockmann oder Knoll widerstandslos festnehmen lassen? Mit so etwas müssen Sie rechnen und das auch verkraften können. Auch wenn mal eine Frau dabei ist.«

Falls Schmücker wirklich nicht mehr weiter wüßte, dann könne man eine Festnahme arrangieren. »Irgendwann muß die Tätigkeit für den Verfassungsschutz ja ohnehin ein Ende haben«. Er könne dann durch ein ordentliches Gerichtsverfahren »legalisiert« werden. »Ihre Flucht ist legal, und auch alle Gesetzwidrigkeiten während Ihrer Tätigkeit für den Verfassungsschutz geschehen mit Genehmigung des Generalbundesanwalts. Dafür können Sie nicht bestraft werden. Das Verfahren kann auch unter Ausschluß der Öffentlichkeit stattfinden, und wir werden dafür sorgen, daß Sie freigesprochen werden. Aber um das Verfahren in der Sache, in der Sie jetzt sitzen, kommen Sie nicht herum. Wir leben schließlich in einem Rechtsstaat.«

Später könne Schmücker sein Studium fortsetzen, denn nach dem Freispruch gelte er ja als nicht vorbestraft. Er könne auch einen Beruf erlernen. Auf jeden Fall aber solle er daran denken, sich später eine bürgerliche Existenz aufzubauen.

»Fassen Sie das Ganze so auf, als würden Sie für ein oder zwei Jahre in einem Betrieb arbeiten. Auch die Bezahlung ist in etwa die gleiche.«

Als Schmücker eine abwehrende Geste machte, fuhr er fort:

»Ja, ich weiß, daß Sie davon nichts wissen wollen. Aber das gehört halt dazu. Das Geld wird monatlich auf ein Konto überwiesen und nach Abschluß der ganzen Sache ausgezahlt. Nicht viel, aber genug, um damit einen kleinen Laden aufzumachen.«

Zusätzlich werde man für Schmücker eine Lebensversicherung abschließen. Falls notwendig könne er später seinen Namen ändern, das sei jedoch nicht wahrscheinlich, denn auch Urbach würde unter seinem richtigen Namen leben.

Am folgenden Tag war Rühl wieder mißtrauischer.

»Sie werden sicher verstehen«, sagte er zu Schmücker, »daß ich mich absichern muß für den Fall, daß Sie sich die ganze Sache noch anders überlegen. Ich glaube zwar nicht, daß Sie mich 'linken' wollen, aber ich bin in meiner Laufbahn noch von niemandem so reingelegt worden wie von Ihnen. Das kann ich nicht so schnell vergessen. Schließlich können Sie sich ja leicht an eine Illustrierte wie den 'Stern' wenden und einige unserer Treffen fotografieren lassen. Der 'Stern' zahlt Ihnen für die Geschichte sicher zehn bis fünfzehntausend Mark. Schließlich ist es auch möglich, daß Sie wieder zu den Linken überwechseln und mich entführen lassen. Da muß ich mich absichern, obwohl ich bei den Gesprächen mit Sicherheit merke, wenn Sie mir etwas vorenthalten. Sie sind ja nicht unser einziger Mitarbeiter. Ich merke sofort, wenn bei Ihnen nichts mehr kommt.«

Er fuhr beschwichtigend fort: »Natürlich weiß ich, daß Sie mich nicht mehr linken wollen. Aber ich muß sichergehen, daß Sie auch in Zukunft nicht auf abwegige Gedanken kommen.«

Dann legte er Schmücker ein Exemplar des »Roten Schüler- und Lehrlingskalenders« aus dem Wagenbach-Verlag vor.

»In diesen Kalender schreiben Sie mal in Stichworten und kurzen Sätzen alles, was Sie mir erzählt haben. Es muß eindeutig daraus hervorgehen, daß Sie der Verfasser sind. Der Kalender wird dann sicher aufbewahrt, so daß niemand herankommt. Er taucht erst wieder auf, wenn Ihre Informationen plötzlich nichts mehr taugen oder wenn ich entführt oder erschossen werde, und wenn Sie daran beteiligt sind. Dann wird der Kalender anonym an den 'Extra-Dienst' oder an die 'Rote Hilfe' geschickt. Ihre Notizen werden sich dann schnell unter den Linken rumsprechen und Sie sind in einer Woche erledigt. Dann hilft Ihnen nichts mehr. Da können Sie reden soviel Sie wollen.«

Schmücker warf ein:

»Glauben Sie, daß Sie für das System so wichtig sind, daß es sich lohnt, Sie zu entführen?«

Rühl reagierte nicht. Stattdessen beteuerte er, es ehrlich mit Schmücker zu meinen.

»Die Aufzeichnungen haben ja auch für Sie den Vorteil, daß ich meinem Vorgesetzten in Berlin gegenüber mit absoluter Sicherheit argumentieren kann. Das beweist doch auch meine eigene Zuverlässigkeit.«

Daraufhin erklärte sich Schmücker bereit, seine Aussagen in Stichworten in den Kalender einzutragen. Vorher aber müsse Rühl mit seinen Vorgesetzten endgültig klären, ob der gefaßte Plan so ablaufen könne. Damit gab Rühl sich zufrieden.

Ein paar Tage später wurde Schmücker wieder einmal aus seiner Zelle geholt und ins Besucherzimmer der Anstalt geführt. Rühl wartete bereits auf ihn. Er hatte schlechte Nachrichten.

»Die Sache kann nicht wie vorgesehen ablaufen. Es findet sich niemand mehr, der die Verantwortung übernehmen will.«

Er habe sich zwar sehr für den Plan eingesetzt, aber nach den jüngsten Festnahmen von Irmgard Möller, Klaus Jünschke, Katharina Hammerschmidt und Ulrike Meinhof gelte die RAF als zerschlagen. Man messe dem ganzen nicht soviel Bedeutung zu. Eine Flucht sei ohnehin zu gefährlich. Unter Umständen könnte Schmücker dabei verletzt oder gar getötet werden. »Die Gefahr ist zu groß, daß die ganze Geschichte bekannt wird und es dann zu einem Riesenskandal kommt«. In Berlin sei es nach ihrer Verhaftung ja ohnehin ruhig. Es gäbe keine Hinweise auf eine bevorstehende Befreiungsaktion. Wenn »Bommi« Baumann und seine Freunde gerade ein paar Banken überfallen hätten, dann hätte man den Plan sicher ausgeführt.

Aber vorläufig sei nicht daran zu denken. In Bonn müsse man sich dem tagespolitischen Klima anpassen.

»Ich halte das für ziemlich kurzsichtig, denn ich bin sicher, daß in absehbarer Zeit wieder etwas läuft. Aber vielleicht neige ich auch dazu, die Bedeutung von Gruppen wie der RAF oder 'Bewegung 2. Juni' zu überschätzen, weil ich dauernd damit zu tun habe.«

Rühl begann zu philosophieren: »Vielleicht muß eine freie Gesellschaft auch lernen, mit ihren Bombenlegern zu leben. Sie müßten doch froh sein, daß der Verfassungsschutz nicht alles tun kann, was er will. Das müßte Ihnen doch zeigen, daß wir in einem Rechtsstaat leben.«

Ganz anders sei die Situation in den angelsächsischen Ländern und erst recht in Israel:

»Dort wären Sie schon lange draußen. Da hätten Sie zwei Wächter zusammengeschlagen — und fertig!«

Doch so schnell wollte Verfassungsschützer Rühl seinen Plan nicht aufgeben.

»Der Verfassungschutz darf Ihre Flucht jetzt nicht mehr unterstützen, aber mir ist der Gedanke gekommen, wie man das umgehen kann. Ich könnte dafür sorgen, daß Sie noch einmal zu Braun ins Gerichtsgebäude vorgeführt werden und daß bei der Vernehmung kein Wächter dabei ist. So könnte ich Ihnen eine Gelegenheit zur Flucht verschaffen. Die Flucht selbst aber ist dann allein Ihre Angelegenheit, in der ich Sie weder positiv noch negativ beeinflussen kann.«

Wenn Schmücker tatsächlich fliehen würde, dann solle er ihn möglichst bald benachrichtigen. Von da an könne er sich als festen Mitarbeiter des Verfassungsschutzes betrachten. »Wenn die Sache mal platzt, dann kann man immer noch sagen, Sie haben erst nach Ihrer Flucht freiwillig Kontakt zu mir aufgenommen.«

Rühl diktierte ihm die Telefonnummer seiner Dienststelle: 0311 - 870591, Nebenstelle 4218. Schmücker sollte die Nummer auswendig lernen und den Zettel vernichten. Dann vereinbarten beide ein Code-Wort. »Sagen Sie nur das Wort und wo Sie sind. Die wissen dann Bescheid, daß sie Himmel und Hölle in Bewegung setzen müssen, um mich zu erreichen.«

Er zückte seine Brieftasche und wollte Schmücker einen Zwanzigmarkschein in die Hand drücken. »Damit Sie nicht völlig ohne Bargeld dastehen, bis ich komme.«

Doch Schmücker lehnte ab. »Das Geld kann zu leicht bei einer Zellenkontrolle oder einer Leibesvisitation gefunden werden.«

Daraufhin empfahl Rühl ihm, einer Passantin die Handtasche zu entreißen, um auf diese Weise zu etwas Bargeld zu kommen. Das ließe die Flucht noch echter erscheinen und könne nachträglich vom Bundesanwalt genehmigt werden.

Schmücker erschien das ganze Unterfangen etwas zu abenteuerlich. In seinem Gedächnisprotokoll schrieb er:

»Obwohl ich wiederholt einwarf, ein solcher Schritt erscheine mir ohne äußere Hilfe zu unsicher, fuhr Rühl fort, mir — fast beschwörend — meinen Fluchtablauf in glühenden Farben auszumalen, immer wieder beteuernd, daß er meine Entscheidung ja gar nicht beeinflussen wolle.

Tatsächlich waren bei meiner letzten Vernehmung im Koblenzer Gerichtsgebäude vor meiner Verlegung in die JVA Diez keine Wachbeamten — wie sonst üblich — anwesend, und als Oberstaatsanwalt Braun für fünf bis zehn Minuten den Raum verließ, war ich mit Kriminalhauptmeister Heiner vom Landeskriminalamt Koblenz und der Protokollführerin Frau Schrader allein. Ich saß dabei der Tür am nächsten, etwa zweieinhalb Meter, während Heiner auf der anderen Seite des Schreibtisches in etwa vier Meter Entfernung zur Tür saß. Bei einer Flucht hätte ich einen sicheren Vorsprung von vier bis fünf Sekunden gehabt und hätte mit Leichtigkeit im unübersichtlichen Treppenhaus des Gerichtsgebäudes verschwinden können. Ich nutzte diese Gelegenheit jedoch aus verständlichen Gründen nicht.«

Wenn auch eine gelungene Flucht die beste Art sei, die »Sache ins Rollen zu bringen«, sagte Rühl, so werde er dennoch eine andere Lösung, nämlich die Haftverschonung, vorbereiten. Raus müsse Schmücker so oder so. Er sollte aber nicht allein entlassen werden, das würde nämlich sofort Mißtrauen erregen. Wolfgang Knupe könnte zusammen mit Schmücker entlassen werden. Die Begründung für seinen Haftbefehl sei ohnehin an den Haaren herbeigezogen, so daß ein geschickter Anwalt ihn jederzeit aus dem Knast holen könnte. Das hätte auch den Vorteil, daß Schmücker sich einige Wochen erholen und mit dem Untertauchen Zeit lassen könnte.

Rühl wollte während dieser Zeit alles weitere vorbereiten und Schmücker dann in Bad Neuenahr ein paar Mal besuchen.

»Bei einem guten Glas Wein besprechen wir dann irgendwo in der Eifel nähere Einzelheiten.« Im übrigen habe er dafür gesorgt, daß Schmücker demnächst in eine andere Anstalt verlegt würde, wo man die Gespräche in Ruhe fortsetzen könnte, ohne daß etwas darüber durch die Mauern der Anstalt nach außen dringen könnte. Und so geschah es dann auch.

Am 22. Juni 1972 wurde Ulrich Schmücker in das Gefängnis Diez an der Lahn verlegt. Dort kam er sofort in strenge Einzelhaft.

Zwei Wochen später, am 6. Juli 1972, erschien Rühl wieder einmal bei Schmücker. In Berlin, so berichtete er, seien Sommerfelds Fingerabdrücke auf einer Sonnenbrille, und einem Firebird-Magazin entdeckt worden, die von den Bankräubern in Britz zurückgelassen worden waren. Auch auf einem Zettel, der im britischen Yachtclub Gatow gefunden wurde, habe man Sommerfelds Fingerabdrücke festgestellt. Damit sei die Sache für Sommerfeld wohl gelaufen. Wenn man ihn mit diesen Indizien konfrontierte, werde er sicher vollständig aussagen. Dann packte Peter Rühl mehrere Hundert Fahndungs- und Observationsfotos aus und forderte Schmücker auf, die ihm bekannten Gesichter zu identifizieren. Schmücker blätterte den Stapel durch und nannte Rühl die Namen, soweit er sie wußte: »Bei allem guten Willen fällt es mir schwer, auf diesen alten und undeutlichen Fotos Leute wiederzuerkennen, die ich nur flüchtig kenne.«

Rühl stimmte zu. Er legte ihm einen anderen Stapel Fotos vor. Es waren etwa 30 frisch entwickelte Fotos, die noch feucht waren und aneinanderklebten: Observationsfotos von Verena Becker. Schmücker identifizierte einen Begleiter von Verena Becker.

Am 12. Juli erhielt Schmücker wieder Besuch von Rühl.

»Leider habe ich schlechte Nachrichten für Sie. Sommerfeld hat vor Oberstaatsanwalt Braun ausgesagt. Die Sicherungsgruppe Bonn ist bei Sommerfeld gewesen und hat ihn darüber informiert, daß man seine Fingerabdrücke gefunden hat. Die Beamten haben ihm versprochen, daß er mit viereinhalb Jahren aus der Sache rauskommt, wenn er jetzt aussagt. Daraufhin hat er sich entschlossen, öffentlich gegen die anderen auszusagen.«

Rühl legte einen Hefter vor Schmücker auf den Tisch. Es war das Protokoll von Sommerfelds Aussage. In seinem Gedächtnisprotokoll schrieb Schmücker: »Als Beweis, daß er mir nichts vormachen wollte, legte mir Rühl Sommerfelds Aussage vor, ließ sie mich durchblättern und ganze Passagen lesen. Das Protokoll stammte vom Sonntag, dem 9.7.72 und war in Koblenz angefertigt. Es ging aus der ersten Seite hervor, daß sich Sommerfeld an diesem Tage gegen 7.00 Uhr dem Vorstand der JVA Wittlich hatte vorführen lassen und erklärt hatte, er wolle ein umfassendes Geständnis ablegen. Er war daraufhin in einem

Sondertransporter nach Koblenz gebracht und unter Leitung von Oberstaatsanwalt Braun vernommen worden. Das Protokoll dieses Tages enthielt vorwiegend Angaben zu dem Anschlag auf den britischen Yachtclub in Berlin-Gatow.« Rühl sagte, es sei fest damit zu rechnen, daß Sommerfeld vollständig auspacke.

Dann teilte der Verfassungsschutzbeamte noch weitere Einzelheiten über Sommerfelds Aussage mit und meinte dann: »Sommerfeld hat Sie insgesamt so belastet, daß eine Haftverschonung jetzt nicht mehr in Frage kommt. Für Sie gibt es nur noch zwei Möglichkeiten. Ich will beide mit allen Konsequenzen darlegen, damit Sie mir später nicht vorwerfen können, ich hätte Sie zur Aussage überredet oder gezwungen«.

Rühl schilderte — wie sich Ulrich Schmücker in seinem Gedächtnisprotokoll erinnerte — jene zwei Möglichkeiten:

Einmal könnte Schmücker vor den Ermittlungsbehörden und vor Gericht jede weitere Aussage verweigern und auf seinen bisherigen Aussagen beharren. Von diesem Tage an würde er dann vom Verfassungsschutz als fester Mitarbeiter behandelt und auch bezahlt.

»Sie haben dann unsere Anweisungen zu befolgen und dürfen kein Wort sagen, auch wenn es Ihnen noch so dreckig geht und Ihnen noch so zugesetzt wird.«

Auch später bekäme er dann niemals die Erlaubnis, vor Gericht als Zeuge auszusagen. Er würde zu etwa vier Jahren Freiheitsstrafe verurteilt und müßte diese antreten. »Der Verfassungsschutz wird dann dafür sorgen, daß Sie nach der Hälfte bis zwei Dritteln der Strafzeit wegen 'guter Führung' entlassen werden. Anschließend nehmen Sie Ihre Tätigkeit für den Verfassungschutz auf. Vor Gericht müssen Sie ordentlich 'Bambule' machen. Aber auch dabei müssen Sie gewisse Grenzen der Wohlanständigkeit beachten. Nicht, daß Sie den Richter als Schwein beschimpfen oder so«.

Während seiner Haftzeit schließlich sollte er möglichst viele Kontakte zu linken Personen und Organisationen aufnehmen und versuchen, Kassiber nach außen zu schmuggeln. Während der Haft hätte er dann alle Freiheiten, die sich im üblichen Rahmen hielten. Rühl würde ihm ein Fernstudium vermitteln und ihn durch Bücher, Zeitschriften, Genuß- und Lebensmittel, sowie durch häufige Besuche »moralisch« unterstützen.

Rühl ließ durchblicken, daß er diese Möglichkeit für die schlechtere hielt. »Die Frage ist, ob es sich lohnt, für eine VS-Mitarbeit von vielleicht nur sechs Monaten zwei bis drei Jahre abzusitzen.« Auch könnte sich während dieser Zeit viel ändern. »Vielleicht gibt es dann das Problem des Terrorismus gar nicht mehr in Deutschland, und Sie haben ganz umsonst gesessen.«

Dann kam Rühl zur zweiten Möglichkeit. Schmücker könnte auch vor Oberstaatsanwalt Braun umfassend aussagen und alles das wiederholen, was er ihm, Rühl, bereits erzählt habe. »Wenn Sie aussagen, garantiere ich Ihnen, daß Sie in drei Wochen draußen sind und im Herbst wieder studieren können. Der Prozeß fände dann unter Ausschluß der Öffentlichkeit statt, und Sie werden entweder freigesprochen oder die Strafe wird unter Anrechnung der Untersuchungshaft auf Bewährung ausgesetzt. Auf keinen Fall müssen Sie wieder ins Gefängnis.«

Anschließend könne er an einer beliebigen Universität neue Studienfächer, unabhängig von irgendwelchen Numerus-Clausus-Bestimmungen wählen. Der Verfassungsschutz werde für ein ausreichendes Stipendium sorgen. Wenn er wolle, könne er auch im Ausland studieren.

»Auch in Oxford?« fragte Schmücker.

»Ja, auch das läßt sich arrangieren.«

Nach einer Pause meinte Rühl:

»Sehen Sie, ich habe mir immer jemanden gewünscht, der für uns ein bis zwei Jahre in den Knast geht. Das wäre der ideale Agent. Eigentlich müßte ich doch alles tun, Sie als Mitarbeiter zu behalten. Aber wenn man dann den Menschen vor sich sieht, sieht das alles ganz anders aus. Vielleicht bekomme ich in meinem Beruf nie mehr so eine Gelegenheit. Aber der Mensch ist doch wichtiger, und rein menschlich glaube ich, es ist besser für Sie, wenn Sie aussagen.«

»Zwar«, so räumte Rühl ein, »haben Sie dann bei den Linken verschissen, zumindest bei den Anarchisten, aber irgendwann müssen Sie ja doch zurück ins bürgerliche Leben.«

Die Aussage sei das einzig richtige. Schmücker müßte sie politisch begründen und darauf bestehen, daß die Begründung mit ins Protokoll aufgenommen wird. Das würde seine überraschende Aussage erklären.

»So kommt gar nicht erst der Verdacht auf, daß da irgendwo dran gedreht worden ist. Hauptsächlich aber nützt das Ihnen selbst, denn schließlich müssen Sie irgendwie damit weiterleben.«

Später werde er ihm helfen, damit er wieder in nicht-anarchistischen linken Gruppen mitarbeiten könne. Dafür gäbe es Beispiele. Und für den Verfassungsschutz ginge er ja auch nicht völlig verloren, denn es gäbe doch immer wieder Bilder vorzulegen, Auskünfte einzuholen und Schriften oder Flugblätter auszuwerten. Andere linken Gruppen seien für den Verfassungsschutz auch nicht uninteressant.

Damit beendete Rühl das Gespräch. Schmücker müsse sich jetzt entscheiden. Bis zum nächsten Tag habe er Bedenkzeit. Wenn Sommerfeld erst seine Aussage beendet habe, sei es zu spät, dann könne er nichts mehr für ihn tun.

Am nächsten Tag wurde Schmücker wieder in das Besucherzimmer der Anstalt geholt. Verfassungsschützer Rühl war da. Er legte Schmücker das Protokoll von Harald Sommerfelds Aussage vom 10. oder 11. Juli 1972 vor. Damit er sich selbst davon überzeugen konnte, daß Sommerfeld vollständig ausgepackt hatte, gab ihm Rühl einige Seiten zu lesen.

»Ich habe mir das alles noch einmal überlegt«, sagte Rühl, während Schmücker in den Protokollen blätterte, »eine Aussage ist das einzig Richtige. Das andere wäre zwar sehr schön geworden. Aber wenn Sie nicht im Knast vergammeln wollen, bleibt Ihnen doch keine andere Möglichkeit. Machen Sie sich keine Illusionen. Entschließen Sie sich zur Aussage. Dann haben Sie das alles hinter sich und können völlig neu anfangen«.

Um den Anschein zu erwecken, er wäre nicht erst durch Sommerfelds Aussage geständnisbereit geworden, solle er selbst alles aufschreiben und auf den 9. Juli zurückdatieren.

Das Geständnis

»Ich begann also am 13.7.72 mit der Niederschrift meines umfassenden Geständnisses«, schrieb Ulrich Schmücker in sein Gedächtnisprotokoll. »Rühl sagte mir, wie ich die Aussage zu gliedern hätte, wo ich anfangen und wie ich die Entwicklung darstellen sollte. An Stellen, an denen ich nicht recht weiter wußte, las er mir an diesem wie auch am nächsten Tag Auszüge aus der 'Aussage' Sommerfelds vor. Gerade an diesem ersten Tage gab mir Rühl recht genaue Anweisungen über das, was ich zu schreiben hatte, und formulierte zum Teil ganze Sätze. Ansonsten sagte er, ich solle alles schreiben, was ich ihm erzählt hätte. Das tat ich auch.«

Während Schmücker schrieb, telefonierte Rühl mit einem Berliner Staatsanwalt. Er umriß Schmückers Situation, nannte keinen Namen, erwähnte jedoch, daß er aus der Strafanstalt Diez anrief. Nachdem er den Hörer aufgelegt hatte, wandte er sich zu Schmücker und erklärte ihm, was der Staatsanwalt gesagt hatte: Freispruch oder zumindest eine Bewährung direkt nach dem Prozeß sei ihm sicher, wenn nicht gar der Bundesanwalt das Verfahren vorher einstellen würde.

Am frühen Abend sagte Rühl, Schmücker solle mit seinen Aufzeichnungen am Abend und am nächsten Morgen allein auf der Zelle weitermachen. Dann nahm er die mit dem 9. Juli datierten Seiten und faltete sie ein paar mal. Bevor er sie einsteckte, hielt er sie hoch und sagte triumphierend: »Jetzt hab ich endlich etwas von Ihnen! Wenn Sie es sich doch noch anders überlegen, ist das meine Sicherheit!«

Am nächsten Morgen gegen 10 Uhr erschien Rühl wieder in der Anstalt. Er las Schmückers Aufzeichnungen und steckte sie ein. Als Schmücker fragte, welches Datum er für die nächsten Seiten nehmen solle, sagte er: »Nehmen Sie das Datum von heute.« Dann arbeiteten Verfassungsschützer und Gefangener gemeinsam bis zum späten Nachmittag. Zum Schluß wurden die Kernpunkte der »politischen Begründung« skizziert.

Diese »politische Begründung« der Abkehr vom Terrorismus tauchte immer wieder in sehr ähnlichen Formulierungen auf. So etwa bei dem Baader-Meinhof-Kronzeugen Gerhard Müller und bei dem späteren Kronzeugen im Schmücker-Verfahren, Jürgen Bodeux.

Bei Ulrich Schmücker lautete sie so:

»Zur Zeit meiner Tätigkeit in der 'Bewegung 2. Juni' war ich von der Richtigkeit meines Handeln überzeugt und hielt die Übertragung des Konzepts 'Stadtguerilla' auf Westeuropa für möglich und nötig. Gerade die Auswirkungen der Anschlagsserie im Mai dieses Jahres haben mir jedoch gezeigt, daß ich dabei von einer falschen Einschätzung der gesellschaftlichen Verhältnisse und meiner eigenen Klassenlage ausging.

Die von mir gemachten Angaben stellen eine Absage an meine jüngere politische Vergangenheit dar, die — so meine ich — von einer radikalen Kritik der westeuropäischen Stadtguerilla-Theorien ergänzt werden muß. Da eine umfassende Kritik in so kurzer Zeit nicht zu leisten ist, skizziere ich hier nur kurz die Kernpunkte der Überlegungen, die mich diese Aussage machen ließen. Das Konzept Stadtguerilla ist ein Produkt der Widersprüche innerhalb der Strukturen lateinamerikanischer Gesellschaften. Dort, wo es um die Sicherung der physischen Reproduktion der Massen geht, mag revolutionäre Gewalt in dieser Form ein legitimes Mittel zur gesellschaftlichen Veränderung sein. Unter den Bedingungen des dort geführten Kampfes wurde das Stadtguerilla-Konzept entwickelt — ihnen ist es angepaßt. Es aus diesem gesellschaftlichen Bezugsrahmen herauszureißen und unter völlig anderen Bedingungen anwenden zu wollen, heißt, es seiner Natur zu entfremden, es seiner Effektivität zu berauben. In Westeuropa, wo die Unterdrückung der Massen durch die Herrschenden in stark modifizierter Form auftritt, wo die Massen psychisch verkrüppelt und geistig ausgehungert werden, schlägt die Wirkung dieser Waffen des Volkes um in ihr Gegenteil. Sie wird zur Waffe gegen das Volk.

Das Klassenbewußtsein des in scheinbarem materiellen Wohlstand lebenden Proletariats Westeuropas ist so stark deformiert, daß es die Ausbeutungsmechanismen nicht mehr durchschauen und den staatlilichen Unterdrückungsapparat nicht mehr als solchen erkennen kann. Solidarität und Spontanneität kennt es kaum in seinen 'kärglichen Klassenkämpfen'. Die starke Verbreitung kleinbürgerlicher Ideologie in den Reihen des Proletariats hat ihm seine Kampfkraft genommen — es zumindest nachhaltig gelähmt. Verstärkt wird diese Lähmung durch den Umstand, daß das Proletariat in den Metropolen — wenn auch wenig, so doch auch — von der Ausplünderung der unterentwickelt gehaltenen Länder durch den Imperialismus profitiert. Praktische Solidarität mit den Kämpfen der unterdrückten Völker und die Wahrnehmung seiner objektiven Interessen ist von ihm nicht zu erwarten, da ein solches Verhalten gegen seine kurz- und mittelfristigen Interessen verstöße.

Ich gab mich — wie wohl alle Intellektuellen, die die bestehenden gesellschaftlichen Verhältnisse mit Gewalt verändern wollen — einer entscheidenden Selbsttäuschung hin, indem ich mich der Feststellung anschloß, die lohnabhängige Intelligenz sei zu einem Teil des Proletariats geworden. Durch die Konfrontation mit dem Tod des bürgerlichen Individuums, die Unmöglichkeit in unserer hochindustrialisierten Gesellschaft, individuelle Größe im Sinne des alten Besitzbürgertums zu erlangen oder auch nur den Idealen der bürgerlichen Revolution gemäß zu leben, wurde ich zur Rebellion gegen das monopolistische Kapital und seinen Staat getrieben.

Trotz der Erarbeitung eines theoretischen Fundus auf der Grundlage der materialistischen Dialektik und trotz meines Bekenntnisses zu der historischen Bedeutung des Proletariats behielt mein Engagement seinen individuellen bürgerlichen Charakter und diente bestenfalls den scheinbar egalitären Zügen der verzweifelnden Intelligenz, nie aber denen der Mehrheit des Volkes. Wenn auch — durch die zunehmende Einbeziehung der Wissenschaften in den gesellschaftlichen Verwertungsprozeß — in die Lohnabhängigkeit gedrängt, trägt die heutige Intelligenz das große bürgerliche Erbe noch in ihrem Bewußtsein und verarbeitet ihre Abhängigkeit diesem Bewußtsein entsprechend. Ökonomisch unterscheidet sich der Intellektuelle vom Arbeiter oder Angestellten nur noch durch den höheren Qualifikationsgrad seiner Arbeitskraft, bewußtseins- oder verhaltsmäßig trennen ihn jedoch Welten.

Wenn den Intellektuellen auch noch der letzte wissenschaftliche Freiraum genommen wird, wird er sich mit seiner zwiespältigen Existenz abfinden müssen. Es ist Selbstbetrug, den — durch bürgerliche Erziehung und Bildung und den so unbürgerlichen Verkauf der eigenen Arbeitskraft geschaffenen — inneren Widerspruch einfach verleugnen zu wollen und die Aktivität einer kleinen bewaffneten Gruppe als 'Eigenbewegung des Proletariats' (Horst Mahler) anzusehen.

Erst nachdem ich — durch die 'Hamburger Beschlüsse' (Schmücker meint hier den Ministerpräsidentenerlaß über die Beschäftigung von Extremisten im öffentlichen Dienst) scheinbar jeder Perspektive auf eine persönliche Zukunft als Wissenschaftler beraubt und stark radikalisiert — dieses pseudoproletarisch-avantgardistische Selbstverständnis teilte, konnte ich mich der 'Bewegung 2. Juni' anschließen und jeden Verstoß gegen die Gesetze dieses Staates als emanzipatorische und revolutionäre Tat feiern.

Was ein dieser Geisteshaltung entspringendes Handeln objektiv bewirkt, zeigen die Folgen der jüngsten Anschlagsserie wohl am besten. Statt die Widersprüche zwischen den antagonistischen Klassen zu verschärfen, bestärkte sie die Bevölkerung in ihren Ressentiments gegenüber den 'Linken' und trieb diese noch mehr in die Isolation. Den Reaktionären in der BRD dient sie als Anlaß zu einer gewaltigen Hetzkampagne gegen alle fortschrittlichen Kräfte und als Vorwand zu einer weiteren Verstärkung der staatlichen Exekutivgewalt. Jeder 'Linke', der den Reaktionären den Wind aus den Segeln nehmen und Faschisierungstendenzen entgegenwirken will, muß im eigenen Interesse alles tun, um ähnliche Terrorakte in Zukunft zu verhindern und ihnen vorzubauen. Diese Aussage soll mein Beitrag dazu sein.«

Der Text dieser Erklärung ist — in Variationen — eine Art Standard-Distanzierung vom Terrorismus. Er scheint zum Repertoire jedes besseren Verfassungsschützers zu gehören, um potentiellen Überläufern den Absprung politisch zu erleichtern.

Während Ulrich Schmücker und der Verfassungsschutzbeamte Rühl diese Erklärung gemeinsam formulierten, telefonierte Rühl von Zeit zu Zeit mit Oberstaatsanwalt Braun, um die Einzelheiten für eine Haftverschonung abzuklären.

Kurz bevor sich Rühl von Schmücker verabschiedete, gab er ihm seine bisherigen Aufzeichnungen zurück und wies ihn an, sie noch am selben Abend dem Anstaltsleiter zur Aufbewahrung zu übergeben.

»Am Wochendende müssen Sie mit der Niederschrift fertig sein und sich am Montag zur Vernehmung vorführen lassen. Ich selbst bin dann in Koblenz und kann helfen. Wenn Sie während der Vernehmung Fragen an mich haben, dann sagen Sie Oberstaatsanwalt Braun , Sie müßten dringend zur Toilette. Ich werde mit Braun vereinbaren, daß er Sie daraufhin in einen anderen Raum bringt. Braun weiß ja ohnehin, daß etwas mit uns läuft, wenn auch nichts konkretes. Sonst darf aber in Koblenz niemand, auch Ihr Anwalt, nichts davon wissen«.

Während des Gesprächs wurde Rühl vom Bundesinnenministerium angerufen. Er führte das Telefonat in Schmückers Beisein. Nach dem Gespräch erregt er sich. Der Minister habe seinen Bericht gelesen, und jetzt frage man sich in Bonn, ob nicht doch noch was mit einer Haftverschonung drin wäre. Rühl wurde ärgerlich: »Erst wollen Sie nicht, und wenn schon alles geregelt ist, fangen sie an zu überlegen.«

Schmücker solle sich aber nicht verwirren lassen und wie besprochen weitermachen. Nach Dienstschluß ließ der Anstaltsleiter Schmücker vorführen und übernahm von ihm den ersten Teil der Aufzeichungen. Drei Tage später hatte Schmücker das Geständnis fertig und übergab dem Anstaltsleiter den Rest. Ein Bote brachte die Papiere in einem versiegelten Umschlag zu Oberstaatsanwalt Braun nach Koblenz.

Am selben Tag rief Rühl an und teilte Schmücker mit, er werde jetzt in Urlaub fahren.

In den folgenden drei Tagen, dem 18.,19. und 20. Juli gab Schmücker in Koblenz seine Aufzeichnungen zu Protokoll und bestätigte vor dem Untersuchungsrichter, er habe sie »selbstständig und freiwillig« zur Erleichterung seines Gewissens gemacht. Dann hatte Ulrich Schmücker erst einmal Ruhe. Zweimal wurde er von Rühl aus dem Urlaub angerufen.

Während der Verfassungsschützer in Urlaub war, kam sich Ulrich Schmücker fast vereinsamt vor.

Niemand war mehr da, der durch einen kleinen Wink die Haftbedingungen für ihn etwas erleichtern konnte. Wochenlang hatte seine

Mutter vergeblich für ihren abgemagerten und blassen Sohn frische Milch beantragt und an der Gefängniskasse bezahlt.

Als der Antrag endlich rückwirkend genehmigt wurde, brachte der Wachbeamte gleich 28 Tüten Milch in die Zelle.

Im September kam der Verfassungsschützer nach seinem Urlaub wieder zu Besuch. Er brachte Zigaretten, Getränke und Zeitschriften mit. Dazu Schmücker in seinem Gedächtnisprotokoll:

»Insgesamt erhielt ich von Rühl bis Dezember 1972 Zigaretten, Getränke, Obst, Zeitschriften u.a. im Wert von 130,- bis 150,- Mark.«

Erst kurz vor Weihnachten tauchte Rühl wieder auf. »Ich habe ein ganz schlechtes Gewissen, daß Sie immer noch im Knast sitzen und sich die Verhandlung immer weiter herauszögert. Aber das ist schließlich nicht meine Schuld. Ich habe mich so lange nicht sehen lassen, weil das immer schwieriger wird. Die Ansichten beim Verfassungsschutz und bei der Justiz gehen über den Fall auseinander. Einige Leute meinen, der VS solle sich nach Abschluß der Ermittlungen völlig aus dem Verfahren zurückziehen und erst nach der Verurteilung wieder die Betreuung übernehmen. Ich bin aber der Ansicht, daß man den Kontakt auch in der Zwischenzeit nicht abbrechen sollte, denn es gibt immer mal wieder etwas zu fragen. Sie dürfen nicht von mir denken, ich habe Sie 'gelinkt'. Alles was wir damals besprochen haben, war völlig ernst gemeint.«

Dann spielte Rühl auf den Überfall Palästinensischer Terroristen auf das Quartier der israelischen Olympiamannschaft im September 1972 an.

»Wäre München eher gewesen, wäre die Flucht damals gelaufen. Aber sowas kann man halt nicht voraussehen.«

Immerhin habe man sich mit der Justiz geeinigt, daß Schmücker auf jeden Fall nach der Hälfte der Strafzeit entlassen werde. Das sei hundertprozentig sicher, denn der Verfassungsschutz habe nicht mit der Staatsanwaltschaft, sondern mit den höheren Instanzen darüber verhandelt. Der Justizsenator habe persönlich an den Verhandlungen teilgenommen und dieser Lösung zugestimmt.

Dann versprach Rühl, sich selbst kurz vor oder kurz nach dem Prozeß für eine Haftunterbrechung aus gesundheitlichen Gründen einzusetzen. Tatsächlich hatte Schmückers Gesundheitszustand in den langen Monaten der Haft sehr gelitten.

Im Januar sollte endlich der Prozeß stattfinden. Doch in den Wochen ohne regelmäßigen Besuch durch den Verfassungsschützer Rühl waren Schmücker Bedenken gekommen. Er hatte gehört, daß ihn Berliner Genossen für Polizeiaktionen und Festnahmen am 22. Juli verantwortlich machten.

Schmücker versuchte, sich von seinem neuen Freund, dem Verfassungsschützer Rühl abzusetzen. Im Dezember begann er in seiner Zelle das Gedächtnisprotokoll über seine Kontakte zum Verfassungsschützer Rühl zu verfassen. Als Peter Rühl ihn am 22. Dezember besuchte, hatte er das Protokoll fertig. Auf den letzten Seiten berichtete er über diesen Besuch. Rühl hatte ihn dabei ermahnt, vorsichtig zu sein. »Mir würde man meine Aussage nie verzeihen, denn man steht auf dem Standpunkt: wir haben Klassenkampf, und wer den Schweinen was sagt, ist ein Verräter und für die Revolution gestorben. Rühl: 'Sie werden immer unter Ihrer Intelligenz zu leiden haben; auch wenn Sie — nur einmal angenommen — beim Prozeß gegen die andern erzählen was hier gelaufen ist, wird das nichts daran ändern. Die Linken würden dann nur wieder irgendeinen Trick dahinter vermuten und das ganze als Anbiederung auffassen.' Den anderen könne ich dadurch ja auch nicht helfen, und für mich sei mit vorzeitiger Entlassung usw. dann natürlich nichts mehr drin.«

Und dann fuhr Schmücker in seinem Gedächtnisprotokoll fort: »Nun, Rühl weiß nicht, daß ich zu dieser Zeit bereits mit der Niederschrift des hier vorliegenden Gedächtnisprotokolls zum inoffiziellen Verlauf des 'Ermittlungsverfahrens' beschäftigt war.

Ich habe dieses Gedächnisprotokoll im Dezember 1972 in der Zelle der JVA Diez — diesmal wirklich — selbständig und freiwillig niedergeschrieben, um es zu gegebener Zeit an einen der Verteidiger von Wolfgang Knupe, Verena Becker, Inge Viett oder Karin und Siegfried M. — evtl. auch an ein entsprechendes Organ weiterzuleiten.

Meine in diesem Protokoll gemachten Angaben entsprechen der Wahrheit. Ich bin bereit, sie bei den Hauptverhandlungen gegen die oben genannten Personen unter Eid zu wiederholen.

Diez/Lahn, den 31.12.1972 gez. Ulrich Sepp Schmücker«

Die Nachstellungen des Herrn Rühl

Am 7. Februar 1973 fand der Prozeß gegen Ulrich Schmücker vor der 14. Großen Strafkammer des Landgerichts Moabit statt. Auf der Zuschauerbank saßen Schmückers Mutter und ein Schulfreund Arno Johann.

Es war kein spektakulärer Anarchistenprozeß, es gab keine Zeugen und kaum Publikum. Der Angeklagte war geständig, das Urteil vorprogrammiert.

»Wie das Urteil ausfiel, das war mir schon gesagt worden durch den Herrn Staatsanwalt Thiele, durch unseren Rechtsanwalt und auch durch Ulli, der es auch schon wußte,« erinnerte sich seine Mutter.

Es war ein mildes Urteil, das noch vor der Mittagspause verkündet wurde. Alles lief so ab, wie es der Verfassungsschutzbeamte Peter Rühl für den Fall seiner Aussage versprochen hatte.

»Der Angeklagte ist der Begünstigung, der gemeinschaftlich versuchten Herbeiführung einer Explosion in zwei Fällen und der Vorbereitung eines Sprengstoffverbrechens schuldig, alle Taten begangen tateinheitlich mit der Mitgliedschaft und Unterstützung einer kriminellen Vereinigung. Er wird zu einer Gesamtfreiheitsstrafe von zwei Jahren und sechs Monaten verurteilt.

Bei der Strafzumessung konnte das umfassende Geständnis des Angeklagten, das er ohne Rücksicht auf dadurch entstehende Gefahren für sein Leben abgelegt hatte, mildernd berücksichtigt werden.«

Ulrich Schmücker wurde sofort auf freien Fuß gesetzt. Er erhielt Haftverschonung aus gesundheitlichen Gründen. Der Staatsanwalt gab Frau Schmücker noch einen guten Rat mit auf den Weg:

»Nehmen Sie am besten Ihren Sohn gleich mit nach Hause.«

Ulrich Schmücker feierte seine wiedergewonnene Freiheit mit seiner Mutter und alten Freunden aus Bad Neuenahr, die in Berlin studierten. Die Mutter blieb für fünf Tage in Berlin. Schmücker wohnte so lange bei dem Physikstudenten Georg Pitzen und dessen Freundin Monika Breuer, die noch auf einen Studienplatz wartete. Die beiden hatten gerade eine Zwei-Zimmer-Wohnung in Kreuzberg bezogen, und Ulrich Schmücker half ihnen, die Wohnung zu renovieren. Zwei Tage nach dem Prozeß klopfte die Polizei an:

Der Kriminalhauptmeister Günter Schmidt von der Staatsschutzabteilung der Polizei riet Schmücker, Berlin schnellstens zu verlassen. Die Gefahr sei zu groß, daß sich die von ihm belasteten Genossen an ihm rächen könnten. Doch Schmücker schlug die Warnung in den Wind. Er wollte vorerst in Berlin bleiben.

Ein paar Tage darauf meldete sich telefonisch ein alter Bekannter. Verfassungsschützer Peter Rühl wollte ihn — konspirativ natürlich — an der Tiergartenbrücke in Berlin treffen. Ulrich Schmücker erzählte seinen Freunden Arno Johann und Georg Pitzen über die Bekanntschaft zu Rühl.

Pitzen sagte später zu einem Journalisten: »Ulli wollte auf keinen Fall mit dem Geheimdienstbullen zusammenarbeiten. Im Gegenteil. Er kannte von Anfang an nur ein Ziel, von den linken Gruppen wieder aufgenommen zu werden. Um seinen Genossen zu beweisen, daß er mit dem Verfassungsschutz nichts im Sinn hatte, wollte er den konspirativen Treff mit dem Agentenführer fotografieren lassen und das Foto anschließend zusammen mit seinem Gedächtnisprotokoll dem Nachrichtenmagazin 'Der Spiegel' übergeben.

Wir alle waren sauer auf den Verfassungsschutz — wie die den Ulli verheizen wollten — daß wir spontan gesagt haben: 'Wir helfen dir dabei.' Schließlich leben wir in einem demokratischen Staat und können fotografieren was und wen wir wollen, solange es sich nicht um eine militärische Sperrzone oder sowas handelt. Geheimdienstbullen fotografieren ist ja nicht verboten.

Wir haben uns also eine gute Kamera mit einem langen Teleobjektiv besorgt und sind, getrennt von Ulli, zur Straße des 17. Juni am Tiergarten gefahren. Dort haben wir eine Weile gewartet. Es war ganz schön kalt, und immer wenn ein Taxi kam, haben wir aus der Deckung heraus fotografiert, sobald einer ausgestiegen ist.

Die Straße des 17. Juni ist ein stadtbekannter Strich, und es standen viele Nutten rum. Klar, daß jede Menge Männer ausgestiegen sind.

Aber da war keiner dabei, der wie ein Geheimdienstbulle aussah. Nach einer Stunde oder so hat uns der große Frust gepackt. Wir haben ein Taxi gerufen und sind nach Hause gefahren.«

Der Ausflug von Schmückers Schulfreunden in die Geheimdienst-Sphäre endete grotesk: statt den Verfassungsschützer Rühl auf die Platte zu bannen, wurden sie selbst unbemerkt fotografiert. Offenbar traute Rühl seinem Informanten in spe nicht und ließ den Treff von Kollegen überwachen. Später legte der Verfassungsschützer dem irritierten Schmücker gestochen scharfe Bilder von der Fotosafari seiner Freunde vor. Schmücker behauptete, die beiden Foto-Amateure mit dem Teleobjektiv nicht zu kennen. Doch auch das schien Rühl nicht zu glauben. Er fragte Schmücker, ob er etwa Pressefotografen bestellt habe. Zu guter letzt erzählte er Schmücker dann auch noch, was die beiden Fotografen im Auto gesprochen hätten: »Es ist eine Sauerei, jemanden bei dieser Kälte auf die Straße zu jagen, um jemanden zu fotografieren der doch nicht kommt.«

Sechs Tage nach dem Prozeß, am 13. Februar 1973, reisten Ulrich Schmücker und seine Mutter aus Berlin ab. Anfangs verschwieg Ulli seinen Eltern die Kontakte zum Verfassungsschützer Rühl. Doch bereits zwei Tage nach seiner Ankunft wurde er am Telefon verlangt. Die Mutter nahm den Hörer ab. Eine männliche Stimme mit Berliner Akzent meldete sich: »Hier ist ein Freund von Ulli. Sagen Sie ihm nur 'Peter ist hier'. Dann weiß er Bescheid.«

Verwirrt holte Frau Schmücker ihren Sohn. Das Gespräch dauerte ein und eine viertel Stunde. Frau Schmücker war die ganze Zeit im Raum und hörte zu. Später berichtete sie:

»Er wollte ihn dazu bewegen, sich mit ihm irgendwo in der Eifel zu treffen. Ich machte Ulli ein Zeichen: wenn der was von ihm wollte, dann sollte er doch zu uns nach Hause kommen. Aber darauf ließ sich Rühl nicht ein, das war ihm zu riskant. Ulli schien mit dem Mann Katz und Maus spielen zu wollen. Er wollte ihn hinhalten. Mir war nicht wohl bei der Sache. Ich hörte Ulli, während er mir zuzwinkerte, fragen: 'Was würde denn für mich dabei herausspringen?' Er könne sein Studium weiterführen, versprach Rühl. Wenn er wollte, sogar in Oxford. Ich atmete richtig auf, als Ulli am Ende des Gesprächs sagte: 'Lassen Sie mich in Ruhe. Das ist bei mir nicht drin.' Aber Rühl hat daraufhin gedroht: 'Wenn Du nicht für uns arbeitest, dann mußt Du in den Knast zurück'. Als Ulli aufgelegt hatte, lächelte er: 'Keine Angst, Mutter. Ich wollte nur mal sehen, wie weit die gehen.' Ich war sehr besorgt, weil er das alles auf die leichte Schulter zu nehmen schien. Ich sagte ihm: Falls Du vorhast, Dich mit diesem Menschen heimlich in der Eifel zu treffen, dann fahre ich einfach mit dem Taxi hinterher und stelle ihn zur Rede. Die sollen dich endlich in Ruhe lassen!«

Doch Peter Rühl rief immer wieder an und versuchte Ulrich Schmücker doch noch als Mitarbeiter des Verfassungsschutzes anzuwerben.

Glücklich über die Heimkehr des verlorenen Sohnes und gleichzeitig besorgt über die Anrufe des Verfassungsschützers Rühl nahmen die Eltern ihren Sohn erst einmal mit auf einen Skiurlaub ins Sauerland. Die neun Monate Haft hatten Ulrich Schmücker ausgezehrt. Er war blaß, und hatte an Gewicht verloren. Im Skiurlaub war er wieder ganz der Sohn fürsorglicher Eltern. Dann ging er zurück nach Berlin.

In diesem Frühjahr 1973 fand vor dem Landgericht Moabit der Prozeß gegen die RAF Mitglieder Brigitte Asdonk, Hans-Jürgen Bäcker, Monika Berberich, Irene Goergens, Erik Grusdath und Ingrid Schubert statt. Ihnen wurden Banküberfälle und die Zugehörigkeit zu einer kriminellen Vereinigung vorgeworfen. Die Fenster des Gerichtssaales waren zum Schutz gegen mögliche Schüsse und Bomben zugemauert worden. Die Zuschauer wurden streng kontrolliert. Es herrschte Belagerungszustand.

An einem Prozeßtag Ende April mischte sich ein blasser junger Mann unter die Besucher. Es war Ulrich Schmücker. Er setzte sich auf die Zuschauerbank und beobachtete den Prozeßablauf. In der Verhandlungspause ging er durch die langen, halligen Flure des Justizgebäudes und steuert die Gerichtskantine im Keller an. An einem Tisch entdeckte er einen jungen Mann mit schmaler Metallbrille, den er schon vorher als Zuschauer im Prozeß gesehen hatte. Er setzte sich zu ihm und sagte ein paar belanglose Worte. Ulrich Schmücker wollte mit irgendjemand ins Gespräch kommen.

»Kann es sein, daß ich Dich irgendwoher kenne?«

»Schon möglich.«

Es entwickelte sich eine Unterhaltung über den Prozeß und über die linke Szene. Dabei ließ Ulrich Schmücker ein paar Einzelheiten aus seiner eigenen Geschichte einfließen. Plötzlich wurde sein Gesprächspartner hellwach. Er hatte von Ulrich Schmücker in der Zeitung gelesen und mit Freunden über den Fall gesprochen. Aus dem »Tagesspiegel« kannte er den Prozeßablauf gegen Ulrich Schmücker, er wußte vom Prozeß-Ausgang und der milden Strafe. Er kannte auch Harald Sommerfeld, Inge Viett und Verena Becker.

»Du bist also Ulrich Schmücker«, sagte er plötzlich. Ulli nickte.

»Warum hast Du das nicht gleich gesagt?«

»Ich lauf doch nicht mit einem Schild um den Hals rum und verkünde jedem, daß ich Ulrich Schmücker bin.«

Sein Gesprächspartner war mißtrauisch und neugierig zugleich. Er interessierte sich für den Fall. »Du hast damals vor Gericht ausgesagt?«

Schmücker nickte.

»Warum?«

Da begann Ulli zu erzählen. Er redete von seinem Aufenthalt im Gefängnis und von den Besuchen des Verfassungsschutzbeamten Peter Rühl, von dessen Bemühungen, ihn als V-Mann anzuwerben, und seiner Weigerung, mitzumachen. Dabei verschönte er seine Rolle um einiges.

»Ich habe ein Gedächtnisprotokoll bei meinem Anwalt hinterlegt«, sagte er. »Damit kann ich beweisen, daß ich kein Verräter bin. Im Gegenteil. Ich will die Praktiken des Verfassungsschutzes aufdecken. — Glaub nicht, daß ich als Zeuge im Prozeß gegen Sommerfeld auftrete.«

Inzwischen war es etwa 14.00 Uhr geworden, und die beiden liefen wieder hinauf zum Gerichtssaal. Dort erfuhren sie, daß der Prozeß an diesem Nachmittag nicht mehr fortgesetzt wurde. Im Hinuntergehen sagte Schmückers neuer Bekannter seinen Namen: Götz Tilgener, genannt »Billy«. Er erzählte ihm ein paar Dinge aus seinem Leben, und die beiden beschlossen, gemeinsam in Tilgeners Wohnung zu fahren und dort das Gespräch fortzusetzen. In Schmückers beige farbenen Volkswagen mit Ahrweiler Kennzeichen fuhren sie nach Kreuzberg in die Cuvrystraße 49.

Götz Tilgener

Götz Tilgener war zu dieser Zeit 23 Jahre alt. Sein Vater war Volkswirt und Jurist. Seine Mutter hatte Musik studiert. Die Eltern lernten sich nach dem Kriege kennen. Der Vater war damals »eine Art mittelgroßer Schieber«, wie Tilgener gern erzählte. »Er handelte mit Zigaretten, Papier, Kohle, Schweinen und Zement — mit allem, was man so brauchte.«

Die ersten Jahre seines Lebens brachte Götz Tilgener bei seiner Großmutter in Warburg zu. Dann zogen alle zusammen in ein eigenes Haus nach Stuttgart.

Der Vater arbeitete als Finanzmakler und war viel auf Reisen, auf denen ihn die Mutter oft begleitete. So wurde Götz vor allem von seiner Großmutter erzogen.

In der siebten Klasse des Gymnasiums blieb Tilgener das erste Mal sitzen, in der neunten Klasse zum zweiten Mal. Daraufhin wollten ihn die Eltern in ein Internat bei Heidelberg stecken. Doch kurz vor dem Abreisetermin rückte Götz von zu Hause aus.

»Ursache dafür«, so sagte er später, »war die familiäre Situation, die totale Autorität meines Vaters, der mich in der Zeit sogar noch geprügelt hat. Ich bin von meinem Vater zum Teil so zusammengeschlagen worden, daß mein Sportlehrer mir riet, zum Jugendamt zu gehen, als er meine Verletzungen auf meinem Rücken sah, die von einer Hundepeitsche herrührten.« So packte Götz eines Morgens die Sachen und trampte, anstatt zur Schule zu gehen, über die Autobahn nach Saarbrücken. Von dort aus wollte er weiter über Belgien nach England, wo er eine Freundin hatte.

Als er aber, gerade 17 Jahre alt, über die Grenze wollte, wurde er aufgegriffen und ins Polizeigefängnis Saarbrücken gesteckt. Dort holte ihn sein Vater ab.

Tilgener kam ins Internat nach Heidelberg. Dort lernte er zwei Erzieher kennen, die Mitglieder des SDS, des Sozialistischen Deutschen Studentenbundes, waren. Mit ihnen ging er zu SDS-Veranstaltungen und begann, sich für soziale Probleme und für Politik zu interessieren. Im Internat setzte er die neuerworbenen Kenntnisse praktisch ein. Er ließ sich zum Internatssprecher wählen und geriet prompt mit dem Internatsleiter, einem, wie Tilgener sagte, »eingefleischten NPD-Anhänger«, aneinander. Nach dem großen Krach zog Tilgener in ein anderes Internat um, in dem es ihm besser gefiel. Seine Schulleistungen wurden besser. Nebenbei begann er, an der Musikhochschule zu studieren.

Auch beim SDS wurde er aktiv, verteilte Flugblätter und nahm an Demonstrationen teil. Schließlich legt er sich auch in dieser Schule mit den Lehrern und dem Direktor an und wurde gefeuert. Seine Verbindungen zur Studentenbewegung wurden noch enger. Er zog in eine Wohngemeinschaft und jobbte als Klavierspieler in Heidelberger Bars.

Bei einer Demonstration wurde Tilgeners Freundin Ricky, die zwei Jahre älter war als er, von einem Polizisten in den Unterleib getreten. Eine gynäkologische Untersuchung ergab, daß Ricky keine Kinder mehr bekommen konnte.

»Diese Brutalität der Polizei«, so sagte Tilgener später, »hat mich damals sehr schnell völlig umdenken lassen, von dem, was mein Vater mir immer von einem Rechtsstaat erzählt hatte, in dem wir leben.«

Der Krach mit den Eltern ließ nicht lange auf sich warten. Bei einem Besuch regte sich der Vater über die langen Haare seines Sohnes auf. Als Götz dann noch ein paar Kostproben seiner neuerworbenen politischen Überzeugungen zum besten gab, explodierte er. Da sagte Götz: »Na, hör mal zu, was Du von Dir gibst, das lese ich jeden Tag in der Bildzeitung. Überflüssig, daß wir uns überhaupt noch unterhalten. Deine Argumente, die kann ich Dir alle vorbeten.«

Daraufhin warf der Vater seinen Sohn hinaus und erteilte ihm Hausverbot.

Götz ging wieder nach Heidelberg. Sein Vater stellte die Unterhaltszahlungen ein. Als eines Tages der Berliner Rechtsanwalt Horst Mahler in Heidelberg war, klagte ihm Götz Tilgener sein Leid. Darauf

Mahler: »Machen wir ganz einfach. Gib mir mal die Telefonnummer«.

Tilgener gab ihm die Nummer, und Mahler rief den Vater an.

»Rechtsanwalt Mahler. Ihr Sohn teilt mir mit, daß Sie sich weigern, seine Ausbildung zu finanzieren. Ihr Sohn ist noch nicht volljährig. Da gibt es zwei Möglichkeiten: entweder Sie zahlen sofort oder Ihr Sohn wird Sie unter Zuhilfenahme des Jugendamtes auf Unterhaltszahlung verklagen. Dabei werde ich ihn unterstützen«.

Der Vater bekam einen Tobsuchtsanfall.

»Was bilden Sie sich eingentlich ein. Wer sind Sie überhaupt?«

»Hier ist Rechtsanwalt Mahler aus Berlin«.

»Oh, entschuldigen Sie, Herr Mahler, ich habe vorhin Ihren Namen nicht richtig verstanden. Wo kann ich Sie erreichen?«

Nach diesem Telefonat erhielt Götz Tilgener regelmäßig Geld von seinem Vater. Tilgener brachte noch eine zeitlang in Heidelberg zu, dann gelang es seiner Mutter, ihn zu einem Gespräch mit dem Vater in Stuttgart zu überreden.

Der Vater hatte sich beruhigt und bemühte sich, Götz wieder an einer Schule unterzubringen. Nach etlichen erfolglosen Versuchen konnte er seinen Sohn am Staatlichen Gymnasium auf der Nordseeinsel Wangerooge anmelden. Nach langem Sträuben willigte Götz Tilgener ein.

Am 19. März 1969 kam er auf der Insel an. Die Schule war klein, gerade 180 Schüler. Tilgener hatte Mühe, den versäumten Unterrichtsstoff nachzuholen. Er fühlte sich auf der einsamen Nordseeinsel wie in der Verbannung. Doch bald konnte er sich wieder politisch betätigen.

Das Gymnasium sollte aufgelöst werden, und unter Eltern und Schülern bildete sich eine Protestbewegung »Rettet unsere Schule«. Tilgener machte mit. Er malte Plakate, schrieb Flugblätter, organisierte Demonstrationen. Die Apo hielt ihren Einzug auf die ostfriesischen Inseln.

Tilgener wurde Schulsprecher und nahm eine Beziehung zu seiner Stellvertreterin, einem Mädchen namens Runa, auf. Als sich Runa von ihm trennte, geriet Tilgener völlig aus dem Gleichgewicht und machte drei Selbstmordversuche. Als diese scheiterten, begann er zu saufen. »Zwei Flaschen Wodka am Tag waren das Normale«, sagte er später, was wohl etwas übertrieben war.

Götz erschien kaum noch zum Schulunterricht. Kurz vor dem Abitur haute er wieder einmal ab, arbeitete im Hotel »Maritim« in Timmendorf — und verpaßte sein Abitur.

»Wahrschienlich war ich durch die Affäre Runa so aus dem Gleis geworfen, daß man von einer 'psychisch bedingten Leistungsverweigerung' sprechen müßte«, erklärte Tilgener sein Verhalten. Zusätzlich zum Schnaps begann er jetzt auch Schlaftabletten zu nehmen. Für kurze Zeit steckten ihn seine Eltern in Stuttgart in eine Psychotherapie. Der Vater war eigentlich dagegen. »Der Bengel soll sich zusammenreißen. Haltung bewahren. An der Front im Krieg habe ich auch keinen Psychiater nötig gehabt«, sagte er. Daraufhin brach Götz die Therapie nach einigen wenigen Sitzungen ab. Er jobbte und handelte anfangs in kleinen, später in größeren Mengen mit Haschisch — und trank weiter.

Eines Tages fand der Vater ein Stück Haschisch im Zimmer seines Sohnes und lieferte es bei der Polizei ab. Götz wurde verhört, es kam zum Prozeß. Das Urteil: 100 Mark Geldstrafe. Der Vater, der seinen eigenen Sohn angezeigt hatte, bezahlte die Strafe.

Götz ging nach Wangerooge und bereitete sich erneut darauf vor, das Abitur zu machen. Vor der Reifeprüfung aber setzte sich Tilgener wieder von der Insel ab und versäumte sie. Kurz darauf erhielt er einen Einberufungsbefehl zur Bundeswehr. Am 4. Oktober 1971 sollte er in die Bölke-Kaserne in Ulm einrücken. Tilgener erschien nicht und schickte stattdessen ein Grußtelegramm an seine Einheit:

»Wenn Ihr immer noch glaubt, daß aus mir ein Soldat zu machen ist, dann holt mich ab.« Tilgener gab eine Adresse in Bremen an. Ein paar Tage später kamen die Feldjäger und holten ihn. Er bekam 8 Tage Arrest und anschließend ein freies Wochenende, das er zur Flucht nach Berlin nutzte. Aus seiner Zeit als Haschisch-Dealer hatte Tilgener noch etwas Geld übrig. Im Sozialistischen Zentrum in der Stephanstraße traf er auf Waltraud Siepert und Verena Becker, die damals Mitglieder der Schwarzen Hilfe waren. Die beiden brachten Tilgener in einer Wohngemeinschaft in Wedding unter. Im Keller des Hauses war ein Schießstand, auf dem allabendlich mit Luftdruckwaffen geschossen wurde. Auch Wolfgang Grundmann, Ingeborg Barz und Inge Viett verkehrten in dieser Wohngemeinschaft.

Tilgener war im selben Monat nach Berlin gekommen wie Ulrich Schmücker. Beide trafen Verena Becker und Inge Viett, aber sie begegneten einander vorerst nicht.

Es war dieselbe Zeit, in der in Wolfsburg die Vorbereitungen zu einem Prozeß liefen, der im Dezember beginnen sollte. Angeklagt war die »Kommune 3« unter Führung einer gewissen Ilse Bongartz. Aber weder Tilgener noch Schmücker kannten die »Rote Ilse« bis dahin.

Nach einer Polizeirazzia in seiner Weddinger Kommune zog Tilgener in eine Wohngemeinschaft nach Kreuzberg. Die Leute, mit denen er dort zusammenwohnte, hatten wiederum Kontakt zu den Bewohnern einer andern Wohngemeinschaft in der Zeughofstraße 20.

Tilgener begann, zusammen mit den Leuten aus der Zeughofstraße in der »Schwarzen Hilfe« mitzuarbeiten, »Knastarbeit« zu machen. Am 4. Dezember 1971 erfuhr Tilgener aus der Tagesschau, daß Georg von Rauch auf offener Straße unter mysteriösen Umständen von der Polizei erschossen worden war. Ein paar Tage später war er dabei, als ein Teil des Bethanienkrankenhauses, das »Martha-Maria-Haus«, besetzt und in »Georg-von-Rauch-Haus« umbenannt wurde. Tilgener blieb gleich dort wohnen.

Gegen Weihnachten 1971 zog er wieder aus und ging in die Wohngemeinschaft Zeughofstraße 20. Es war eine ausgedehnte Fabriketage, die ihre Bewohner »Studio für radikale Gestaltung« nannten.

Um den 20. Januar 1972 herum wurde Tilgener nach einem Kneipenbummel festgenommen. Es lag ein Haftbefehl wegen Fahnenflucht gegen ihn vor. Bis Anfang April saß er in der Untersuchungshaftanstalt Moabit, dann wurde er zur Verhandlung nach Ulm »verschubt«.

In Begleitung eines Beamten flog er von Berlin nach Hannover. Von dort aus ging es in einem grünen Gefängnis-Bus bis Stuttgart, dann per Bahn unter Bewachung weiter nach Ulm. Auf dem Bahnhof Ulm warteten etwa 50 Polizeibeamte und eine schaulustige Menge auf Tilgener. So kam es ihm jedenfalls auf den ersten Blick vor. Später merkte er, daß es sich um das Empfangskomitee für Bundeskanzler Willy Brandt handelte, der eine halbe Stunde später eintreffen sollte.

In Ulm wurde Tilgener wegen Fahnenflucht zu viereinhalb Monaten Freiheitsstrafe verurteilt.

Als Tilgener den Rest abgesessen hatte, wurde er von der Bundeswehr abgeholt und zu seiner Einheit zurückgebracht. Tilgener weigerte sich, die Uniform anzuziehen und Dienst zu tun. Er hatte mittlerweile nämlich einen Antrag auf Kriegsdienstverweigerung gestellt.

Nach einigem Theater setzte sich Tilgener wieder nach Berlin ab. Er zog mit einer Freundin in eine kleine Ladenwohnung in der Kreuzberger Cuvrystraße.

»Eine Einzimmerwohnung, aber mit einer verhältnismäßig großen Küche. Vor allem für Kreuzberger Verhältnisse luxuriös ausgestattet, nämlich mit Innentoilette und Dusche«, beschrieb Tilgener die neue Heimstatt. »Die Wohnung war 'teilmöbliert', Regale und Tische waren eingebaut, und in zwei Meter Höhe befand sich im Wohnraum ein vier mal zwei Meter großes Bett aus geschweißtem Stahlrahmen mit zwei Meter langen Türbrettern darauf.«

Tilgener jobbte wieder. Inzwischen war der Prozeß gegen die Wolfsburger »Kommune 3« gelaufen. Ilse Bongartz erhielt wegen Transportgefährdung, Brandstiftung usw. 3 Jahre Gefängnis.

Einer von Tilgeners Bekannten aus der Zeughofstraße, der Bildhauer Erich R. kannte Ilse Bongartz und erhielt zahlreiche Briefe von ihr. Weil er aber schreibfaul war und nie antwortete, Tilgener aber gern seitenlange Briefe an alle möglichen Leute schrieb, übernahm er den Schriftwechsel mit Ilse Bongartz.

Am 4. August 1972 schrieb er ihr seinen ersten Brief:

»Ilse,

Wir kennen uns nicht, aber das ist ja auch nicht weiter wichtig. Ich gehöre zum Kreis um Erich...«

Dann nahm er Bezug auf Ilses Brief an Erich.

»Du sprichst von der Notwendigkeit des aktiven Kampfes. Ich bin da im wesentlichen Deiner Meinung, sehe aber große Schwierigkeiten. Die RAF hat in der Bundesrepublik zum ersten Mal eine Art Stadtguerilla zu schaffen versucht. Dieser Versuch ist gescheitert. Jetzt ist es in erster Linie unsere Aufgabe, festzustellen, warum der Versuch gescheitert ist, und was sich daraus für Konsequenzen ergeben. Viele Genossen versuchen, ihre eigene Unentschlossenheit damit zu erklären, daß sie sagen: die Situation sei noch nicht gegeben. Das stimmt in einer Beziehung: unsere persönliche Situation ist noch nicht gegeben. Viele von uns sind nicht in der Lage, verbindliche Stadtguerilla zu machen. Ein gutes Beispiel sind jetzt die Gruppen, die jetzt versuchen, die Nachfolge der RAF anzutreten. Es ist ohne Zweifel gut, daß sie überhaupt etwas tun. Doch wie sie solche Aktionen machen, ist zum Teil weniger schön. Die Gefahr ist vor allem, daß diese Leute — wie wir gesehen haben — nach ihrer Festnahme leicht wieder umgedreht werden können«.

Das schrieb Tilgener zu einer Zeit, als Ulrich Schmücker gerade Besuche vom Verfassungsschutzbeamten Peter Rühl bekam und von diesem zur Aussgage überredet wurde. Tilgener wußte nichts darüber. Nur die Verhaftung von Inge Viett, Ulrich Schmücker, Harald Sommerfeld und Wolfgang Knupe auf dem Parkplatz in Neuenahr war ihm bekannt. Er schrieb weiter an Ilse Bongartz:

»Im Zusammenhang mit der Festnahme von Inge V., Harald etc. (Koblenz) wurden hier in Berlin zwei weitere Genossen festgenommen. Dann wurden zwei ganze Straßen abgesperrt und sämtliche Bewohner mit einer Knebelkette abgeführt (!!!)«

Der Brief endete:

»Und nicht vergessen: Der Kampf hat erst begonnen!!!

Umarmeremos! Ich bin Billy«.

Auf sieben Seiten liniertem Gefängnis-Papier antwortete Ilse eine Woche später. Auch in ihrem Brief spielte das Thema »Verrat« eine zentrale Rolle.

»Hallo-Kuckuck-Billy,

...ich gebe Dir recht mit dem Schweigen im Walde. Du vergißt bei den Genossen, daß es mehr eine Narzißmusbefriedigung ist! Mehr — viel mehr — wird der Narziß befriedigt, als daß sie wahrhaft umgekrempelt werden. Der Stolz, was geleistet zu haben. Die verkaufen Dich damit und bringen die Besten in den Knast. Ganz nebenbei werden sie als Kronzeugen aufgebaut. Aber was soll's Billy, Du kennst doch den kapitalistischen Tauschwert, oder? Diese reaktionären Me-

chanismen im eigenen Charakter entdecken, im Verhalten der anderen aufspüren, das bringt uns weiter...
'Verschonst Du mich vor hoher Strafe — erzähl ich Dir was'. 'Komm Junge, wenn Du redest was wir hören wollen, dann kriegste Bewährung' — das ist es, was klappt...

Du Billy, das Scheitern ist einzig und allein auf Verrat an der legalen Linken und der Narzißmusbefriedigung einiger Genossen zurückzuführen...
Ganz liebe Grüße an alle. Ilse.«

Anfang November hatte Götz Tilgener in seiner Wohnung einen Unfall. Durch Alkohol und Drogen war seine Standfestigkeit stark beeinträchtigt. Er lief wie meistens nackt in der überheizten Wohnung herum und stolperte über seine zwei schwarzen Kater. Er konnte sich nicht mehr halten und fiel in die Glastür seines Kleiderschrankes. Vor allem an der Hüfte trug Tilgener tiefe Schnittwunden davon. Mit Handtüchern versuchte er, die Blutung zum Stillstand zu bekommen. Dann legte er sich ins Bett. Erst Stunden später kam seine Freundin und rief einen Arzt. Tilgener, der durch den hohen Blutverlust mehr tot als lebendig war, wurde sofort ins Krankenhaus geschafft. Dort meldete er sich unter falschem Namen an, weil er wegen der erneuten Fahnenflucht von der Polizei gesucht wurde.

Tilgeners Vater aber erfuhr auf irgendeine Weise vom Krankenhausaufenthalt seines Sohnes und informierte die Polizei.

Am 15. November 1972 wurde Götz Tilgener im Krankenbett verhaftet und ins Gefängniskrankenhaus Moabit verlegt.

Als sich sein Gesundheitszustand gebessert hatte, wurde er wieder einmal nach Ulm verschubt.

In seinem zweiten Fahnenflucht-Verfahren wurde Götz Tilgener zu sechs Monaten Freiheitsstrafe verurteilt. Der noch nicht durch die Untersuchungshaft verbüßte Rest wurde zur Bewährung ausgesetzt. Die folgenden Monate brachte Tilgener einigermaßen angepaßt bei der Bundeswehr zu. Dann ging er wieder nach Berlin, meldete sich dort mit erstem Wohnsitz an und teilte seiner Einheit mit, er sei jetzt Berliner Bürger, man möge ihn bitte umgehend aus der Bundeswehr entlassen.

Rückkehr in den Untergrund

In diese Zeit — es war April 1973 — fiel die Begegnung Tilgeners mit Ulrich Schmücker. Nach dem Gespräch in der Kantine des Kriminalgerichts Moabit gingen die beiden zu Tilgener nach Hause in die Cuvrystraße. Dort saßen sie auf dem Fußboden und redeten über ihr bisheriges Leben und ihre Pläne für die Zukunft. Schmücker schaute sich in Tilgeners Wohnung um. Der ehemalige Laden war eng und dunkel und etwas verwahrlost. Eine Küche, ein provisorisches Duschbad, ein kombiniertes Wohn- und Schlafzimmer, ausgelegt mit einem alten Teppich, auf dem ein paar Polster-Matratzen herumlagen. Das Bett auf Stelzen bildete eine Art zweiter Ebene in dem Raum. Ein kleiner Schreibtisch mit Büromaterial, Stempeln, die sorgsam in runde Stempelhalter eingehängt waren. Eine Reihe schwarzer Aktenordner.

Tilgener war eifriger Briefeschreiber. Er protokollierte alles. Seinen Schriftwechsel mit Bekannten und Freunden innerhalb und außerhalb von Gefängnismauern hob er auf, markierte Briefe mit Eingangs- und Ausgangsstempeln und heftete sie sorgsam ab. Ein Buchhalter, der das Chaos zu ordnen versuchte.

Schmücker begann wieder zu erzählen. Er wurde sehr vertrauensselig.

»Wenn ich im Prozeß gegen Harald Sommerfeld nicht auftrete, dann muß ich damit rechnen, daß der Haftbefehl gegen mich wieder erlassen wird. Dann werde ich von der Polizei gesucht. Wie ist es, kannst Du mir nicht falsche Papiere besorgen?«

Tilgener zögerte. Dann sagte er:

»Ich mach mir mal Gedanken darüber. Du kannst mir ja Paßbilder hierlassen«.

Ulli griff in seine Tasche und holte ein paar Bilder heraus. Er reichte sie Tilgener und begann von neuem über den Verfassungsschutzbeamten Peter Rühl zu erzählen.

»Ich will wieder Zugang zur linken Szene kriegen. Kannst Du mir dabei helfen?«

Tilgener antwortete ausweichend, doch Ulli ließ nicht locker.

»Ich brauche eine Pistole.«

Tilgener ging auf das Gespräch ein.

»Was für eine Pistole?«

»Am besten eine FN 9 Millimeter. Wenn Du die nicht beschaffen kannst, tut es auch eine Browning 9 Millimeter.«

Schmücker tat so, als sei er Schußwaffen-Sachverständiger.

»Auf keinen Fall eine P 38 oder einen Trommelrevolver«.

Die beiden unterhielten sich eine Weile über die Vorzüge von automatischen Pistolen oder Revolvern. Tilgener hielt mehr von Trommelrevolvern als von Pistolen:

»Die Dinger sind einfach funktionssicherer«.

Plötzlich merkte Tilgener, daß es Ulli Ernst meinte, mit seiner Bitte um eine Schußwaffe.

»Wozu willst Du denn das Ding haben?«

»Ich will den Verfassungsschutz-Bullen Rühl erschießen.«

Tilgener war verwirrt.

»Was soll denn das für einen Sinn haben?«

»Ich werde überall als Verräter behandelt. Neulich war ich in einer Wohngemeinschaft in der Turmstraße. Da hab ich bloß an der Tür meinen Namen gesagt und gleich bin ich rausgeflogen.«

Im übrigen würde er zu den linken Kreisen überhaupt keinen Kontakt mehr haben. Vielleicht wäre dieses der Weg dazu, wieder Zugang zu finden.

»Wenigstens die Anwälte, die mein Gedächtnisprotokoll haben, wüßten dann, daß ich es war, der den Rühl umgelegt hat. Und die sagen es dann vielleicht weiter an irgendwelche Leute.«

Doch da wollte Tilgener nicht mehr mitmachen. »Für sowas kriegst Du von mir keine Pistole. Wenn Du glaubst, auf diese Weise wieder in die linke Szene einsteigen zu können, ist das völliger Schwachsinn. Du mußt von der Pieke auf neu anfangen. Einfach einen VS-Mann umlegen...«

Tilgener schüttelte den Kopf. Ihm war der Besucher unheimlich geworden. Deshalb war er froh, als Schmücker sich verabschiedete.

Nach diesem Gespräch ging Tilgener erst einmal auf Distanz. Die beiden sahen sich nur von Zeit zu Zeit. Eines Tages fragte ihn Schmücker, ob er ihm eine Wohnung besorgen könne. Tilgener versprach, sein möglichstes zu tun.

Die Sache mit den falschen Papieren zögerte er hinaus. Als Schmücker ihn immer wieder darauf ansprach, fragte Tilgener einen Anwalt. Doch der erklärte ihm, daß es nicht zur Aufgabe von Rechtsanwälten gehöre, ihren Mandanten bei der Beschaffung von falschen Papieren behilflich zu sein. Daraufhin nahm Tilgener Kontakt zu Waltraud Siepert auf und fragte sie, ob sie nicht etwas unternehmen könne.

Waltraud Siepert war mit Tilgener der Ansicht, Schmücker sei ein armes Schwein. Sie versprach, sich einmal umzuhören. Allein könne sie nichts entscheiden.

Tilgener brachte seinen neuen Freund einstweilen bei einer Bekannten unter, die sich von ihrem Mann getrennt hatte. Schmücker zog in die Kreuzbergstr. 20.

Eines Tages tauchte er wieder bei Tilgener in der Cuvrystraße auf. Er machte den Vorschlag, gemeinsam nach Belgien zu fahren, um dort Waffen zu kaufen und damit eine neue Gruppe aufzubauen. Ulrich Schmücker ging davon aus, daß in Belgien das alte Waffengesetz noch gültig war, nach dem Ausländer, die sich verpflichteten, innerhalb von 24 Stunden das Land zu verlassen, Faustfeuerwaffen kaufen konnten.

Obwohl Tilgener — das behauptete er jedenfalls später — wußte, daß dieses Gesetz längst geändert war, erklärte er sich bereit, mit Schmücker zum Waffeneinkauf nach Belgien zu fahren.

In Lüttich erkundigte sich Schmücker in einem Waffengeschäft auf Französisch nach verschiedenen Pistolen-Modellen. Doch der Inhaber des Ladens antwortete auf Deutsch: »Sie sind wohl Deutscher? Natürlich können Sie bei mir Waffen kaufen. Was Sie vorlegen müssen, ist ein deutscher Waffenschein, ein polizeiliches Führungszeugnis und eine Erlaubnis der belgischen Polizei«.

Tilgener tat sehr überrascht, während Schmücker den Laden fluchtartig verließ.

Die beiden fuhren weiter nach Brüssel. Am Abend versuchte Schmücker auf dem »Kiez« in der Bahnhofsgegend Waffen aufzutreiben. Ohne Erfolg.

Schmücker und Tilgener fuhren von Brüssel wieder zurück in die Bundesrepublik. Beim Passieren der Grenze zwischen Belgien und Holland durchsuchte die Polizei das Auto — offenbar auf der Suche nach Rauschgift oder Waffen. Es wurde nichts aufgefunden. Die Grenze zur Bundesrepublik konnten die beiden ohne Kontrolle überschreiten.

Nächstes Ziel der Einkaufsfahrt war Münster. Dort, so meinte Schmücker, könne er auf dem Kiez Waffen auftreiben. Doch auch das klappte nicht. Hier kannte zur Abwechslung Tilgener jemanden, der möglicherweise Waffen besorgen konnte. Doch dieser war nicht zu Hause. In Hamburg schließlich wollte Schmücker wiederum jemanden kennen, doch auch der war nicht zu Hause.

Inzwischen waren die erfolglosen Waffenkäufer sehr müde geworden und überlegten, wo sie wohl übernachten könnten. Schmücker erwähnte das Ehepaar Reiner und Inge Hochstein, doch dann kamen ihm Bedenken.

»Zu denen traue ich mich nicht so recht hin. In meinen Aussagen habe ich das Ehepaar M. in Berlin erwähnt. Die sind mit den Hochsteins eng befreundet«.

(Reiner Hochstein war damals ein führendes Mitglied der »Schwarzen Hilfe« in Hamburg. Nach der Festnahme sagte er gegen seine ehemaligen Freunde aus. Im Prozeß gegen die mutmaßlichen Entführer des Berliner CDU-Politikers Peter Lorenz war er der Kronzeuge der Anklage. Vor seiner Zeit in der linken Szene hatte Hochstein zeitweise als Ordner bei NPD-Veranstaltungen gearbeitet.)

Von Hamburg aus fuhren Schmücker und Tilgener zurück nach Bonn. In Neuenahr übernachtete Ulli bei seinen Eltern, während Billy einen Patenonkel besuchte. Nach einigen Tagen flog Tilgener zurück nach Berlin.

Ulli blieb noch ein paar Tage bei seinen Eltern. Er fand dort eine Vorladung als Zeuge zum Sommerfeld-Prozeß. Weil er aber — so sagte er seinen Eltern — schon vor dem angesetzten Termin nach Schweden gehen wollte, stellte er bei der Gerichtskasse einen Antrag auf Vorauszahlung der Reisekosten von Schweden nach Berlin.

Als die Reisekosten tatsächlich überwiesen wurden, war Ulli nicht mehr in Neuenahr. Die Eltern kannten seine Adresse in Schweden nicht und konnten ihm das Geld deshalb nicht nachschicken.

Zum festgesetzten Prozeßtermin erschien Schmücker nicht. Er ließ auch nichts von sich hören. Selbst seine Eltern, die früher regelmäßig Post von ihm bekommen hatten, wußten nicht, wo er sich aufhielt.

Als Ulrich Schmücker im Mai nicht zum Sommerfeld-Prozeß erschien, wurde der Haftbefehl gegen ihn wieder in Kraft gesetzt. Er wurde von der Polizei gesucht. Niemand gab der Polizei einen Tip, daß er im Appartments-Hotel in der Clayallee arbeitete. Eine Schulfreundin aus Neuenahr hatte ihm den Aushilfsjob als Nachtportier besorgt. Bei der Anstellung hatte er seinen richtigen Namen angegeben. Im Appartments-Hotel wohnen sehr viele amerikanische Offiziere; es liegt gegenüber dem US-Hauptquartier Berlin. Amerikanische und deutsche Geheimdienstler sollen dort aus und ein gehen. Das Gebäude des Berliner Verfassungsschutzes liegt genau zwei Häuser neben dem Appartments-Hotel.

An einem Tag Anfang Juli erschien Ulli wieder bei seinen Eltern in Neuenahr.

»Ich komme nicht direkt aus Schweden«, sagte er seiner Mutter, »ich war schon ein paar Tage in Berlin.«

Bei wem er dort gewohnt hatte und was er dort wollte, erzählte er seinen Eltern nicht. Auch über seinen Aufenthalt in Schweden schwieg er sich aus. Nur eines sagte er: »Mit dem Studium in Schweden hat es nicht geklappt. Es gibt dort keine englischsprachige Universität.«

Dann erläuterte er den Eltern seine Zukunftspläne: »Ich will versuchen, in Kairo, Damaskus, Beirut oder Karatschi weiterzustudieren.« Ein paar Tage später verschwand er wieder. Er ging zurück nach Berlin.

Dort besuchte er seinen Freund Götz Tilgener. »Ich will in den Nahen Osten fahren«, erklärte er Billy, »ich will da Kontakte zu Arabern anknüpfen, zu palästinensischen Organisationen. Kannst Du mir für die Reise ein bißchen Geld leihen?« Tilgener, der gerade eine feste Arbeit hatte, lieh ihm 200 Mark.

Schmücker hatte seine Reise nicht genau vorausgeplant, er fuhr mehr »auf blauen Dunst«, wie er Tilgener erklärte. Über das Nachrichtenbüro der PLO, der »Palestinian Liberation Organisation«, wollte er Beziehungen zur PFLP und zum »Schwarzen September« aufnehmen. Weil er erwartete, daß es im Nahen Osten heiß sein würde, ließ er sich von Tilgeners Frau noch die Haare schneiden. Dann holte er das Gepäck aus seiner Wohnung und stellte es bei Tilgener unter. Er übernachtete in der Cuvrystraße und flog am nächsten Morgen von Berlin-Schönefeld aus nach Damaskus oder Beirut.

Von dort schickte er seinem Halbbruder, der in Remagen wohnte, ein Päckchen. Es enthielt ein Kinderkleid mit orientalischem Muster für seine Nichte. Wenig später erhielten die Eltern einen Brief ihres Sohnes aus Beirut.

»Ihr Lieben.

Vermisse Euch sehr, d.h. ich denke an Euch und mache mir Sorgen, daß Ihr Euch vor lauter Kopfzerbrechen nicht mehr wohlfühlen könntet. Dazu besteht keine Veranlassung. Wenn Ihr, wie ich den Eindruck habe, unter der systembedingten Isolation leidet, so kann ich Euch leider nicht helfen.

Ich sage nicht, das ist nicht mein Problem, denn es ist meins. Genau wie das von 500 Millionen Nato-Bürgern, die sich mit diesem mörderischen System abgefunden und sich entsprechend eingerichtet haben. Ich sage nur, daß ich für lange Zeit nichts mehr dagegen tun, nichts ändern kann. Angesichts des desolaten Zustands der linken Bewegung in der kapitalistischen Welt und angesichts der Tatsache, daß die Völker der Dritten Welt jede aktive Unterstützung ihrer Befreiungskämpfe dankend ablehnen müssen, beginne ich nun zu resignieren. Das heißt nicht, daß ich die Legitimität des Imperialismus anerkenne und mich damit abfinde, denn das werde ich nie können. Das heißt nur, daß ich die Hoffnungslosigkeit der gegenwärtigen Situation begreife und meiner inzwischen aufgetretenen Existenzangst entgegenwirken will.

Ich werde meine Hände in »Unschuld waschen«, alle soziale Verantwortung ablehnen, die seit 1968 mein ganzes Handeln bestimmt hat.

Da ich mich also parziell einrichten will, werde ich wesentlich früher als geplant nach Europa zurückkehren und versuchen, eine Ausbildung abzuschließen, so daß ich später einen nicht allzu stupiden Job haben und mich (eventuell auch eine zweite Person) ernähren kann.

Einige Vorstellungen dazu sind vorhanden, eher Fragmente als konkrete Pläne. Mir geht es hier trotz Klima und Ernährungsumstellung sehr gut. Ich kann fast täglich schwimmen und bin braungebrannt. So richtig erholsam nach der langen Zeit hinter Mauern. Hoffe, Euch bald mündlich berichten zu können. In Liebe Euer Ulli«.

Im Juli 1973 traf Ulrich Schmücker in einem Park in Beirut den Ägypter Mohammed Osman. Ulli wollte sich ein Hemd kaufen, und die beiden kamen ins Gespräch. Osman interessierte sich für Deutschland und erkundigte sich bei Schmücker über die Studienmöglichkeiten in Berlin. Er wollte Philosophie studieren. Ulli wies ihn auf die Schwierigkeiten hin, auf Wohnprobleme, die notwendige Aufenthaltsgenehmigung und die Mühe, einen Studienplatz zu bekommen.

Osman und Schmücker sahen sich an zwei Tagen. Dann tauschten sie ihre Adressen aus und trennten sich.

Ende Juli 1973 war Ulrich Schmücker wieder in Berlin. Abgemagert und braungebrannt tauchte er bei Götz Tilgener auf. Er erzählte Billy eine unwahrscheinliche Geschichte.

»Die Palästinenser haben mir alles mögliche angeboten. Ausbildungsmöglichkeiten in einem Guerilla-Lager sind zwar im Augenblick nicht drin, aber Waffen und Sprengstoff könnte man bekommen. Auch bei der Flucht und der Unterbringung von gesuchten Genossen können die Palästinenser helfen. Solche Leute werden auf Wegen, die nur die Palästinenser kennen, aus Deutschland rausgeschleust und dann zum Persischen Golf, nach Dhofar oder Oman gebracht. Kurzfristige Aufenthaltsmöglichkeiten gibt es auch in Syrien oder im Libanon. Das kostet etwa 5000 Mark. Ich habe einen Kontaktmann in Ostberlin in Aussicht gestellt bekommen. Den werde ich demnächst treffen und alles weitere besprechen.«

Tilgener hörte sich das ganze wortlos an. Dann sagte er: »Gut, mach mal.«

In den Tagen darauf fuhr Schmücker ein paar mal nach Ostberlin, um seinen angeblichen Kontaktmann zu treffen — vergeblich.

Nach der Rückkehr aus dem Nahen Osten konnte Schmücker nicht mehr länger in seiner alten Wohnung in der Kreuzbergstraße wohnen. Ein paar Nächte brachte er bei seinen Freunden aus Bad Neuenahr zu.

Dann wandte er sich wieder an Tilgener, der ihn an die Wohngemeinschaft in der Zeughofstraße vermittelte.

Dort wohnte zu dieser Zeit etwa ein halbes Dutzend Leute in zwei Etagen, dem 3. und 4. Stock der ehemaligen Fabrik. Der Bildhauer Erich R. hatte die Räume gemietet, war aber selbst in ein Bauernhaus im Landkreis Lüchow-Dannenberg gezogen. Erich wohnte dort mit einer Amerikanerin zusammen. Seine ehemalige Ehefrau Annelis hatte inzwischen Götz Tilgener geheiratet und wohnte mit ihm zusammen in der Cuvrystraße.

In der Zeughofstraße lebte eine bunte Mischung mehr oder weniger ausgeflippter Typen. Sie bestritten ihren Lebensunterhalt vorwiegend durch Renovierungsarbeiten und Umzüge, die sie mit einem ausgedienten gelben Post-Lieferwagen machten. Es waren Hannes, seine Schwester Geli, Peter, Frank und Usch, außerdem der Kommunehund »Keule«.

Anfangs kam Ulli mit den Leuten aus der Zeughofstraße gut zurecht. Er nahm eine Beziehung zu seiner Mitbewohnerin Usch auf.

Auch Ullis Freund Götz Tilgener begann in dieser Zeit eine neue Liebesbeziehung.

Im August 1973 besuchte Billy seine Brieffreundin Ilse Bongartz in der Haftanstalt Vechta. Tilgener später: »Der Besuch verlief für beide Teile äußerst interessant. Es war irgendwie plötzlich eine gemeinsame Kommunikationsebene da. Wir verstanden uns blendend, und ich weiß nicht, aus welchen Gründen, aber immerhin ließ man mir zwei Stunden Zeit, mit der Ilse zu reden. Natürlich unter Aufsicht einer Beamtin. Aber die blickte sowieso nicht durch, worüber wir sprachen, und der Besuch verlief sehr gut. Und da fing, glaube ich, die Beziehung zwischen Ilse Bongartz und mir an«.

Anfang Oktober erhielt Tilgener die Nachricht, daß er in Unehren aus der Bundeswehr entlassen sei, und ein neues Verfahren wegen Fahnenflucht auf ihn zukäme.

In dieser Zeit fuhr Ulrich Schmücker — mit seinen richtigen Papieren — nach Neuenahr. Zu Hause angekommen erzählte er seinen Eltern von den Bemühungen um einen Studienplatz in Beirut. Er sagte zu seiner Mutter: »Es hat wieder nicht geklappt. Die Universitätsgebühren in Beirut sind zu hoch«. Ulli machte seinen Eltern ein paar Andeutungen über die Reise in den Libanon. »Ich habe mich im Lande umgesehen und Kontakte zu vielen Leuten aufgenommen. Meinen Lebensunterhalt habe ich durch Nebentätigkeiten verschiedener Art verdient.«

Tief betroffen schilderte er die elenden Verhältnisse in den palästinensischen Flüchtlingslagern. Mehr erzählte er seinen Eltern nicht.

»Vieles«, sagte seine Mutter später, »wissen wir nur, weil er selbst darüber erzählte. Er war schließlich volljährig und eine Persönlichkeit, daß wir nicht in ihn drangen. Bei seinem 21. Geburtstag in der Haftanstalt Diez hatte er erklärt, daß er Gewalt für kein geeignetes Mittel für eine Gesellschaftsveränderung halte, und wir waren daher zu der Auffassung gelangt, daß Ulrich sich nunmehr auf dem rechten Weg befand. Trotzdem ging er immer wieder nach Berlin zurück, wahrscheinlich aus dem Grunde, weil er die politische Szenerie für attraktiv hielt und er dort Freunde gewonnen hatte.«

In der Wohngemeinschaft Zeughofstraße bekam Ulli manchmal Besuch von seinen alten Freunden aus Neuenahr. Sie spielten zusammen Gitarre, sangen und trommelten auf der Bongo, die Ulli aus dem Orient mitgebracht hatte. Vor allem zu der Freundin seines Schulfreundes Arno Johann, Ulrike Hoffmann, hatte Ulli ein Vertrauensverhältnis entwickelt. Eines Tages sagte er zu ihr: »Irgendwie bin ich total isoliert. Viele Leute besuchen mich, aber ich kann keine Gegenbesuche machen.«

Ulrike faßte das symbolisch auf: »Er meinte damit, daß andere ihm ihre Probleme mitteilten und bei ihm abluden, er aber nicht fähig war, sich gegenüber anderen offen auszuquatschen. Vermutlich hatte er Hemmungen und wurde damit nicht fertig. Er wußte auch, daß ich ihm in keiner Weise helfen konnte, hatte aber jemanden, bei dem er sich auslassen konnte.«

Die Gespräche drehten sich um Ullis Beziehungen zu Jugendfreunden, zu Mädchen, zu seinen Eltern und Verwandten. Über seine Versuche, wieder Anschluß an den politischen Untergrund zu finden, sprach er kaum. Darüber redete er vor allem mit Götz Tilgener, der für ihn den Zugang zur Szene darstellte.

Immer wieder sprach er Tilgener auf Inge Viett an. Er schwärmte geradezu von ihr und wollte sie gern wieder sehen, um sich vor ihr zu rechtfertigen. Doch mit einem solchen Kontakt konnte Tilgener nicht dienen.

Inge Viett war inzwischen aus der Frauenhaftanstalt Lehrter Straße geflohen. An zusammengeknoteten Bettlaken hatte sie sich aus dem Fenster abgeseilt und war wieder untergetaucht. Nach ihr wurde allenorts gefahndet.

Gleichsam als Ersatz stellte Tilgener Ulli eine andere Kontaktperson in Aussicht: Ilse Bongartz.

In den ersten Novembertagen 1973 gab Tilgener ihm Ilses Adresse in Wolfsburg. Ilse Bongartz hatte nämlich geschrieben, daß sie am 30. Oktober 73 auf Bewährung aus der Haft entlassen würde und dann unter der Adresse ihrer Mutter in Wolfsburg zu erreichen sei.

Sofort nach ihrer Entlassung aus der Haftanstalt Vechta rief Ilse Bongartz bei Tilgener in Berlin an. Tilgener versprach, sie sobald wie möglich in Wolfsburg zu besuchen.

Am 6. November flog Götz Tilgener nach Hannover und fuhr von dort aus mit der Bahn weiter nach Wolfsburg. Als er das Haus in der Schillerstraße betrat, stand in der Wohnungstür gerade ein Staubsaugervertreter. Solange der Vertreter da war, verhielt sich Ilse sehr reserviert. Erst als der Vertreter gegangen war, begrüßte sie ihren Brieffreund Billy sehr herzlich.

Tilgener übernachtete in der Wohnung. »Ich schlief auch mit Ilse, es ergab sich einfach so, und es war für uns beide unheimlich dufte. Ich verknallte mich total in Ilse und sie sich ebenso total in mich. Also entstand eine optimale Beziehung, und wir überlegten, was wir machen wollten. Es gab die Möglichkeit, sich in Hamburg einer bereits existierenden Gruppe anzuschließen, zu der die Ilse Kontakte hatte, oder aber selbst eine Gruppe aufzubauen«.

Tilgener neigte dazu, selbst eine Gruppe zu bilden. Er deutete an, in Berlin einen Typen zu kennen, mit dem man möglicherweise zusammenarbeiten könnte: Ulrich Schmücker.

Dann erzählte er Ilse die Geschichte seines Freundes, und sie stimmten darin überein, daß man Schmücker übel mitgespielt habe, und er eine neue Chance erhalten müsse.

Ilse Bongartz hatte für Tilgener »einen Namen« in der Szene. Wie bekannt sie war, stellte er fest, als sie gemeinsam zu einer Bank gingen, bei der Ilse etwas zu erledigen hatte.

»Als Ilse den Einzahlungsschein mit ihrem Namen unterschrieb, wurde der Mann am Bankschalter ganz blaß. Man sah ihm ganz deutlich an, daß er nicht wußte, ob er die Hände hochnehmen sollte oder nicht.«

Am 9. November, drei Tage nach seiner Ankunft in Wolfsburg, wollte Tilgener noch einmal für kurze Zeit nach Berlin. Er nahm den »Interzonenzug«. Kurz vor der DDR-Grenze wurde er von Beamten des Bundesgrenzschutzes kontrolliert. Sie schlugen das Fahndungsbuch auf und fanden seinen Namen. Tilgener wurde festgenommen. »Im Nachhinein«, so meinte er später, »möchte ich das vielleicht als Panne bezeichnen. Ich glaube, daß man mich vorher die ganze Zeit nicht festgenommen hatte, weil man mich als passiven Spitzel benutzen wollte. Ziemlich erfolglos, denn außer Kontakt zu Ilse, und auch konspirativen Gesprächen, die wir allerdings sehr abgesichert führten, und außer einigen Besuchen bei Genossen im Knast war da für die Bullen nicht viel zu holen«.

Tilgener wurde wieder einmal in Richtung Süddeutschland verschubt. In einer Gefängniszelle in Frankfurt traf er auf den Italiener Vittorio Fantini. Wieder drehten sich die Gespräche um den Verrat. Fantini erzählte ihm — so behauptete jedenfalls später Tilgener — die wildesten Geschichten. Er sei Anarchist und gehöre zu der Gruppe Valpreda. Dann habe er Tilgener die Wege geschildert, auf denen angeblich Waffen und Sprengstoff in die Bundesrepublik gebracht würden.

Tilgener hörte sich das alles ruhig an. Dann fragte Fantini: »Wieso hat denn die RAF jemanden wie den Verräter Ruhland noch nicht längst hingerichtet?«

Fantini wußte, daß Ruhland Kronzeuge im Prozeß gegen die meisten RAF-Mitglieder war.

»Von derartigen Hinrichtungen«, so will Tilgener damals geantwortet haben, »halte ich nicht viel. Die RAF offenbar auch nicht. Im übrigen nutzt das für einen Strafprozeß nicht viel. Wenn man einen Zeugen hinrichtet, der vorher vor einem Richter ausgesagt hat, dann kann das Vernehmungsprotokoll vorgelesen werden. An dem Vernehmungsprotokoll kann man nicht mehr viel rütteln. Wenn der Zeuge aber noch greifbar ist und auftritt, dann kann die Verteidigung den Zeugen auseinandernehmen und Widersprüche nachweisen. Das hat allerdings auch nur wenig Sinn, wie der Mahler-Prozeß gezeigt hat. Ruhland hat gelogen bis sich die Balken bogen, das war jedem klar. Trotzdem wurde Mahler verurteilt.«

Tilgener gab seinem italienischen Gesprächspartner eine Kontaktadresse — die von Ilse Bongartz in Wolfsburg. Dann verabschiedeten sich die beiden.

Tilgener wurde in Richtung Ulm verfrachtet, wo sein Prozeß stattfinden sollte.

Vittorio Fantini stellte die Gespräche in der Frankfurter Gefängniszelle anders dar. Kurz nach seiner gemeinsamen Unterbringung mit Götz Tilgener wandte er sich an die Polizei. Tilgener habe versucht, ihn »für die Tätigkeit in einer Anarchistengruppe zu werben«. Tilgener habe ihm gesagt, er solle sich »mit Ilse Bongartz geb. Henneke in Verbindung setzen.« Er sei aber nicht auf das Angebot eingegangen, sondern habe sich bei der Polizei gemeldet.

Daraufhin wurde Fantini am 30. November 1973 in der Justizvollzugsanstalt Freiburg von Beamten des Landeskriminalamtes vernommen. Dabei gab Fantini zu Protokoll: »Billy hat mir gegenüber geäußert, daß eine Person, die über die Gruppe Aussagen gemacht hat, selber verurteilt worden war und heute frei ist, umgelegt werden soll.«

Diese Aussage wurde später auf den Fall Ulrich Schmücker bezogen. Polizei und Staatsanwaltschaft nahmen an, daß Tilgener schon im November 73 von dem Komplott gegen Ulrich Schmücker gewußt hatte. Die Aussage von Fantini wurde zum Kern eines Haftbefehls gegen Tilgener — wegen »Nichtanzeige eines geplanten Verbrechens«. Der Vorwurf wurde später fallengelassen, denn Tilgener konnte zur Zufriedenheit des Staatsanwaltes ausführen, daß es damals nicht um Schmücker gegangen sei. Es gibt Vermutungen, daß Fantini ganz bewußt in Tilgeners Zelle gesetzt wurde, um ihn auszuhorchen.

Ulrich Schmücker hatte sich in diesem Herbst 1973 recht gut in der Zeughofstraße eingelebt. Arno Johann und dessen Freundin Ulrike

Hoffmann hielten den Kontakt zu ihm. Im November sagte Ulli zu dem Mädchen: »Wenn Du mich in der Zeughofstraße anrufst, frag nach 'Bernd'.«

»Warum sollen wir denn nicht nach Deinem richtigen Namen fragen?«

»Wahrscheinlich werde ich gesucht. Deswegen habe ich mir falsche Papiere besorgt«.

Ulrich Schmücker nannte sich jetzt »Bernd Laurisch«. Tilgener hatte ihm eine Anmeldebestätigung und einen Führerschein von einem Bekannten dieses Namens besorgt. Einen Personalausweis hatte er von Bernd Laurisch nicht bekommen.

Auch die übrigen Bewohner der Zeughofstraße sprachen Ulli mit »Bernd« an. Als die Freunde aus Neuenahr aber öfter kamen und Ulli in alter Gewohnheit mit seinem richtigen Namen ansprachen, schwenkten auch die Mitbewohner der Zeughofstraße wieder um auf »Ulli«.

Ulrich Schmückers neue Freundin Usch arbeitete als Erzieherin in einer Randgruppensiedlung in Berlin. Zusammen mit ihr und den anderen Leuten aus der Zeughofstraße baute Schmücker mit an einem »alternativen Kinderspielplatz«, der in einem der Problemviertel Berlins entstehen sollte. Gemeinsam planten sie, zu Weihnachten ein großes Fest in der Zeughofstraße zu veranstalten.

Mitte November machte Ulrike Hoffmann wieder einen Besuch bei Ulli. Er war sehr aufgeregt und erzählt ihr, daß Usch ein Kind erwartete. Ein Kind von ihm. Gemeinsam mit Usch wollte er noch in den nächsten Tagen eine Reise unternehmen. Sie wollten nach Wolfsburg fahren und dort eine Bekannte von Götz Tilgener besuchen: Inge Bongartz.

Auch Götz Tilgener erfuhr in der Haftanstalt von den Reiseplänen seines Freundes Ulli. Am 23. November schrieb er an Ilse: »Bernd will Dich besuchen, schrieb mir Annelis. Wir hatten uns ja über ihn unterhalten. Was man mit ihm treibt ist eine unglaubliche Sauerei. Und das sind nicht einmal Verbrechen des Kapitals. 'Genossen'! Grüß ihn von mir.

Bei Bernd wirst Du übrigens merken, daß wir gesamtpolitisch ziemlich übereinstimmen. Ich bin da allerdings nicht ganz objektiv. Teste das mal und schreib mir, was Du meinst. Vielleicht läßt sich was machen?«

Tilgener spielte darauf an, daß Ulrich Schmücker in der linken Szene immer noch geschnitten wurde. Er wurde immer noch als »Verräter« betrachtet, weil er ausgesagt und seine ehemaligen Genossen belastet hatte.

Ende November tauchte Ulrich Schmücker zusammen mit seiner Freundin Usch in Wolfsburg auf. Sie quartierten sich für knapp 10 Tage bei Ilse Bongartz — in der Wohnung ihrer Mutter — ein. Ilse fand Gefallen an den beiden. Sie sprachen über den gemeinsamen Freund Billy, diskutierten über politische Konzeptionen und gemeinsame Perspektiven. Ulli schien fast euphorisch. Endlich war jemand da, der den Makel des »Verräters«, der ihm anhaftete, übersah. Er war von Ilse Bongartz beeindruckt. Sie war wesentlich älter als er und in ihrer Bestimmtheit und Unbeirrbarkeit faszinierend. Als »Rote Ilse« hatte sie in der Szene einen Ruf. Sie war keine studentische Intellektuelle, kein Kind aus bürgerlichem Hause. Als Ulrich Schmücker sie kennenlernte, war Ilse Bongartz 37 Jahre alt.

Ilse Bongartz

Ilse Bongartz wurde am 24. Juni 1937 in Berlin geboren. Bis 1944 lebte sie zusammen mit ihrer Mutter, Großtante und Großonkel, die für sie wie Großeltern waren, in Berlin-Adlershof.

Die Mutter war unverheiratet, als Ilse zur Welt kam. Sie arbeitete als Buchhalterin, fühlte sich aber zum Theater hingezogen. Die »Großeltern« Auguste und Gustav waren im Widerstand gegen die Nazis. Zu Ilses frühesten Erinnerungen gehört eine Szene aus dieser Zeit.

»Ich hab ein bißchen von dem mitbekommen, was mein Großvater gemacht hat. Es gab hier in Berlin eine Druckerei, die hat eine Zeitung gegen den Faschismus hergestellt. Eines Tages sind wir dorthin gefahren, um Flugblätter abzuholen. Überall gab es verstärkte Gestapo-Kontrollen. Da ist mein Großvater auf die Idee gekommen, mir die Flugblätter in meine weite Trainingshose zu stecken. Als wir dann zurückgefahren sind, wurden die Großeltern ganz sorgfältig gefilzt, Aktentasche, Thermos-Kanne, alles... aber mich haben sie nicht durchsucht. Dadurch sind die Flugblätter an ihren Bestimmungsort gekommen. So klein wie ich war, bin ich damals umheimlich stolz gewesen.«

Eine andere Szene brannte sich noch tiefer in Ilses Gedächtnis ein. Sie hatte eine jüdische Freundin, mit der zusammen sie eine Zeitlang im Kindergarten war. Der Vater verschwand eines Tages und kam nicht mehr zurück.

»Und dann fuhren die Lastwagen vor, und auch die Mutter wurde abgeholt. Meine Freundin versucht sich, an die Mutter zu hängen und schrie hinterher: 'Mama, Mama, bleib doch hier...'. Und dann haben die Leute sie vom Lastwagen zurückgestoßen, und einer von diesen Gestapo-Typen hat meiner Freundin das Gesicht zertreten, und daran ist sie gestorben«.

Der Großvater versuchte, Ilse den Faschismus zu erklären, so gut es ging. Die Mutter flüchtete sich derweil ins Theater. »An der ist alles vorbeigelaufen«, meinte Ilse später, »was mein Großvater gemacht hat, ist alles an ihr vorbeigelaufen«.

1944 lernte Ilses Mutter bei einer Theatervorstellung den Kaufmann Heinrich Hennecke kennen, den sie später heiratete. Hennecke hatte in Helmstedt zusammen mit seinen Brüdern eine Zigarrenfabrik besessen, die Pleite gegangen war.

Kurz vor Kriegsende zog er nach Wolfsburg, um im Volkswagenwerk als Technischer Kaufmann zu arbeiten. Ilse und ihre Mutter Clara gingen mit.

Für Ilse bedeutete der Umzug nach Wolfsburg, weg vom Großvater, einen tiefen Einschnitt. »Der Heinrich Hennecke war in der NSDAP, war im ersten Weltkrieg Offizier gewesen, und war durch und durch Faschist. Er war es nicht nur von seiner Weltanschauung her, sondern auch im Alltagsleben. Was er sagte und für richtig hielt, das mußte einfach gemacht werden. Er war durch und durch autoritär. Und ich war durch das Zusammenleben mit meinen Großeltern etwas ganz anderes gewöhnt«.

Ilse besuchte in Wolfsburg die Volkshochschule, lernte gut und wäre gern aufs Gymnasium gegangen, wurde aber 1948 nicht zur Aufnahmeprüfung zugelassen. Später schrieb sie dazu: »Da waren erst einmal die Söhne der herrschenden Mittelklasse dran«.

Ilse machte die Prüfung für die Realschule, bestand auch, wurde aber »wegen Platzmangel« nicht aufgenommen. Sie blieb auf der Hauptschule und wechselte nach Abschluß auf die Handelsschule über. Nach eineinhalb Jahren brach Ilse die Handelsschule ab. »Ich hab gemerkt, daß diese Schule mir überhaupt nicht liegt. Da hab ich nichts gelernt, was für mich im Leben irgendwie brauchbar war«.

Ilse ging ins Volkswagenwerk, um dort eine Bürolehre durchzumachen. »Da hab ich dann diese Mentalität von Angestellten mitgekriegt. Das war schlimm, dieses Konkurrenzverhältnis, wo jeder einen hohen Posten ergattern wollte und einer mehr sein wollte als der andere«.

Um aus dieser Abteilung herauszukommen, begann Ilse mit einem Mann aus der Nebenabteilung zu poussieren. Das galt in der Volkswagen-Verwaltung als Todsünde. Sie wurde in eine andere Abteilung versetzt, die ihr aber auch nicht viel Spaß machte.

»Da hab ich dann angefangen, bewußt Fehler in die Hollerith-Karten einzutippen, so daß ich für die untragbar wurde.« Ilse flog raus und begann, als Arbeiterin in der Polsterei des Werkes. Die Atmosphäre unter den Arbeitern gefiel ihr besser. Sie trat in die Gewerkschaft ein und beteiligte sich an einem wilden Streik, der aber nach kurzer Zeit von der IG-Metall abgewürgt wurde. Das war der Anlaß für Ilse, wieder aus der Gewerkschaft auszutreten.

Im Oktober 1955 heiratete sie, knapp 19 Jahre alt, den 10 Jahre älteren Betriebselektriker Helmut Bongartz. Anfangs wohnte das junge Paar bei Ilses Mutter und ihrem Stiefvater. Auch der Großvater war kurz nach dem Kriege mit nach Wolfsburg gezogen. »Das war natürlich immer ein anschauliches Bild. Da braucht man keine politische Schulung mehr, wenn auf der linken Seite vom Tisch ein faschistischer Stiefvater sitzt, und auf der rechten Seite ein Anarchist, der unheimlich lieb ist.«

Zusammen lebten sie in einer Dreizimmerwohnung. Der Großvater, der sich offene Tbc zugezogen hatte, bewohnte ein Zimmer. Mutter und Stiefvater hatten das Schlafzimmer für sich, und Ilse, später mit ihrem Mann, das Wohnzimmer.

Kurze Zeit später erhielten Ilse und ihr Mann eine kleine VW-Werkswohnung in der Breslauer Straße.

Ilse hatte aufgehört zu arbeiten und brachte kurz nacheinander vier Kinder zur Welt: Elke 1956, Sabine 1958, Hartmut 1960 und Ines 1964.

Über ihren Ehemann lernte Ilse einen italienischen VW-Arbeiter kennen, der in einer der Barackensiedlungen direkt neben dem Werk wohnte. Ilse empörte sich über die Wohnsituation der Gastarbeiter: »Das war für mich ganz klar. Der Rassismus, der früher den Juden gegenüber angewandt wurde, wird heute genauso gegen Fremdarbeiter angewandt, nur eben in abgewandelter Form. Der Geist, der dahinter steckt, ist derselbe. Ich erinnere mich daran, daß auf der Hauptgeschäftsstraße in Wolfsburg an einem Lokal ein Schild war: 'Für Ausländer verboten'.«

Ilse schrieb einen Leserbrief über die Situation der Ausländer in der VW-Stadt an die Zeitung und sammelte Unterschriften. »Wenn ich mir das heute überlege, es war also wirklich ein irrsinniges Unterfangen, alleine loszuziehen, von Haus zu Haus, von Tür zu Tür, Unterschriften zu sammeln. Ich hab sehr lange gebraucht, um überhaupt ein paar Unterschriften zusammenzukriegen.«

Auch in der Nachbarschaft wurde Ilse aktiv. Zusammen mit anderen Hausfrauen organisierte sie Initiativen, um einen Spielplatz zu erhalten, der bebaut werden sollte.

Ilse fühlte sich nicht unwohl in ihrer Rolle als Hausfrau und Mutter, hatte ihren Arbeitstag rationell eingeteilt und fand genügend Zeit für ihre Nachbarschafts-Arbeit und zum Lesen. Von ihrem Großvater hatte sie einen kleinen Literaturschatz geerbt, die Memoiren von Kropotkin, Bakunin, einige Werke von Marx und Engels, Bücher über die Russische Revolution.

Ilses älteste Tochter Elke war krank. Sie hatte eine äußerst seltene Rückenmarkserkrankung. Ihr Blut erneuerte sich nicht von selbst. Schon elf Wochen nach ihrer Geburt mußte Elke das erste Mal ins Krankenhaus, und so blieb es dann, 13 Jahre lang. Alle paar Wochen mußte sie ins Krankenhaus, wo sie Medikamente erhielt, und ihr Blut regelmäßig ausgetauscht wurde.

Ein Assistenzarzt am Krankenhaus machte den Vorschlag, die Milz zu entfernen, doch der Chefarzt stimmte nicht zu. Im September 1968 starb Elke. Bei ihrer Obduktion stellten die Ärzte fest, daß ihre Milz deformiert und übergroß war, so daß sie fast die gesamte Bauchhöhle einnahm. Ilse kam zu dem Ergebnis: »Wenn damals wirklich auf diesen Assistenzarzt gehört worden wäre, wäre vieles anders geworden.«

Ilse selbst hatte alles, was in ihrer Macht stand getan, um dem Kind zu helfen. Sie hatte sich an Ärzte gewandt, an Behörden, an Institutionen. Von allen erfuhr sie Gleichgültigkeit. Das, so meinen Freunde aus jener Zeit, hat sie tief getroffen, hat sie verbittert und desillusioniert: »Im Zusammenhang mit der langwierigen Krankheit ihres Kindes wurde Ilse immer wieder mit der Mitleidslosigkeit des Systems konfrontiert. Sie fühlte sich alleingelassen, hilflos und ohnmächtig.«

Der Tod ihrer Tochter wurde für Ilse zum Signal, politisch aktiv zu werden. »Als Elke dann tot war, habe ich mir alles so überlegt. Alles das, was meine Mutter im Dritten Reich nicht getan hatte, das kam bei mir ganz kraß hoch. Als Elke gestorben war, hab ich mir gesagt: Was hat das Kind eigentlich von seinem Leben gehabt? Was hast Du ihr geben können? Wie sind diese gesellschaftlichen Verhältnisse hier, daß so ein Kind zum Beispiel die Möglichkeit hat, das bißchen Leben, was es hat, auch tatsächlich zu leben?«

Es war die Zeit, in der die Studentenbewegung auch nach Wolfsburg schwappte. Ilse spürte, daß die Forderungen der rebellierenden Studenten auch sie etwas angingen. Besonders fasziniert war sie von der Mai-Revolte in Paris, denn dort hatten sich Studenten und Arbeiter in ihrem Kampf zusammengeschlossen.

Als sich in der Wahlnacht 1969 die Möglichkeit für eine soziallibera-le Koalition andeutete, rief Ilse in der Wolfsburger SPD-Zentrale an. »Bei mir ist sowas abgelaufen, daß ich mir gedacht habe, die SPD könnte sich ja tatsächlich noch einmal auf ihre Tradition als Arbeiterpartei besinnen.«

Sie sprach mit dem Organisator der Wahlparty, und der schlug ihr vor, doch gleich einmal vorbeizukommen.

Kurz darauf trat Ilse in die SPD ein und wurde bei den Jusos aktiv, sehr aktiv sogar. Innerhalb eines Vierteljahres war sie zweite Juso-Vorsitzende in Wolfsburg. Ein Freund aus der damaligen Zeit: »Ilse machte auf den ersten Blick einen intelligenten, blitzgescheiten Eindruck. Mit ungeheurer Energie machte sie sich daran, ihr eigenes politisches Verständnis zu vertiefen, indem sie Schriften erarbeitete und entsprechende Gespräche führte. Ilse hatte ein starkes proletarisches Bewußtsein. Ich meine, daß sie ganz sicher politisch gebildet war. Sie hatte die ganze politische Entwicklung im Nachkriegsdeutschland intus«.

Ohne Scheu beteiligte sich Ilse Bongartz an den politischen Diskussionen der Jusos und fiel durch ihre besonders drastische Ausdrucksweise auf.

Sie wollte sich sicher auch produzieren vor den jungen Leuten«, erinnert sich ein Bekannter, »und das hat sie auch weidlich getan. Durch ziemlich offenherzige Aussagen. Sie hatte überhaupt keine Hemmungen, auch älteren Genossen solche Deutlichkeiten an den Kopf zu werfen wie »Fauler Hund« oder »Du bist blöd«. Sie zog sich auch ausgefallen an. Manchmal ging sie sehr offenherzig, nur ein einfaches Hemd, ein paar Knöpfe waren offen, und darunter hat sie nicht viel mehr angehabt«.

Ilses Ehemann tauchte niemals bei den Juso-Veranstaltungen auf. Als eine der ersten Frauen in Wolfsburgs Juso-Szene brachte Ilse ihre Kinder mit zu Parteiveranstaltungen. Das wiederum machte bei der

Partei großen Eindruck. Man war fasziniert von der agilen Hausfrau mit ihren drei Kindern, man konnte sie als Aushängeschild gut gebrauchen. Doch da wollte Ilse nicht mitmachen. Eingespanntsein in einen Parteiapparat mit seinen Hierarchien und Ritualen, das war nichts für sie.

Deshalb kam ihre eine Parteiaffäre kurz vor den niedersächsischen Kommunalwahlen nicht ungelegen. Eine Gruppe um den Wolfsburger Juso-Vorsitzenden, zu der auch Ilse gehörte, hatte Wahlkampflisten für die DKP unterschrieben, um damit deren Kandidatur für die Wahlen zu ermöglichen. »Die DKP hatte nicht genug Stimmanteile, um überhaupt auf die Liste gesetzt zu werden. Und wir waren durchaus der Meinung, daß die SPD es als demokratische Partei ermöglichen sollte, daß die an der Wahl teilnehmen konnten«.

Die SPD aber war ganz anderer Ansicht. Die Gruppe um den Juso-Vorsitzenden flog aus der Partei. Ilses Freund, der Juso-Vorsitzende, ging zum Studium nach Berlin. Die übrigen blieben in Wolfsburg und scharten sich mehr und mehr um Ilse.

Ilse verkehrte jetzt regelmäßig im Wolfsburger Jugendlokal »Tadsch« in der Kaufhauspassage, einem Treffpunkt der linken Szene in der VW-Stadt. Sie hatte kaum etwas anderes gesehen als Wolfsburg, die Retortenstadt, die auf dem Reißbrett entworfen worden war von Hitlers Architekten. Eine Stadt ohne Tradition, ein steriles Wohngebiet als Anhängsel für einen gigantischen Industriebetrieb: Metropolis. Das Werk bestimmte das Leben in der Stadt. Freizeitangebote, Wohnkomfort und Grünanlagen schienen ausschließlich der Wiederherstellung der Arbeitskraft zu dienen, Menschen als Maschinenteile, die gepflegt, entrostet und bei Ausfall ersetzt werden.

Ilse Bongartz begann, dieses Leben mehr und mehr zu hassen. Ihr Ehemann war inzwischen aus der gemeinsamen Wohnung ausgezogen. Ilse holte sich eine Gruppe Jugendlicher ins Haus. An den Wänden der ehemals kleinbürgerlich eingerichteten Wohnung waren jetzt in schwarzer und roter Farbe Parolen geschrieben. An der Flurwand gegenüber der Eingangstür stand die Einladung: »Hier bist Du Mensch, hier darfst Du's sein«.

Für Ilse war eine Art verzweifelte totale Freiheit angebrochen. Alles, worauf sie in ihrer kleinbürgerlichen Welt hatte verzichten müssen, sollte nun Realität werden. Aus der Sicht des Ehemannes und seiner späteren zweiten Frau wurde es das komplette Chaos:

»Die Ilse machte aus der Zweieinhalb-Zimmer Wohnung einen Puff und einen Saustall zugleich. In dem Ehebett, von dem die Beine abgesägt waren, wurden die Jungen zu hörigen Anarchos getrimmt. Der freie Sex war selbstverständlich. Keinerlei Hemmungen hatte Ilse auch vor ihren Kindern, die in der kleinen Wohnung mithausten, und denen keine Tür verschlossen blieb«.

Vor allem im Bad vermutete Ilses Nachfolgerin in der Ehe mit Helmut Bongartz Ungeheuerliches: »Es gab Tage, da badete der ganze Trupp drei bis vier Mal. In einer Nacht des Jahres 1970 klauten sie bei Bauern in der Wolfsburger Umgebung mehrere Kannen Milch, so sechzig bis achtzig Liter. Die wurden dann in die Badewanne gegossen, und man nahm ein kühles Milchbad«.

Ilse selbst stellte den Vorgang später etwas weniger abenteuerlich dar. Es habe sich nur um eine einzige Kanne Milch gehandelt, und die sei auch nicht zum Baden gewesen. Man habe schlichten Quark daraus gemacht.

Die Gruppe um Ilse nannte sich die »K 3«, in Anlehnung an die Berliner »Kommune 1«, mit Fritz Teufel, Rainer Langhans, Dieter Kunzelmann und die Berliner »Psycho«-Kommune 2, in der unter anderen Jan Carl Raspe lebte.

Es war die Zeit, in der sich die »Rote Armee Fraktion« bildete und Schlagzeilen machte. Ilse Bongartz verfolgte die Aktivitäten der Stadtguerilla, beschaffte sich Literatur und diskutierte mit ihrer Gruppe darüber. Man beschloß, selbst aktiv zu werden.

Im April 1971 erfuhr die Gruppe, daß die Aula des Ratsgymnasiums Wolfsburg für eine Veranstalung der NPD freigegeben worden war. Mit zwei Freunden legte Ilse nachts Feuer in der Aula. Doch das Zündeln hatte keinen Erfolg — nur die Lunte verkohlte. Vier Wochen später versuchten es Leute aus ihrer Gruppe noch einmal. Auch diesmal funktionierte die Brandstiftung nicht.

Stattdessen brannte der Wolfsburger »Tadsch«-Club aus. Die Begründung für diesen Anschlag: Der neue Pächter des Clubs wollte angeblich aus dem allen zugänglichen Jugendtreff einen DKP-nahen politischen Club mit Mitgliedskarten usw. machen. Dagegen protestierte die »K 3« mit einer — diesmal erfolgreichen — Brandstiftung. In den Wochen darauf beging die Gruppe Diebstähle, Einbrüche, und den Anschlag auf einen mit Volkswagen beladenen Güterzug. Für die insgesamt 22 Delikte wurden Ilse Bongartz und ihre sieben Genossen aus der »K 3« vor Gericht gestellt.

Am 13. April 1972 wurde das Urteil verkündet: Drei Jahre Haft für Ilse. Die mitangeklagten Jugendlichen erhielten Jugendstrafen zwischen ein und zwei Jahren, die — mit einer Ausnahme — alle auf Bewährung ausgesetzt wurden. Das Gericht war nicht der Auffassung, Ilse Bongartz sei Anstifterin bei den Straftaten gewesen:

»Die fast 35 Jahre alte Angeklagte hat in der Hauptverhandlung einen völlig unausgereiften Eindruck, bar jeder Lebenserfahrung gemacht... Zu ihren Lasten kann auch nicht festgestellt werden, daß sie die Rädelsführerin oder 'spiritus rector' gewesen ist«.

Das Gerichtsverfahren machte Ilse Bongartz zum ersten Mal als »politische Angeklagte« bekannt. Die »Rote Hilfe« kümmerte sich um sie, ihr Name erschien in den bürgerlichen Zeitungen mit dem Zusatz »Rote Ilse«, und ihre Briefe wurden von der Alternativ-Presse veröffentlicht. So druckte die »Rote Hilfe« Wolfsburg im Dezember 72 einen Brief von Ilse aus dem Gefängnis:

»Lieber Genosse!

'In dieser Gesellschaft kannst Du nur vegetieren oder kämpfen'. Ja siehst Du, und die meisten Genossen entscheiden sich für's vegetieren! Dir ist aufgefallen, daß ich so gar nichts mehr von mir und meinen Bedürfnissen schrieb? Das kann nur daran liegen, daß Du nicht gecheckt hast, daß es bei mir nichts privates mehr gibt, was nicht gleichzeitig politisch ist. Im Gegensatz zu denen, die sich Genossen nennen, habe ich Konsequenzen daraus gezogen, daß es in dieser kapitalistischen Gesellschaft NICHTS gibt, das meine Bedürfnisse nach LEBEN befriedigen könnte.

Mich interessiert nicht eine Karriere unter Leistungszwang, mich interessiert nicht der Warenkonsum als Ersatz für sexuelle Befriedigung, ich bin nicht abhängig vom fremdbestimmten Tun. Mich interessiert einzig und allein: wie ist die Gesellschaft zu schaffen, in der jeder ein glückhaftes Leben führen kann, und was kann ich selbst dazu beitragen, das zu erreichen. Schau, und das Bedürfnis nach Leben ist hier im Knast erst recht nicht zu befriedigen. Schon gar nicht, wenn Du von den anderen Gefangenen isoliert bist...

Ganz super-persönlich habe ich arge Sehnsucht nach meinen Tanten (Kindern) und einem Mann. Ich bin sexuell nicht kaputt, und das onanieren satt. Mit Hilfe eines psychologischen Gutachtens will ich durchsetzen, eine »Vögelerlaubnis« zu kriegen. Von wegen der negativen Einwirkungen beim Entzug. Sind immerhin eineinhalb Jahre. Die Sublimation (Schreiben, Lesen) und das Kompensieren (körperliche Arbeit wie putzen, stricken u.ä.) bin ich genauso leid...«

Ilse Bongartz saß ihre Strafe in der Haftanstalt Vechta ab. Mit verbissener Energie machte sie sich daran, politische Bildung nachzuholen. Sie arbeitete sich durch politische und wissenschaftliche Werke und schrieb unzählige Briefe, in denen sie das neuerworbene Wissen verarbeitete.

Neue Freunde

Als Ulrich Schmücker zusammen mit seiner Freundin Usch in Wolfsburg auftauchte, war Ilse Bongartz gerade vier Wochen wieder in Freiheit. Ihr neuer Freund, Götz Tilgener, der auf dem Wege von Wolfsburg nach Berlin verhaftet worden war, saß seit drei Wochen in Haft.

Ulrich Schmücker besuchte Ilse in der Schillerstraße, wo sie nach der Haftentlassung bei ihrer Mutter wohnte. Der Empfang durch Ilse war herzlich. Ihre Mutter Klara war nicht sehr begeistert davon, daß Ilses Freunde sich in ihrem Hause die Klinke in die Hand gaben. Als schließlich noch ein halbes Dutzend andere Freunde von Ilse auftauchten, war ihre Geduld am Ende. Es kam zum Krach. Doch Ilse ließ sich von ihrer Mutter nicht beirren. Ihre Genossen waren ihr Leben. Man zog sich in ein Hinterzimmer zurück und diskutierte. Nach dem Besuch schrieb Ilse an Billy:

»Der Besuch aus Berlin war also hier, und es gab auch gleich eine dufte Überraschung, nämlich die Uschi! Es war so unheimlich gut, all das zu erleben an den beiden, was wir an uns schon erfahren hatten. Und es gab zwischen uns nichts Trennendes — auch dort die Einheit, die objektive Liebesfähigkeit. Du, es ist so wichtig! Erst durch die subjektive Liebe kann sich die objektive Liebesfähigkeit entfalten, kann man sich ganz zum Menschen entwickeln.«

Ilses Tochter Ines lehnte Schmücker zunächst ab. Das änderte sich erst, als Ulli und seine Freundin Usch sich intensiv mit ihr beschäftigten. Sie gingen mit Ines zum Rodeln, malten mit ihr und bauten aus Lego-Steinen Häuser.

Ilse in ihrem Brief an Billy:

»Wir haben ein duftes Haus gebaut, in dem Genossen wohnen...sich Brot backen und anderes machen. War richtig gut! Mit Uschi hat sie eine Mühle gebaut, die alles andere war als eine bürgerliche Mühle. Ein Fotoapparat mit Türen war auch noch da. Du kannst vielleicht jetzt bei Dir in der scheißgrauen Zelle nachvollziehen, was sich hier so abspielte. Richtig gutes Feeling war bei uns, und Du, Billy, Billy, Du warst jede Sekunde bei uns. Es war so gut, bei den Genossen weinen zu können, weil der Billy nicht da ist.

Nein, Du, es ist nicht persönliches Pech! Das hätten die Herrschenden gern, daß wir es so deuten. Das sind die ganz konkreten Versuche, Liebe und Leben zu zerstören. Und es ist unser Recht, für diese Liebe zu kämpfen. Die Mauern, die sie zwischen uns stellen, das sind die, die ihnen eines Tages um die Ohren fliegen werden.

Du, ich muß Dir noch was schönes erzählen: Gestern komme ich mit Ines und einem Genossen aus der Haustür, und als wir uns umschauten, da spann sich ein Regenbogen über Wolfsburg. Solch intensive Farben habe ich noch nie gesehen! Und es war so herrlich, im Regen zu gehen. Und dann rissen die Wolken auf, und eine herrliche Sonne leuchtete. Mich hat das irgendwie an unser gemeisames Einkaufen erinnert. Siehst Du, Du bist immer da. Du — ich denke an Dich. Du — ich küsse Dich. Ich streichle Dich. Bis gleich. Deine Ilse.«

Die intensive, gefühlsgeladene Atmosphäre in Wolfsburg hatte Ulrich Schmücker angesteckt. Fast vergessen war plötzlich, daß man ihn in der linken Szene mit Argusaugen betrachtet hatte. Die neuerworbenen Freunde ließen ihn hoffen, bald wieder vollkommen akzeptiert zu sein. Er fühlte Dankbarkeit gegenüber seinem Freund Götz Tilgener. Noch in Wolfsburg setzte er sich an die Schreibmaschine und tippte einen Brief an Billy.

»Lieber Billy, Freund und Genosse!

Deine völlig überraschende und durch nichts zu rechtfertigende Einkerkerung hat uns zunächst mit ziemlicher Sorge erfüllt. Sorge um Dich, und Ungewißheit, wie sich die Haft auf Deine psychische Konstitution auswirkt. Wir wußten ja nicht, was sich in WOB für Dich verändert hat.

Aber seitdem wir — Usch und ich — für einige Tage hier sind, mit Ilse gesprochen haben, ist uns klar, daß diese Sorge völlig unnötig ist. Es ist eine Freude zu sehen, wie Du auf die Haft reagierst, und die Nachricht, daß Dein Magen zum ersten Mal nicht rebelliert, zeigt, daß endlich Deine Trennung Körper/Geist aufgehoben ist und Du auf einer höheren Stufe wirklich anfängst, Du selbst zu sein, zu leben begonnen hast.

Ich kann das erst jetzt richtig mitempfinden, und nicht nur rational begreifen, wirklich fühlen, miterleben, was es bedeutet, zu leben, die Dialektik Haß/Liebe in seinem Leben zu verwirklichen, denn auch bei mir hat sich vieles verändert.«

Dann schilderte Ulrich Schmücker — den Worten nach — daß er wieder studierte und mit seinen Studienkollegen wunderbar zurechtkäme. Das war für die Postkontrolle in der Haftanstalt.

»Es haben sich für mich drei wesentlich neue Dinge ergeben, die unlösbar miteinander verbunden sind und sich gegenseitig bedingen. Alle betreffen mein Studium in der alten Fachrichtung in Deutschland.«

In Wirklichkeit meinte Schmücker etwas völlig anderes. Mit seinem »Studium« meinte er nicht etwa die Geschichte und Ethnologie, sondern die Stadtguerilla. Er fuhr fort:

»Zunächst hat das Verhältnis zu meinen früheren Studienkollegen eine völlig neue positive Wendung genommen, an die ich schon kaum mehr zu glauben wagte. Ich habe Traudl beim 6. Mal endlich doch getroffen, und wir verstehen uns prima. Wir haben nicht nur die Vergangenheit bewältigt, sondern auch Perspektiven für die Zukunft entwickelt, die gemeinsame Arbeit an Referaten und Papers beinhalten.«

Ulrich Schmücker wollte damit offensichtlich andeuten, daß er Waltraud Siepert nach dem sechsten Versuch endlich getroffen und mit ihr die Geschichte seines »Verrates« besprochen und geklärt hatte. Weil Waltraud wiederum Kontakt zu der damals mit ihm verhafteten Inge Viett hatte, hoffte Schmücker, in Kreisen des »2. Juni« wieder aufgenommen und für neue Aktionen eingeplant zu werden. Auch seinen neuen Kreis in der Zeughofstraße schilderte Schmücker seinem Freund Tilgener — verschlüsselt — in den glühendsten Farben:

»Dann habe ich einen Kreis von Anfangssemestern gefunden, mit denen ich nicht nur ganz intensiv zusammenarbeite, sondern auch zusammenlebe. Nur so meinen wir, den Lebenszusammenhang, die homogene Einheit herstellen zu können, die eine effektive Arbeit an der Uni erst ermöglicht. Das ganze wurde vermittelt, in den richtigen Zusammenhang gebracht durch Usch, mit der ich — analog zu Deiner Erfahrung in Wolfsburg — erfahre, was Liebe ist, durch die auch bei mir die Einheit zwischen Emotionen und Ratio hergestellt wurde. Ich habe erst vor drei Wochen wirklich angefangen zu leben, ganz offen Schwäche zeigen zu können, ohne Stärke zu provozieren. Es gibt so viele Parallelen in unserer Entwicklung während der letzten Wochen. Das wird uns ganz bewußt in unseren Gesprächen und unserem Zusammensein hier in WOB. Die Atmosphäre wird durch Dich mitbestimmt, wir empfinden die Nähe zu Dir, Billy«.

Als Ulrich Schmücker so weit in die Maschine getippt hatte, stoppte er plötzlich. Er stand auf und ging zu den anderen. Die langen Gespräche mit Ilse über ihren und seinen Freund hatten ihn nachdenklich gestimmt. Bisher war Tilgener für ihn immer der Überlegene gewesen, der Helfer, der mögliche Wegbereiter für die Wiedereingliederung in die »Szene«. Jetzt hatte er erfahren, daß Billy auch schwach sein konnte, etwa in der Beziehung zu Ilse, deren psychische Stärke und Überlegenheit Schmücker selbst deutlich spürte. Das gab ihm Auftrieb, plötzlich fühlte er sich Billy gleichwertig, fast überlegen. Nach ein paar Stunden setzte er sich wieder an die Schreibmaschine und tippte seinen Brief an Billy weiter:

»In den paar Stunden, die vergangen sind, ist mir klargeworden, warum es zu dieser Blockierung kam. Dieser Brief hier ist an den Freund und Genossen Billy gerichtet, an den Billy, der von Wolfsburg wegfuhr, und dessen Briefe ich gelesen habe, an den Menschen Billy, den ich gar nicht kenne, den ich nur in kurzen Augenblicken einmal erleben konnte. Der Billy, den ich kenne, mit dem ich mich laufend konfrontiert sah, ist ein ganz anderer, eine Fassade, die Du um Dich herum aufgebaut hattest. Der immer starke und ewig überlegene, auf völlig impertinente Weise den Mann von Welt hervorkehrend, arrogant, Kritik von vornherein mit Zynismus abwehrend... Hinter dieser Fassade versuchtest Du Deine Schwäche zu verbergen. Du hast Dich — zumindest in Deinem Verhalten mir gegenüber — mit einem Image und dieser Abwehrfassade identifiziert und Deine panische Angst, Schwächen erkennen zu geben und daraufhin kaputtgemacht zu werden, in Alkohol ertränkt.

Erst nach erfolgreichem ersäufen (verdrängen) dieser Angst konntest Du mir gegenüber menschlich sein, wirklich Du selbst sein. Wenn ich Dich gern hatte, dann, weil ich Dich so erlebt habe, nur ein paar Mal, aber oft genug, um zumindest zu ahnen, was hinter der Fassade steckt ... Deine Menschlichkeit war immer da, kam besonders zum Ausdruck durch die Hilfe, die Du mir entgegenbrachtest, wurde aber verwässert und überlagert durch Deinen unmenschlichen Anspruch an Dich selbst. Das ist eine Problematik, mit der ich nicht fertigwerden konnte. Das konnte nur eine Genossin, die Dir Zärtlichkeit vermittelt, mit der Du erfährst, was Liebe ist, das konnte nur Ilse.

Du, es hat mich riesig gefreut zu erfahren, was sich zwischen Euch entwickelt hat. Mir ist klar, was das gerade für Dich bedeutet. Nach Deiner hoffentlich baldigen Entlassung werden wir uns neu kennenlernen, whow, ich freu mich jetzt schon darauf. Nur wird z.Zt. die Beziehung zwischen uns durch Ilse vermittelt, ich erfahre Dich durch sie, sie wird auch für mich zu Dir sprechen, bzw. schreiben. Ich habe Billy, den Menschen, erst durch Ilse kennengelernt. Ich umarme Dich!«

Ulrich Schmücker unterschrieb den Brief nicht. Er fühlte sich offenbar schon wieder als halber, dem konspirativen Verhalten verpflichteter Stadtguerilla.

Götz Tilgener hielt sich an die Vorsichtsmaßregeln. Er antwortete Schmücker nicht direkt auf seinen Brief und erwähnte ihn nur als »Bernd«.

Am 31. Dezember 1973 schrieb Tilgener einen langen Brief an Ilse Bongartz. Darin hieß es: »Du, ich fänd's unheimlich dufte, wenn wir mit Bernd und Usch zusammenleben könnten ... Grüß auf jeden Fall Bernd von mir, ich möchte ihm nicht schreiben. Ich finde das, was sich für ihn ergeben hat, sehr wichtig und unheimlich dufte. Die Situation vorher war schon unvorstellbar beschissen. Ich habe sie ja aus nächster Nähe miterlebt. Dein Eindruck von ihm — Du hast es nach seinem Besuch bei Dir ja geschrieben — war offensichtlich sehr positiv«.

Götz Tilgener malte sich in seiner Gefängniszelle das zukünftige Leben mit Ilse und zusammen mit Ulrich Schmücker in einer politisch aktiven Gruppe aus. Konkrete Pläne hatte er nicht, hätte sich wohl auch gehütet, diese durch die zensierte Anstaltspost nach draußen zu schicken.

In seinen Briefen skizzierte er den emotionalen Grundgehalt der gemeinsamen Strategie. Es war vor allem die Einheit von Gefühl und politischem Handeln:

»Vergiß nicht, wir können leben. Und darum beneiden uns die Ge-Rechten. Wir können tun, was wir wollen, wir werden immer gewinnen und immer unsere Situation und damit auch die aller anderen Menschen verbessern. Mensch, Ilse-Schatz, sind unsere Aussichten nicht dufte? Wir haben nichts zu verlieren als unsere Ketten. Wir sind Menschen — oder aber auf dem besten Wege es zu werden. Ist es nicht unvergleichlich schön, was allein wir beide gemeinsam an uns erleben? Was wir den Genossen vermitteln können, damit auch sie begreifen, daß es für uns nie ein entweder-oder sondern nur ein sowohl-als auch geben kann, bei dem was wir tun? Dieses Begreifen, Befühlen, Erleben und Verinnerlichen der Dialektik Liebe-Haß und die daraus resultierenden Verhaltensweisen werden zum Erfolg führen, denn die Motivation ist gut. Mädelchen, wir können uns umarmen und dabei lachen — und eben dieses Lachen wird allen Funktionsträgern von Schweinen einen Schauer über den Rücken treiben...

Im Radio die Neujahrsansprache des Bundeskanzlers. Er meint, 1974 würde ein gutes Jahr werden. Diese seine Ansicht teile ich — es lebe die Perspektive! Mädelchen, 1974 wird ein gutes Jahr werden. Wir werden viele Schritte weiterkommen, weiterkommen in der Entwicklung zum Menschen hin.«

Unter »P.S.« schrieb Götz Tilgener noch: »Melde Dich mal wieder.«

Doch Ilse Bongartz meldete sich nicht — bis zum 22. Januar 1974.

An diesem Tag hatte sie eine herbe Enttäuschung für Billy. In der Zwischenzeit war sie nämlich in Hamburg gewesen und hatte dort einen neuen Liebhaber gefunden. Sie schrieb an Billy:

»Als ich in Hamburg war, habe ich einen Genossen kennengelernt, und nun bin ich mit ihm zusammen. Ich weiß genau, daß Du das billigst und verstehst. Kloster ist bei Ilse nicht drin. Außerdem habe ich mich so richtig verliebt.«

Nebenbei teilte Ilse mit, daß sie demnächst »Bernd«, also Ulrich Schmücker, und dessen Freundin Usch in Berlin besuchen wolle. Die beiden wollten in Berlin bleiben, und da Ilse wiederum nicht nach Berlin gehen wolle, werde es mit dem geplanten Zusammenziehen vorerst nichts. Dennoch sei »Bernd« für sie einer der wenigen, die »auf die Notwendigkeit des Handelns verweisen, das auch wir im Kopf haben«.

Eine Woche später antwortete Tilgener auf Ilses Brief. Er war wieder ganz »cool«, ganz der »Überlegene«, als den Ulrich Schmücker ihn in seinem Brief analysiert hatte.

»Mit wem Du zusammen bist, interessiert mich nur insofern, als ich möchte, daß es Dir gut geht und daß du Spaß hast«.

Dann teilte er Ilse mit, daß er nach seiner Entlassung aus der Haft wieder nach Berlin gehen werde. Zum Schluß ließ er Ulrich Schmücker grüßen:

»Er soll mal wieder schreiben — vor allem wie die Sache so läuft. Der Kerl hat Hirn und auch Emotionen, eine verdammt gute Mischung — und gefährlich für Schweine«.

Während Tilgener im Gefängnis saß, änderte sich die Szene draußen für ihn total. Aus irgendwelchen Kanälen erfuhr er, daß Ilse schon im Januar ihren Hamburger Liebhaber geheiratet hatte. Nebeneffekt dieser Heirat war es, daß Ilse Bongartz so ihren berüchtigten Namen loswurde. »Geheiratet hat sie ausgerechnet jemanden, dessen Name beinahe ebenso anrüchig war: Wolfgang Jandt«, schrieb Tilgener später.

Gegen Wolfgang Jandt war ein Strafverfahren wegen Brandstiftung in mehreren Hamburger Kaufhäusern gelaufen, in dem er gemeinsam mit anderen auch verurteilt worden war.

Die Ehe zwischen Ilse und Wolfgang Jandt hielt nur wenige Wochen.

Mißtrauen

Am 16. Januar stand Tilgener erneut vor Gericht. Er erhielt 10 Monate Freiheitsstrafe ohne Bewährung. Am 28. Februar war Berufungsverhandlung. Der Staatsanwalt forderte 15 Monate. Das Urteil wurde am 1. März gesprochen: 7 Monate Freiheitsstrafe wegen eigenmächtiger Abwesenheit von der Truppe. Die Untersuchungshaft wurde angerechnet. Tilgener wurde noch am selben Tag auf freien Fuß gesetzt. Er rief seinen ehemaligen Anwalt Jörg Lang an und teilte ihm das günstige Prozeß-Ergebnis mit. Darauf Lang:

»Oh, paß bloß auf, das ist ein ganz linker Trick.«

Tilgener später: »Ich glaube ihn dahingehend verstanden zu haben, daß auch er meinte, daß man mich als Lockvogel benutzen wollte«.

Kaum war Tilgener aus der Haft entlassen, rief er bei Ilse in Wolfsburg an. Ilse war schroff und zurückhaltend. Das erste was sie am Telefon sagte, war: »Wenn Du nach Berlin kommst, paß um Gottes Willen auf bei Bernd. Keine Informationen, nichts.«

Tilgener war schockiert. Er fragte nach, aber aus Angst vor Abhörmaßnahmen des Verfassungsschutzes wollte Ilse keine Einzelheiten mitteilen. Die beiden verabredeten, sich noch in der selben Nacht auf dem Hauptbahnhof in Hannover zu treffen, um alles weitere zu besprechen. Tilgener hängte den Hörer ein und nahm den nächsten Zug nach Hannover.

Dort wartete er vergeblich. Ilse kam nicht. Daraufhin flog Tilgener von Hannover aus nach Berlin. Am 2. März gegen Mittag traf er dort ein. Von der nächsterreichbaren Telefonzelle aus rief er Ilse in Wolfsburg an und fragte sie, warum sie zu dem verabredeten Treffen nicht gekommen sei. Ilse erklärte ihm, sie sei zu müde gewesen und hätte auch keine geeignete Fahrgelegenheit gefunden. Sie vereinbarten, daß

Billy in den nächsten Tagen nach Wolfsburg kommen sollte. Daraus wurde jedoch nichts, weil Tilgener zwei Tage später die Brieftasche mit seinem Personalausweis verlor.

Mitte Februar war Ulrich Schmücker bei seinen Eltern in Neuenahr. Er hatte sich sehr verändert. Die Mutter war erschrocken über seinen Aufzug. Er trug einen Wildledermantel mit langem Fell auf der Innenseite und dazu eine merkwürdige bunte Bluse und Kettenschmuck. Auf seine Mutter machte er einen etwas geistesabwesenden Eindruck.

»Ich habe mich durchgerungen, weit weg zu gehen«, sagte er. »Sonst veröde ich geistig völlig. Ich gehe nach Pakistan. Dort kann ich für 150 Mark im Monat gut leben.«

Ulli wirkte sehr depressiv. Nur wenn das Gespräch auf seine Freundin Usch kam, hellte sich sein Gesicht auf. Er erzählte seinen Eltern, daß sie ein Kind von ihm erwartete. Im August sollte es zur Welt kommen. Ulli war begeistert, Vater zu werden. Er sagte seiner Mutter, er wolle Usch nicht heiraten, das Kind solle stattdessen in einer »Großfamilie« in der Zeughofstraße aufwachsen. Schmücker freute sich schon auf seine Rückkehr nach Berlin.

Während seines Besuches bei den Eltern war die Gruppe aus der Zeughofstraße mit ihrem alten Postauto in einen Ort in der Nähe von Hannover gefahren. Schmücker wußte selbst nicht genau, wohin seine Mitbewohner gefahren waren. Seinen Eltern sagte Ulli, die Gruppe wolle dort in einem alten Bauernhaus den Kommunehund Keule in Pflege geben. Bei ihrer Rückkehr nach Berlin wollte Schmücker mitfahren. Die Eltern waren bereit, ihn bis Hannover zu bringen. Jeden Tag wartete Ulli auf einen Anruf als Signal, daß es losgehen sollte. Aber niemand meldete sich. Enttäuscht fuhr er am 3. März mit einem Freund aus Bonn in dessen Wagen zurück nach Berlin.

Als Ulrich Schmücker in der Zeughofstraße ankam, war die Gruppe bereits wieder da. Die Stimmung war schlecht. Offenbar hatte man auf der Fahrt in die Bundesrepublik irgendetwas negatives über Ulli gehört. Man sagte ihm nichts genaues, hielt ihm nur seine engen Beziehungen zum Elternhaus vor. Er sei zu bürgerlich und deshalb in der Gruppe nicht tragbar.

Ein paar Tage später ging Götz Tilgener in die Zeughofstraße. Er wollte erfahren, was es mit Ilses mysteriöser Warnung vor Ulrich Schmücker auf sich hatte. Er traf ein paar von den Bewohnern der Fabriketagen, tastete sich vor, erfuhr aber nichts konkretes. Zufällig stieß er auf Schmücker, der einen tief deprimierten Eindruck machte. Tilgener erkundigte sich nach Usch.

»Zwischen uns hat es gekracht.«

»Was ist denn los?«

Schmücker schwieg. Dann sagte er: »Ich weiß auch nicht, was eigentlich los ist. Ich möchte die Beziehung gern reparieren. Aber Usch ist nicht mehr interessiert.«

Kurze Zeit später traf Tilgener Usch. Auch sie drückte sich unklar aus. Sie sehe einfach keine Möglichkeiten einer gemeinsamen Lebensperspektive mehr zwischen Schmücker und ihr. »Der Typ ist zu labil«, sagte sie, »er weiß überhaupt nicht, was er eigentlich will.«

Tilgener war aufgefallen, daß Ulrich Schmücker sich in den letzten Monaten stark verändert hatte. »Ulli machte einen total ausgeflippten Eindruck. Er hatte sich weitgehend von der Wohngruppe in der Zeughofstraße zurückgezogen. Nächtelang spielte er allein Gitarre oder trommelte auf seinen Bongos herum. Er rauchte Haschisch in irrsinnigen Mengen und kleidete sich in weiten Umhängen aus Gardinen und Brokatstoff.«

Eines Tages sprach Tilgener ihn auf seine Kleidung an, und Ulli antwortete schlicht: »Ich finde schöne Kleidung schön.«

Tilgener war ratlos, er wußte nichts mehr mit seinem alten Freund anzufangen. Um an die gemeinsamen Diskussionen aus dem vergangenen Herbst anzuknüpfen, fragte er ihn, ob sich denn seine Vorstellungen von illegalen politischen Aktionen ebenfalls verändert hätten. Schmücker schaute Tilgener lange und stumm an. Dann nahm er ihn am Arm und führte ihn hinunter auf die Straße.

»Nein«, sagte er, »ich hab da so meine Pläne.« Er machte Tilgener allerhand obskure Vorschläge, wie den Überfall auf Kassenboten von Lebensmittelfilialen und den Überfall auf Polizeiautos, um Waffen zu erbeuten.

Schließlich entwickelte er die Idee, aus dem Appartments-Hotel in der Clay-Allee, in dem er immer noch von Zeit zu Zeit arbeitete, einige amerikanische Offiziere zu entführen, um sie gegen die Gefangenen Horst Mahler und Werner Hoppe auszutauschen.

Tilgener schüttelte den Kopf. Um sich nicht lächerlich zu machen, erzählte er den anderen Bewohnern in der Zeughofstraße nichts von Schmückers abenteuerlichen Vorschlägen.

Ein paar Tage später besuchte Tilgener Schmücker wieder in der Zeughofstraße. Diesmal wollte er Klarheit.

»Was ist bei Euch eigentlich los«, fragte er Schmücker.

»Die alte Geschichte ist wieder hochgekommen. Man verdächtigt mich wieder, Verräter und Spitzel zu sein. Das ist auch der wirkliche Grund dafür, daß Usch sich von mir getrennt hat.«

Schmücker war den Tränen nahe. »Dabei kann ich beweisen, daß ich kein Verräter bin. Meine Aussagen und mein Gedächtnisprotokoll aus dem Knast liegen bei meinem Rechtsanwalt hier in Berlin. Ich habe schon einem aus der Gruppe eine Vollmacht gegeben, damit er die Akten abholen kann. Dann kann jeder lesen, was wirklich war«. Tilgener versprach Schmücker sich ebenfalls darum zu kümmern.

»Du kannst die Vollmacht ja auf mich ausdehnen. Wir wollen mal sehen, was sich machen läßt«.

Schmücker war erleichtert, vielleicht konnte Tilgener ihm wieder einmal aus der Patsche helfen.

An einem der folgenden Abende traf Tilgener Usch und ging mit ihr in eine Kneipe. Anschließend begleitete er sie nach Hause in die Zeughofstraße und übernachtete dort bei ihr. Als Schmücker das kurze Zeit später erfuhr, kam es zum Bruch mit Billy.

Götz Tilgener hatte während dieser Zeit genügend eigene Sorgen und Probleme und wollte sich nicht ununterbrochen mit Ulrich Schmücker beschäftigen. Eines Tages erfuhr er, daß zwei Bewohner der Zeughofstraße nach Wolfsburg zu Ilse gereist waren. Nach ihrer Rückkehr ging Tilgener zu ihnen und fragte sie, was denn in Wolfsburg eigentlich los sei. Er erfuhr, daß Ilse bei ihrer Mutter ausgezogen war und inzwischen in der Bäckergasse in Wolfsburg, in einer Art Bauernhaus mit Garten, mitten in der Stadt lebte. Ilse sei ziemlich ausgeflippt, sie habe eine Gruppe gebildet, für die sie so etwas wie eine »Gruppenmutter« geworden sei. Das Haus befände sich in katastrophalem Zustand, und die ganze Gruppe würde nur rumgammeln. Tilgener wurde neugierig und beschloß, mit einem der beiden zurück nach Wolfsburg zu trampen, sich Ilses neue Heimstatt anzusehen und sich dabei nach den Hintergründen ihrer Warnung vor Ulrich Schmücker zu erkundigen.

Am 6. April 1974 kam Tilgener in Wolfsburg an. Es war strahlendes Frühlingswetter, und Ilse saß in ihrem Garten an der Schreibmaschine. Neben ihr hockte ein Mädchen namens Annette, später kamen noch zwei junge Männer dazu, die Ilse ihm als Farim und Wölli vorstellte. Tilgener setzte sich zu ihnen, und sie sprachen eine Weile über die Schwierigkeiten von Gruppen im allgemeinen und im besonderen in der neuentstandenen Wolfsburger Gruppe. Tilgener fiel auf, daß der Altersunterschied in Ilses neuer Gemeinschaft besonders kraß war. Ilse war inzwischen 37, und die anderen waren siebzehn bis achtzehn Jahre alt. Ganz offensichtlich wurde Ilse in der Gruppe als unbestrittene Autorität anerkannt. Vor allem das Mädchen, Annette, schien ihr gegenüber stark verunsichert zu sein.

Gegen Abend ging Tilgener zusammen mit Ilse in die Schillerstraße zu ihrer Mutter. Ilse wollte dort baden; denn in der neuen Behausung gab es kein funktionierendes Bad. Auf dem Weg fragte Tilgener, was es denn eigentlich mit ihren Andeutungen auf sich habe.

Ilse erzählte ihm — etwas verklausuliert —, daß sie in Berlin gewesen sei und dort Kontakt zu Inge Viett und Ralf Reinders gehabt habe. Die beiden seien entsetzt gewesen, daß Ilse so vertrauensvoll zu Ulrich Schmücker gewesen sei. Inge und Ralf hätten ihr klargemacht, wie umfangreich Ulrich Schmückers Aussagen tatsächlich gewesen seien, und daß er im Verdacht stehe, als V-Mann für den Verfassungsschutz zu arbeiten.

Tilgener gab sich erschrocken. »Das steht ja in krassem Widerspruch zu dem, was er mir selbst erzählt hat«. Ilse fuhr fort: »Man macht sich in Berlin Gedanken darüber, wieso auf diesem Parkplatz in Neuenahr am 7. Mai 1972 in den frühen Morgenstunden das Auto, in dem Inge Viett, Wolfgang Knupe, Harald Sommerfeld und Ulrich Schmücker saßen, durchsucht wurde. Dieser Parkplatz war abgelegen und von außen kaum einzusehen. Irgendwie muß die Polizei einen Tip bekommen haben. Als Tipgeber kommt nur Ulrich Schmücker in

Frage, der zwischendurch das Auto verlassen hatte, um angeblich seine in der Nähe wohnenden Eltern zu besuchen. Außerdem hatte er vorher gesagt, man könnte in einer Wohngemeinschaft übernachten. In dieser Wohngemeinschaft ist aber niemand anzutreffen gewesen, obwohl Schmücker diesen Besuch angeblich vorher fest vereinbart hatte. Die einzige Erkärung für diese mysteriösen Vorkommnisse ist, daß Ulrich Schmücker von Anfang an für den Verfassungsschutz gearbeitet hat.

Merkwürdig ist auch, daß es Schmücker, obwohl pedantisch und handwerklich außerordentlich geschickt, nie gelungen ist, funktionsfähige Sprengsätze zu bauen. Das ist ein eindeutiges Zeichen dafür, daß Schmücker nie wollte, daß eine Bombe auch hochging.«

Tilgener warf ein: »Dafür kann es verschiedene Gründe geben. Vielleicht hat er die Sprengkörper nur gebaut, um den Genossen zu imponieren, während er Bombenlegen in Wirklichkeit ablehnte und deshalb Fehler gemacht hat.«

Das aber ließ Ilse nicht gelten. Sie sei sicher, daß Schmücker von vornherein Agent des Verfassungsschutzes gewesen sei, um die Gruppen der linken Szene zu liquidieren.

Tilgener winkte ab: »Von so weit hergeholten Konstruktionen halte ich nichts.«

»Dann bist Du naiv. Ich verstehe nicht, wie jemand von Deiner Intelligenz auf einen wie den Schmücker reinfallen kann. Du hättest doch wissen müssen, was der Schmücker für ein Typ ist«.

»Aber Du hast Dich in Deinem Brief selbst überaus positiv über Schmücker geäußert.«

»Damit wollte ich Dich nur prüfen.«

In der Schillerstraße angekommen badete Ilse, und dann schliefen die beiden zusammen in der Wohnung der Mutter.

Tilgener hoffte, die durch den Gefängnisaufenthalt und Ilses kurze Ehe unterbrochene Beziehung wieder aufnehmen zu können und beschloß, für ein paar Tage in Wolfsburg zu bleiben. Er hatte das Gefühl, gebraucht zu werden, wieder einmal den Retter in der Not spielen zu können. Tatsächlich steckte die Gruppe in erheblichen Schwierigkeiten. Es war kein Geld da, um die Miete und die Stromrechnung zu bezahlen. Niemand arbeitete und hatte ein regelmäßiges Einkommen. Ilse hatte ihm zwar gesagt, daß sie Arbeit suchte, aber Tilgener glaubte ihr nicht so recht. Gelegentlich sprangen Genossen aus Hamburg, Berlin oder Hannover mit etwas Geld ein. Alle Gruppenmitglieder waren sich einig, daß es so nicht weitergehen konnte.

Tilgener sagte später: »Es wurde überlegt, ob man nicht in Berlin beispielsweise einen Überfall tätigen könnte, um die finanzielle Situation der Gruppe zu verbessern. Ein Banküberfall schien zu groß. Wir dachten eher an den Überfall auf einen Geldboten oder sowas. Die notwendigen Waffen glaubte Ilse in Berlin beschaffen zu können.« Aus den Plänen aber wurde nichts. Es blieb beim Phantasieren.

Kurz vor Ostern traf ein weiteres Gruppenmitglied in Wolfsburg ein, den die anderen »Söre« nannten. Er war in Hamburg gewesen und hatte sich dort einen Schnitzer erlaubt. »Gegenüber Genossen, die er nicht kannte, hatte er über irgendeine geplante Aktion der Wolfsburger gequatscht. Die Gruppe wollte wieder mal zündeln. Die Hamburger wandten sich an Ilse mit der Frage 'Sag mal, mit wem arbeitest Du eigentlich zusammen? Kaum sind die aus Deinem Einflußbereich weg, schon flippen die aus'.«

Es kam zur Gruppendiskussion über Söres Fehlverhalten. Tilgener beteiligte sich anfangs nicht daran. Erst als die anderen zu sehr über Söre herfielen, griff er ein und stellte sich auf Söres Seite. Er benutzte die Gelegenheit, um seine Autorität unter Beweis zu stellen.

»Es liegt ja wohl wesentlich an der Gruppe, wenn der Söre so'n Mist macht, und nicht nur an Söre.« Und zu Ilse gewandt fuhr er fort: »Wenn Du schon die Autorität bist, dann hättest Du Söre klare Verhaltensmaßregeln geben sollen. Oder Du mußt die Autorität abbauen und dann nicht in solcher Weise über Söre herfallen«.

Tilgener erinnerte sich später: »Das war also recht schlimm. Der Söre saß uns gegenüber, der Typ aus der Zeughofstraße, mit dem ich nach Berlin gekommen war, schlief schon. Anwesend war der Farim, der gar nichts sagte, der Wölli, der redete, die Ilse und ich. Annette schlief auch schon, es war spät nachts. Söre saß uns gegenüber, also wie vor so einer Landgerichtskammer. Das war so widerlich, und da hat es mir irgendwann gestunken. Ich habe eingegriffen und gesagt: 'Leute, so geht das nicht'. Söre war mir offensichtlich sehr dankbar, und die anderen sind dann zu Bett gegangen, und ich habe mich mit Söre dann noch weiter darüber unterhalten. Er war sehr überrascht, daß ich die Ilse kritisiert hatte, das tat sonst niemand. Die Leute, die mit der Ilse zusammen lebten, waren alle Schüler und viel jünger als sie.«

An einem der nächsten Tage kam das Gespräch wieder auf Ulrich Schmücker. Irgendeiner in der Gruppe schlug vor, doch einmal definitiv zu klären, ob Schmücker nun für den Verfassungsschutz arbeitete oder nicht. »Vielleicht ist er ein passiver Spitzel, der als Lockvogel dient und Agenten des Verfassungsschutzes im Schlepptau hat. Um festzustellen, ob Schmücker observiert wird, könnte man eine Gegenobservation vornehmen.«

Der Plan fand allgemeine Zustimmung.

Tilgener schlug vor, die Aktion doch gleich am Karfreitag steigen zu lassen. An diesem Tag habe er nämlich eine Verabredung mit Ulrich Schmücker. Um 20.00 Uhr wolle er sich mit ihm in einer Kreuzberger Kneipe treffen, um Einzelheiten über die Beschaffung falscher Papiere zu besprechen.

Tilgener holte sich ein Blatt Papier und skizzierte darauf einen Lageplan. Er markierte ein Lokal an der Ecke Albertstraße/Waldemarstraße.

»Das ist eine grün angestrichene Kellerkneipe mit dem Schriftzug 'Pilsator'. Da bin ich mit Schmücker verabredet«.

Nach einigem Hin und Her einigte man sich auf einen Plan, den Tilgener dann mit groben Linien in seine Skizze eintrug. Nach dem Treffen in dem Kellerlokal sollte Tilgener mit Schmücker auf einigen Umwegen zum Kreuzberger Lokal »Tarantel« gehen. Annette und Wölli sollten zur verabredeten Zeit ebenfalls in der Kellerkneipe sein und Schmücker und Tilgener unauffällig zur »Tarantel« folgen, um festzustellen, ob Schmücker von irgendjemandem beschattet wurde. Farim hatte den Auftrag, die Köpenicker Straße in Höhe der »Tarantel« im Auge behalten und vor Schmücker und Tilgener in das Lokal zu gehen. Ihm wiederum sollte Ilse folgen und die »Tarantel« ebenfalls kurz vor Schmücker und Tilgener betreten. Weil von den Wolfsburgern nur Ilse Schmücker persönlich kannte, gab Billy den anderen noch eine genaue Personenbeschreibung.

Während die Wolfsburger Gruppe an dem Plan einer Gegenobservation arbeitete, spitzten sich Ulrich Schmückers Konflikte mit der Wohngemeinschaft Zeughofstraße zu. Seine Mitbewohner hatten Details über Schmückers Aussage erfahren. Nach seinen Gesprächen mit dem Verfassungsschützer Rühl sollten in Berlin eine ganze Reihe von Personen verhaftet worden sein. Mit so jemand wollten sie nicht mehr zusammenleben. Hinzu kam, daß Schmücker kaum noch etwas tat und vorwiegend auf Kosten der Gruppe lebte.

Im Verlaufe eines heftigen Streites setzte man Schmücker eine Frist von zwei Tagen, in denen er aus der Zeughofstraße verschwunden sein mußte. Verzweifelt packte Ulli seine Sachen zusammen. Die Gruppe, die sein Halt war, setzte ihn vor die Tür. Vorbei war auch die Hoffnung, wieder mit Usch zusammensein zu können.

Ein Mitbewohner der Zeughofstraße, dem Schmücker leid tat, half ihm beim Umzug. In der Lahnstraße in Berlin-Neukölln hatte Schmücker eine kleine Eineinhalb-Zimmer-Wohnung gemietet, die er eigentlich für seinen arabischen Freund Mohammed Osman vorgesehen hatte. Die kleine Wohnung hatte er bei Renovierungsarbeiten zusammen mit den Leuten aus der Zeughofstraße gefunden.

Traurig machte er sich daran, die Wohnung herzurichten. Dabei versuchte er, ein paar klare Gedanken zu fassen. Er setzte sich an seinen Schreibtisch und skizzierte Briefe an seine Eltern und an alte Freunde, die ihn in der Zeughofstraße besuchen wollten. In dem Briefentwurf an seine Freunde hieß es:

Liebe Gabi, lieber........!

»Ich habe leider die schlechte Nachricht für Euch, daß aus Eurem geplanten Besuch bei uns nichts werden kann.

Es hat in unserer Gruppe eine schwere Krise gegeben, für die ich — insbesondere meine unbewältigte Vergangenheit — verantwortlich gemacht und quasi rausgeschmissen wurde. Es hat keinen Zweck ins Detail zu gehen, da ich Euch die Zusammenhänge schriftlich kaum verständlich machen könnte. Ich stehe jedenfalls mal wieder allein da, habe alles verloren. Konkrete politische Perspektive, die Gruppe, Usch und das Kind... aus!

Ihr wißt, daß ich mit Eurem Besuch Erwartungen verknüpft habe, mich riesig darauf gefreut habe und vieles Schöne mit Euch zusammen machen wollte. Aber nun sehe ich keine Möglichkeit des Unterkommens für Euch, da ich selbst nicht weiß, wo ich die nächste Zeit weilen werde und was ich längerfristig überhaupt noch tun kann. In Deutschland (Europa) sehe ich keine Identifizierungsmöglichkeit mehr für Ulrich Schmücker, da er auf Grund seiner mysteriösen Aussage im Knast auf irreparable Weise gebrandmarkt ist. Ob eine solche Möglichkeit in einem anderen Teil der Welt besteht, wage ich zu bezweifeln, werde es aber trotzdem noch versuchen, weil ich nicht der Typ bin, der so ohne weiteres aufgibt und zum Stricke greift.

Ihr seht, ich hänge ziemlich schmal und wäre bestimmt keine angenehme Gesellschaft.

Wenn Ihr dennoch kommen wollt und es irgendwie schafft, freue ich mich trotz allem darüber und wäre Euch dankbar. Arno und Ulli, die bis zum 8.4. in Ahrweiler sind und dann nach Berlin zurückfahren, haben eine große Wohnung, in der Ihr evtl. mit Luftmatratzen schlafen könntet, ich denke schon, daß es geht. Ruft doch mal an und redet mit ihm darüber.

Ihr könnt ihm auch von diesem Brief erzählen. Ich hoffe sehr, daß es klappt. Andernfalls erreicht Euch dieser Brief hoffentlich noch früh genug um umzudisponieren.

Übrigens, was ich Euch zu den Perspektiven und Möglichkeiten revolutionärer Gruppenentwicklung sagte, ist und bleibt gültig und realisierbar solange kein Schmücker dabei ist, laßt Euch von meinem Schicksal nicht abschrecken!

Der konfuse Briefstil entspricht der gegenwärtigen Verwirrung meiner Gedanken.

Ich lasse wieder von mir hören! Bis dann!«

In diesen ersten Apriltagen bekam Ulrich Schmücker in seiner Wohnung Besuch von einem ehemaligen Mitbewohner der Zeughofstraße, Peter B., Schmücker hatte bei seinem Auszug einen Zettel mit seiner neuen Anschrift hinterlassen. Vor der Polizei sagte Peter später aus:

»Der Grund meines Besuches war der, daß ich unseren Herauswurf etwas motivieren wollte. Unser damaliges Vorgehen schien mir etwas zu hart gewesen zu sein. Das Gespräch blieb ohne Erfolg. Ich kam an ihn einfach nicht heran. Er machte einen verbitterten Eindruck. Ich hatte nicht das Gefühl, daß er vor irgendetwas Angst gehabt hätte. Meines Erachtens hat er die Möglichkeit, zur Verantwortung gezogen zu werden gar nicht erkannt. Ich fand sein Verhalten ziemlich unrealistisch, fast naiv. Nach diesem Gespräch habe ich ihn bewußt nicht mehr gesehen«.

In Wolfsburg bereitete man sich währenddessen auf die Reise nach Berlin vor. Am Dienstag vor Ostern, es war der 9. April 1974, fuhr eine Vorhut mit der Bahn nach Berlin. Es waren Wolfgang S. (genannt Farim) Ilse Jandts Tochter Ines und Johannes H., der zusammen mit Tilgener nach Wolfsburg gekommen war. Am Mittwoch reisten Götz Tilgener und Ilse Jandt per Anhalter hinterher. Wolfgang Weßlau und Annette von W. sollten noch einen Tag länger in Wolfsburg bleiben, weil für den Mittwoch Besuch erwartet wurde. Ein gewisser »Harry aus der Schweiz« wollte sich mit Ilse treffen. Tilgener hatte noch nie etwas von diesem »Harry« gehört, und auf seine Fragen hin tat die Gruppe sehr geheimnisvoll. Erst später erfuhr er, daß dieser »Harry« in Wirklichkeit Jürgen Bodeux hieß.

Verabredungsgemäß tauchte am Mittwoch Abend gegen 22.00 Uhr Harry zusammen mit einer Freundin in der Bäckergasse auf.

Annette und Wölli erwarteten ihn. Sie sagten, Ilse hätte zu einem wichtigen »Treff« nach Berlin gemußt. Darauf schlug Bodeux vor, hinterherzufahren und Ilse dort zu treffen. Die beiden willigten ein, und am nächsten Tag trampten die vier nach Berlin. Bodeux gab ihnen eine Adresse, unter der er zu erreichen war, und sie trennten sich.

Jürgen Bodeux

Jürgen Bodeux wurde am 28. Juli 1953 in Wanne-Eickel geboren. Er hatte eine jüngere Schwester. Sein Vater war Versicherungsjurist. Die Mutter verließ die Familie, als Jürgen vier Jahre alt war. Die Ehe der Eltern wurde 1960 geschieden. In den folgenden fünf Jahren stritten sie sich um das Sorgerecht der Kinder. 1965 wurde der Sohn dem Vater und die Tochter der Mutter zugesprochen. 1968 heiratete der Vater zum zweiten Mal.

Ostern 1960 wurde Jürgen in Köln eingeschult. Die ersten Schuljahre verliefen ohne Auffälligkeiten. 1964 zog der Vater in ein Reihen-Eigenheim nach Porz. Dort führte die Großmutter den Haushalt und erzog die Kinder. Als sie 1965 starb, kam Jürgen in ein katholisches Volksschul-Internat. Wegen seiner guten Leistungen machte die Schulleitung den Vorschlag, Jürgen in eine Aufbau-Realschule zu schicken.

1967 kam er in die Aufbauschule nach Schleiden und wohnte dort anfangs im Internat, später bei einer Familie. Innerhalb kurzer Zeit fielen seine Schulleistungen steil ab. Zweimal wurde er nicht versetzt. 1970 verließ er die Schule ohne Abschluß und kehrte — nach fünf Jahren Abwesenheit — in das väterliche Haus zurück.

Er schaffte es noch, in Abendkursen bei der Volkshochschule den Hauptschulabschluß nachzumachen, doch das anschließend begonnene Ausbildungsverhältnis führte er nicht bis zu Ende.

Bodeux hatte bei einem Kölner Wirtschaftsprüfer eine Lehre als Steuergehilfe begonnen. Nach Auskunft seines Lehrherrn war er auch intelligent genug, brachte jedoch kein Interesse für diesen Beruf auf. Seine Arbeiten dauerten lange und steckten voller Fehler, und er schwänzte häufig die Berufsschule.

Gegenüber einem Sozialarbeiter schilderte Bodeux später in der Haft seine Situation. Er hinge sehr an seiner Mutter, deshalb habe es ihn besonders getroffen, daß er durch die Scheidung seiner Eltern von ihr getrennt worden sei. Er habe dann ein besonders gutes Verhältnis zu seiner Großmutter gehabt, das durch ihren plötzlichen Tod beendet worden sei. Zu diesem Unglück sei noch gekommen, daß er das Elternhaus für längere Zeit ganz verloren habe, weil er ins Internat gesteckt worden sei. Ein Elternhaus hätte ihm auch das Internat nicht ersetzen können.

Nach der Rückkehr in das Haus seines Vaters habe er zwar eine gütige Stiefmutter, aber einen etwas »eiligen Vater« vorgefunden, der mit ihm nicht einmal über so wichtige Dinge wie seinen Beruf gesprochen habe. Der Vater habe für ihn den Beruf bestimmt und auch noch Dankbarkeit dafür erwartet, daß er für ihn, obwohl er nur einen Volksschulabschluß hatte, eine Lehrstelle gefunden habe. Er habe diese Lehrstelle nicht antreten wollen, aber selbst keine eigenen Vorstellungen über einen späteren Beruf gehabt. Die Lehre sei einfach »angeordnet«, es sei über ihn »verfügt« worden.

In der Lehre selbst sei er nur mit Aktenablegen und Botengängen beschäftigt worden. An die eigentlichen Aufgaben eines Steuergehilfen habe man ihn überhaupt nicht herangelassen. Deshalb sei er von Anfang an lustlos zur Arbeit gegangen.

Anfang 1970 stieg Jürgen Bodeux in die Drogenszene ein. Schon während seiner Internatszeit hatte er Haschisch probiert, es war ihm allerdings schlecht davon geworden.

Nach seiner Schulzeit kam er durch Freunde aus der Nachbarschaft enger mit der Drogenszene in Berührung. Er nahm jetzt Drogen aller Art. Er rauchte regelmäßig seine zwei Joints mit Haschisch am Tag, schluckte LSD auf Löschpapier, nahm Tabletten und schnupfte gelegentlich auch Heroin.

Ein Nachbarssohn war zu dieser Zeit sein einziger Freund. Nach seiner Rückkehr ins väterliche Haus konnte er keinen Kontakt mehr zu Gleichaltrigen finden. Wenn der Vater und die Stiefmutter abends nach Hause kamen, hatten sie keine Zeit für ihn. Sie saßen vor dem Fernseher und redeten nicht viel. Am schlimmsten, so Bodeux, sei es an den Sonntagen gewesen. Niemand habe sich um ihn gekümmert, da sei er zum Nachbarssohn gegangen, dessen Situation ähnlich war. Die Drogen hätten ihnen über das Alleinsein hinweggeholfen.

Um das Jahr 1972 herum begann sich Jürgen Bodeux für die linke Szene zu interessieren. Zweimal rückte er von zu Hause aus und tauchte kurzfristig bei Freunden in Düsseldorf unter. Anfang 72 ging er zur Porzer Gruppe der »Sozialistischen Deutschen Arbeiterjugend« (SDAJ), der Jugendorganisation der DKP. Während des Bundestagswahlkampfes 1972 warf er bei einer politischen Veranstaltung Karnevals-Kracher. Er wurde von der Polizei festgenommen und nach wenigen Stunden entlassen.

Zu dieser Zeit lernte er über die Handelsschule ein Mitglied des Republikanischen Clubs (RC) in Köln kennen. Bodeux war begeistert und wollte mitmachen.

Doch vorerst blitzte Bodeux mit seinem Tatendrang ab. Er machte sich selbständig. Angeregt von den Ideen, die im Republikanischen Club diskutiert wurden, gründete Bodeux in Porz die »Schwarze Hilfe«, eine Gruppe, die sich der Betreuung politischer Gefangener widmen wollte. Er gab auch eine Zeitung unter dem Titel »Schwarze Hilfe Porz« heraus, die allerdings nur kurzzeitig erschien. Über seine neugegründete Gruppe, die allem Anschein nach im wesentlichen aus ihm selbst bestand, nahm er Kontakte zu inhaftierten Mitgliedern der militanten Szene auf. Namen und Adressen hatte er sich aus Zeitungen besorgt. Er schrieb Briefe an Irene Goergens und Ilse Jandt.

An einem langweiligen Nachmittag des Jahres 1972 brach eine Gruppe Jugendlicher eine Baubude in Porz auf. Unter ihnen war Jürgen Bodeux. Sie kletterten durch ein Fenster hinein und öffneten einige Kisten. Bodeux ließ ein paar Stempel mitgehen. Zum Abschied schrieb er mit einer Sprühdose an die Wand: »Bullenpack« und »Baader raus!«.

Ein Nachbar hatte offenbar den Einbruch beobachtet und alarmierte die Polizei. Daraufhin wurde Bodeuxs Zimmer in der elterlichen Wohnung durchsucht und die Stempel gefunden. Ein Mitglied der Gruppe wurde wegen des Einbruchs zu 600 DM Geldstrafe verurteilt. Jürgen Bodeux kam so davon.

Bei der Porzer Polizei sind Unterlagen über den Baubuden-Einbruch nicht mehr zu finden.

Ende 1972 baute Jürgen Bodeux seine Kontakte zum Republikanischen Club in Köln aus. Immer häufiger ließ er sich im sogenannten »Heinzelhaus« in der Moltkestraße 27 sehen. Dort trafen sich Mitglieder der »Roten Hilfe Köln«, des »Schwarzkreuz« und des »Anarchosyndikats«. Ein buntes Gemisch aus allen möglichen politischen Grüppchen. Während des großen Streiks bei Ford in Köln tagten auch verschiedene Organisationskomitees im Heinzelhaus.

Um die Jahreswende 1972/73 lernte Jürgen Bodeux dort einen gewissen Reinhard Kaiser kennen, von dem noch die Rede sein wird.

Jürgen Bodeux fiel mehr und mehr durch seine militanten Redeweisen auf. So erzählte er einem Schulfreund, mit legalem Kampf sei nichts mehr zu machen. Man müsse untertauchen und den bewaffneten Kampf führen. Mit solchen Sprüchen konnte Jürgen Bodeux im Heinzelhaus aber nicht so recht ankommen. Man war mehr auf Theorie und Öffentlichkeitsarbeit fixiert. Zeitungen und Flugblätter wurden damals vorwiegend von Norbert Hofmann und Katharina May in deren elterlicher Druckerei hergestellt. Bodeux knüpfte Kontakt zu den beiden, die wiederum Beziehungen zu einem »Sozialistischen Patientenkollektiv Köln« hatten — und zu einem steckbrieflich gesuchten »Stadtguerilla«. Sein Name war Lothar Gend. Bodeux interessierte sich immer mehr für den bewaffneten Untergrund.

Im Herbst 1973 wandte er sich der »Roten Hilfe Bonn« zu und tauchte regelmäßig im RH-Zentrum in der Breiten Straße auf. Er umgab sich mit der Aura des Konspirativen und prahlte mit seinen Kontakten zum Untergrund. Wenn es etwas zu organisieren gab, dann war er dabei und bot sich als Koordinator an.

Mitte Dezember wurde das Rote Hilfe-Zentrum aufgelöst, die RH spaltete sich in zwei Fraktionen, mehr aus persönlichen als aus politischen Gründen. Jürgen Bodeux pendelte zwischen den beiden Gruppen, von denen sich eine um Gaby W., die andere um Robert Jarowoy scharte.

Kurz vor Weihnachten 1973 nahm Bodeux am »Internationalen Rote Hilfe Kongreß« teil. Im Januar tauchte er wieder in Bonn auf und besuchte Gaby W. in ihrer Wohngemeinschaft in der Gabelsberger Straße, wo auch jener Reinhard Kaiser lebte, den er im Heinzelhaus kennengelernt hatte.

Ende Januar/Anfang Februar ging er mit ehemaligen Porzer Schulfreunden zum Kölner Südbahnhof, um Autokennzeichen zu klauen. Einer, der dabei war, sagte später: »Er hat öfter versucht, mich für solche Sachen einzuspannen. Einmal hab ichs dann mit ihm gemacht.«

Mitte März brach er seine Lehre beim Steuerberater ab und zog aus der väterlichen Wohnung aus. Er fand in der Gabelsberger Straße bei Gaby W. Unterschlupf.

Am 18. März wurde Robert Jarowoy im Auto eines gewissen Norbert Behnke verhaftet. Behnke hatte sich für zehn Jahre bei der Bundeswehr verpflichtet und war anschließend in die militante Szene eingestiegen. Wegen seiner Zuverlässigkeit war er bei allen hoch angesehen. Am Abend nach Jarowoys Verhaftung tauchte Behnke in der Gabelsberger Straße auf, angeblich, um »die Genossen zu warnen«. Die Anwesenden waren jedoch mißtrauisch gegen Behnke, sie hatten den Verdacht, er habe Jarowoy »hochgehen« lassen. Man hatte aber keine Beweise und wollte deshalb vorerst nichts gegen Behnke unternehmen. Nur für Jürgen Bodeux schien der Fall klar. Nach späteren Aussagen von Zeugen im Schmücker-Verfahren, machte Bodeux damals den Vorschlag Norbert Behnke als Verräter »hinzurichten«.

Das alles schien den Mitgliedern der Wohngemeinschaft Gabelsberger Straße nicht geheuer. Bodeux machte viele Sprüche, wenn es aber um konkrete Arbeit ging, drückte er sich häufig. Anfang April 1974 setzte man ihn kurzerhand vor die Tür.

Als er ging, nahm er die Kasse der Roten Hilfe mit.

Jürgen Bodeux besann sich seiner brieflichen Kontakte zu »inhaftierten« Genossen. Er schrieb an Ilse Jandt, die in der Justizvollzugsanstalt Vechta einsaß.

Allen Bekannten aus der Zeit in Köln und Bonn ist Jürgen Bodeux als jemand in Erinnerung, der mehr durch militante Reden als durch konkrete Arbeit auffiel, und der nicht gerade durch politisches Wissen glänzte.

Dieser Eindruck wurde später im Schmücker-Verfahren durch das Gutachten eines Sozialarbeiters gestützt: Darin hieß es: »Ich hatte überhaupt den Eindruck, daß er eine eigene politische Überzeugung zu keiner Zeit gehabt haben kann. Als ich ihn fragte, warum er einer anarchistischen Ideologie gefolgt sei, wußte er keine Antwort zu geben.

Eine Observation wird observiert

In der Zwischenzeit hatte Götz Tilgener von Schmückers Anwalt Harald Loch die Akten und das Gedächtnisprotokoll über Schmückers Gespräche mit dem Verfassungsschützer Rühl besorgt. Es waren zwei zusammengeheftete und aus mehreren Teilen bestehende Schriftstücke. Der Anwalt hatte sie in einen großen Umschlag gesteckt und sich die Übergabe von Tilgener quittieren lassen.

Mit den Unterlagen begab sich Tilgener zum Bundesplatz, wo er im »Wienerwald« mit Ilse verabredet war. Von dort aus gingen sie — so sagte jedenfalls Tilgener später aus — zu Thorwald Proll, dem Bruder von Astrid Proll, der 1968 zusammen mit Andreas Baader und Gudrun Ensslin in Frankfurter Kaufhäusern Feuer gelegt hatte.

Ilse hoffte, über ihn direkten Zugang zu Inge Viett zu bekommen. Sie sprach ihn darauf an, aber Thorwald Proll schüttelte den Kopf. Wie sie denn auf eine solche Idee käme? Er habe zu den gesuchten Leuten keine Beziehung und wisse auch nicht, über wen er einen Kontakt herstellen könnte.

Daraufhin verabschiedeten sich die beiden und gingen in Tilgeners Wohnung in der Cuvrystraße. Götz Tilgeners Ehefrau Annelis war verreist. Sie waren dort also ungestört. Ilse und Billy rissen den Umschlag auf und lasen Schmückers Protokolle. Tilgener war entsetzt: »Wir haben diese Protokolle gelesen, und ich muß sagen, ich war sehr peinlich berührt, was da alles drin stand, wen er alles belastet hat, in welcher Weise.«

Anschließend gingen sie in die »Tarantel«. Während Tilgener dort wartete, besuchte Ilse Waltraud Siepert. Tilgeners Verhältnis zu Waltraud hatte sich wegen seines engen Kontaktes zu Schmücker abgekühlt. Nach einer Stunde kam Ilse zurück. Sie ließen sich von Volker von Weingraber im gelben VW-Bus zurück in die Cuvrystraße fahren. Kurz bevor sie dort ankamen, flüsterte Ilse Billy zu, in seiner Wohnung sei Besuch. Sie stieg allein aus, und Tilgener fuhr mit Weingraber weiter zum Lokal »Samira« in der Oranienstraße. Beim Abendessen erzählte Tilgener über die geplante Observation und bat Weingraber, der in der »Tarantel« als Kellner arbeitete, um Mithilfe. Zur Erläuterung fügte er noch hinzu, daß er die Vernehmungsprotokolle Schmückers inzwischen kenne, und daß deren Inhalt in krassem Widerspruch zu dem stehe, was Schmücker ihm früher gesagt habe. Dann ließ er sich in seine Wohnung zurückfahren.

»Am besten kommst Du nicht mit rein«, sagte er geheimnisvoll, »in meiner Wohnung findet gerade ein konspiratives Treffen statt.«

Tilgener sagte später in seiner Vernehmung: »Ich betrat die Wohnung und traf dort mit Frau Siepert zusammen. Die Begrüßung verlief außerordentlich kühl. Frau Siepert und Frau Jandt blieben in der Küche. Ich setzte mich ins Zimmer und arbeitete. Über die Gespräche zwischen Frau Siepert und Frau Jandt kann ich nichts sagen. Ich war bei diesen Gesprächen bewußt ausgeschlossen.«

Am nächsten Morgen ging Tilgener in die Zeughofstraße. Dort übergab er Farim, der in der Wohngemeinschaft übernachtet hatte, das »Rotbuch 107« mit dem Titel »Wie man gegenüber Polizei und Justiz die Nerven behält«.

Ein Kapitel in diesem Buch beschäftigt sich damit, wie die zaristische Geheimpolizei »Ochrana« Observationen und Gegenobservationen durchführte. Das erschien Tilgener als eine wichtige Vorbereitung auf die geplante Aktion.

Gegen Mittag traf er sich mit Ilse und deren Tochter Ines auf einem Abenteuerspielplatz in der Köpenicker Straße. Es war Karfreitag, der 12. April 1974. An diesem Tag sollte die Observation Schmückers stattfinden.

Pünktlich um 20.00 Uhr traf Tilgener in der Kellerkneipe in der Adalbertstraße ein. Schmücker war schon da. Unauffällig am Nebentisch saßen Annette und Wölli. Nach einer knappen Begrüßung verließen Tilgener und Schmücker gemeinsam das Lokal. In kurzem Abstand folgten Annette und Wölli. Tilgener führte Schmücker über einige Nebenstraßen zur »Tarantel«.

»Dort«, so erklärte er Schmücker, »treffen wir uns mit einer Person, die Du auch kennst.«

Schmücker war aufgeregt. »Ist das Inge Viett?«

»Nein, die nicht.«

Schweigend gingen die beiden nebeneinander durch die dunklen Kreuzberger Straßen. Plötzlich sagte Tilgener: »Übrigens habe ich die Protokolle gelesen. Ich bin ehrlich gesagt ziemlich entsetzt. Du hast mir etwas völlig anderes gesagt, als in den Papieren steht.«

Schmücker antwortete nicht.

»Wieso hast Du mir die Protokolle erst so spät zu lesen gegeben? Jetzt weiß ich nicht, ob ich Dir überhaupt noch helfen kann.« Dann lenkte er ein: »Auf jeden Fall müssen wir eine völlig neue Strategie entwerfen.«

Inzwischen waren sie an der »Tarantel« angekommen. Als sie die Tür öffneten, sah Schmücker in dem Lokal Ilse sitzen. Er war überrascht, sie in Berlin zu sehen und wußte nicht, ob er sich freuen sollte oder nicht. Unschlüssig blieb er an der Tür stehen. Da erhob sich Ilse, fiel Schmücker um den Hals und begrüßte ihn überschwenglich. Die drei setzten sich gemeinsam an einen Tisch. Tilgener winkte Volker von Weingraber heran und bestellte Wodka.

Sie hatten verabredet, daß in den Gläsern nur Wasser sein sollte. Tilgener begann, den Betrunkenen zu spielen. Als Weingraber ein Band auflegte, erhob sich Tilgener schwankend, ging hinüber zu Annette und forderte sie zum Tanzen auf. Leise fragte er, ob sie bei der Observation Verdächtiges gesehen hatte. Annette schüttelte den Kopf. Um sie unauffällig wieder loszuwerden, machte Tilgener Anstalten, Annette zu küssen. Sie gab ihm eine fingierte Ohrfeige, und Tilgener drehte sich um. »Dumme Zicke«, murmelte er und ließ sie stehen. Annette ging zurück an ihren Tisch und ließ sich demonstrativ von Wölli trösten. Das ganze Theater in der »Tarantel« dauerte etwa zwei Stunden. Irgendwann in dieser Zeit erzählte Ilse Schmücker, man traue ihm zwar nicht, wolle ihm aber eine Chance geben. Er habe die Möglichkeit, sich in einer Gruppe der IRA, der »Irish Republican Army« zu bewähren. So weit hergeholt und phantastisch das Angebot auch erschien — Schmücker schien es zu glauben. Als erste Stufe der Überprüfung verlangte man von ihm einen Fragebogen über seine Aussagen und seine Kontakte zum Verfassungsschutzagenten Rühl auszufüllen. Schmücker willigte ein. Kurz vor Mitternacht verabschiedete er sich, um die letzte U-Bahn zu erreichen. Tilgener und Ilse Jandt machten sich auf den Weg in die Cuvrystraße und übernachteten dort.

Am nächsten Morgen, es war der Samstag vor Ostern, ging Ilse Jandt zu Volker von Weingraber und holte eine elektrische Reiseschreibmaschine im schwarzen Plastikkoffer ab, die Tilgener am Freitagabend vergessen hatte mitzubringen. Die Maschine war in der »Tarantel« bereitgestellt worden, um die Aussagen Schmückers auf Matritzen zu schreiben, damit sie vervielfältigt werden konnten. Ilse kam mit der Schreibmaschine aber ohne das dazugehörige Elektrokabel zurück. Im Laufe des Nachmittags brachte Weingraber das fehlende Kabel nach.

Den Nachmittag über war Ilse nicht mit Tilgener zusammen. Sie traf sich mit irgendwelchen Leuten — mit welchen erfuhr Tilgener nicht. Gegen Abend kam die gesamte Wolfsburger Gruppe in Tilgeners Wohnung zusammen.

Es kam zu einem — wie Tilgener später formulierte — »ganz normalen Gruppengespräch«. Ilse erzählte zu Tilgeners Überraschung, daß sie die gesamte »Gegenobservation« in der »Tarantel« durch eine weitere männliche Person hatte überwachen lassen.

Ob Tilgeners Aussage hier stimmt, ist nicht bekannt. Falls es zutrifft, daß Ilse Jandt noch jemand anders in die »Tarantel« bestellt hatte, dann könnte das für den weiteren Verlauf der Geschichte äußerst wichtig sein. Wer war die Person? Etwa jener »Harry«, den Ilse in Wolfsburg treffen wollte, und der ihr nach Berlin gefolgt war?

Eines ist jedoch sicher: die »Gegenobservation« der Wolfsburger in der »Tarantel« wurde observiert — vom Landesamt für Verfassungsschutz Berlin. Ob diese Observation »zufällig« bei einer Routinebeobachtung des bekannten Anarcho-Treffpunktes »Tarantel« erfolgte, ob Schmücker die VS-Leute bestellt hatte — oder ob Ilse Jandt's »männliche Person« etwa nebenbei noch den Verfassungsschutz informiert hatte, ist bis heute unbekannt.

In einem amtlichen Schreiben jedenfalls teilte das Berliner Landesamt für Verfassungsschutz der politischen Abteilung der Polizei am 2. August 1974 mit:

»Wie ich Ihnen bereits mitgeteilt habe, hatte Schmücker versucht, Verbindungen zu terroristischen Gruppierungen aufzunehmen. So hatte er sich u.a. am Abend des 11.4.1974 in dem Lokal »Tarantel« in Berlin 36, Köpenicker Straße, mit Götz Tilgener und einer zunächst unbekannten Frau getroffen, die erst später als Ilse Jandt, geschiedene Bongartz identifiziert werden konnte. Bei der Observation dieses Treffens fielen in dem Lokal drei Personen auf, die ganz offensichtlich ebenfalls das Treffen zwischen Schmücker und den Genannten beobachteten. Diese Personen konnten jetzt wie folgt identifiziert werden:

1. Annette v. W., geb. 13.7.1955 in Düsseldorf
2. Wolfgang S., geb. 22.9.1955 in Braunschweig, wohnhaft Berlin 26, Cuvrystr. 49 bei Tilgener N.W.: Wolfsburg, Bäckergasse 2
3. Wolfgang Wesslau, geb, 30.6.1955 in Wolfsburg wohnhaft: Berlin 26, Cuvrystr. 49 bei Tilgener

Bei einer Observation des Ulrich Schmücker konnte im übrigen Schmücker mit einem ihn begleitenden Mann fotografiert werden, der bisher unbekannt geblieben ist.«

Diese Information gab der Verfassungsschutz erst zwei Monate nach der Ermordung Ulrich Schmückers an die ermittelnde Polizei weiter. Das im Nachsatz genannte Foto wurde dem Gericht erst 1976 ohne weitere Erklärungen vorgelegt. Der Verfassungsschutz verschwieg, bei welcher Gelegenheit dieses Observationsfoto gemacht worden war.

Noch eines ist merkwürdig: Der Karfreitag des Jahres 1974 war der 12. April — nicht der 11., wie es in dem Schreiben des Verfassungsschutz heißt. Das bedeutet: entweder fand die Observation bereits am Donnerstag statt — dann stimmt einiges in Tilgeners Aussage nicht. Oder der Beobachter auf Seiten des Verfassungsschutzes irrte sich im Datum.

Daß der Verfassungsschutz das Treffen in der »Tarantel« observiert hatte, ahnten die Wolfsburger nicht. In ihrem Gruppengespräch am Ostersamstag begannen sie eine Manöverkritik. Einer aus der Gruppe bemängelte, daß Farim in einem Lokal wie der »Tarantel« zur Tarnung ausgerechnet den »Stern« gelesen habe. Jemand anders kritisierte, daß Tilgener offensichtlich völlig betrunken gewesen sei, was dieser unter Hinweis auf den Wasser-Wodka zurückwies. Einer wagte auch anzudeuten, daß Ilse wohl etwas viel Alkohol getrunken habe.

Eine ganz normale Gruppendiskussion

Über den Verlauf des Gruppengesprächs sagte Tilgener später lakonisch: »Ilse teilte uns mit, daß der Beschluß gefaßt worden sei, Schmücker hinzurichten. Grund dafür seien seine Aussagen vor Gericht, und der Verdacht, er selbst arbeite als Spitzel für den Verfassungsschutz.«

Von wem Ilse den »Auftrag« zur Ermordung Ulrich Schmückers bekommen haben sollte, darüber machte Tilgener in allen seinen Aussagen nur Andeutungen. Mal wußte er es nicht so genau, mal hatten Ralf Reinders und Inge Viett die Anweisung gegeben, mal war die Gruppe selbst auf die Idee gekommen.

Auf jeden Fall, so Tilgener, sei es eine »normale Gruppendiskussion« gewesen, auf der über die Ermordung Ulrich Schmückers gesprochen wurde. Er selbst, Tilgener, sei ausgewählt worden, Schmücker hinzurichten. Irgendjemand aus der Gruppe habe gesagt: »Wie ist es, schießt Du? Du hast dem Schwein die ganze Zeit geholfen. Jetzt mußt Du beweisen, Daß Du noch ein Genosse bist.«

Tilgener will sich — nach seinen Aussagen — sofort dazu bereitgefunden haben, schließlich sei er in der Gruppe der einzige gewesen, der im »Combat-Schießen« ausgebildet gewesen sei und auch in schwierigen Situationen träfe.

Dann ging man — nach Tilgeners Angaben — dazu über, den groben Ablauf der Aktion zu planen. Als erste Stufe faßte man ins Auge, Schmücker einen Fragebogen vorzulegen, in dem er sein damaliges Verhalten erklären sollte. Die Fragen und Antworten wollte man dann, ergänzt durch einen theoretischen Anhang, als Rechtfertigungsschrift für die Hinrichtung der Öffentlichkeit übergeben. Weiter kam die Gruppe mit dem Aufstellen des Plans in der ersten Nacht nicht.

Am nächsten Morgen, es war der Ostersonntag, setzten sich Tilgener und Ilse Jandt zusammen und formulierten anhand von

Schmückers Vernehmungsakten und seines Gedächtnisprotokolles einen Katalog mit sechs Fragen. Die vier Papierbogen mit den für die Antworten freigelassenen Stellen brachte Götz Tilgener später zusammen mit Peter B. zu Ulrich Schmücker in seine neue Wohnung in der Lahnstraße.

Tilgener übergab Schmücker die Fragebogen. »Du weißt«, sagte er, »daß Du zur Bewährung in eine Gruppe der IRA aufgenommen werden sollst. Vorher mußt Du Dich rechtfertigen.«

Schmücker nahm die Papierbogen, überflog sie und setzte sich sofort hin, um die Fragen zu beantworten. Tilgener stellte fest, daß Schmücker vor Nervosität schweißnaß war.

Während Tilgener und sein Begleiter Schach spielten, brütete Schmücker drei Stunden lang über den fünf Fragen:

»1. Welches waren Deine Beweggründe, den Strafverfolgungsbehörden Auskunft über die Organisation Bewegung 2. Juni zu geben?

Antwort:

Zur Zeit meiner Aussage zur Bewegung 2. Juni war mir bekannt, daß H. Sommerfeld bereits umfassend ausgesagt hatte. Ich ging davon aus, durch meine Aussage den Behörden keine neuen Informationen zu geben und einige durch Sommerfeld belastete Genossen in ihr entlasten zu können.

2. Du warst Angehöriger der Bewegung 2. Juni und Du hast Mitglieder dieser Organisation durch Deine Aussagen belastet. Nenne uns bitte die Motivationen für Deine Gespräche mit den Staatsschutzbehörden der BRD!

Antwort:

In meinen Gesprächen mit einem Offizier des Verfassungsschutzes versuchte ich, Näheres über das Zustandekommen der Aussage Sommerfeld und den Stand der Ermittlungen zu erfahren. Ich versuchte auch, in vier Kassibern zwischen Ende Mai und Mitte November '72, Genossen vor dem Zugriff der Behörden zu warnen. Auch nach meiner Haftentlassung im Februar '73 warnte ich die M.s und Adomeit, daß dem VS ihre Waffenbeschaffung bekannt sei. Diese Informationen hatte ich aus den Gesprächen mit dem VS. Durch diese Gespräche versuchte ich ebenfalls, meine eigene Situation als von Sommerfeld Verratener zu verbessern, also aus der von mir empfundenen Ohnmacht im Knast herauszukommen, ohne selbst Genossen zu verraten. Daß dies falsch war, ist mir im Nachhinein klar! Die juristischen Implikationen meiner Aussagen und deren Funktion in den weiteren Strafverfahren war mir jedoch zu dieser Zeit nicht bewußt.

3. Als Angehöriger der Bewegung 2. Juni waren Dir internationale Kontakte dieser Organisation bekannt. Durch Deine Aussagen vor den Staatsschutzbehörden der BRD hast Du die internationale revolutionäre Bewegung behindert und gleichzeitig die Arbeit nichteuropäischer Geheimdienste verstärkt und gefördert. Wie stellst Du Dich dazu?

Antwort:

Meine Aussagen zu internationalen Kontakten beschränkten sich auf die Kontakte zur PFLP und lassen sich grob in drei Kategorien unterteilen:

a) Aussagen zur vereinbarten Kooperation zwischen der PFLP und der Bewegung 2. Juni: Die von Sommerfeld zu diesem Thema gemachten Angaben führte ich aus, formulierte sie detaillierter und vermischte sie mit mir belanglos erscheinenden Informationen. Ich versuchte dabei, nicht (zumindest in wichtigen Dingen nicht) über das hinauszugehen, was durch Sommerfeld bekannt war.

b) Hintergrund-Informationen, die mit meinen Kontakten zur PFLP nichts zu tun hatten, die ich zum Teil den bürgerlichen Medien entnommen oder frei konstruiert hatte: sie dienten dazu, meine Aussage umfassend erscheinen zu lassen.

c) Aussagen zum Verhandlungsablauf und zur Sprengstoffübergabe: Hier ging es mir darum, Detlef Z. und die beteiligten PFLP-Genossen zu decken; meine Aussagen zum Verhandlungsablauf sind größtenteils falsch, einige Treffen und Gespräche frei erfunden, andere weggelassen, Zeitpunkte z.T. um einen Monat verschoben. So blieb Z. zwar Kontaktvermittler, ich konnte aber glaubhaft darstellen, daß er vom Inhalt der Gespräche nichts wußte. Die beteiligten PFLP-Genossen habe ich nicht identifiziert, obwohl mir wiederholt ihre Photos vorgelegt wurden, von verschiedenden Behörden. Ich habe sie immer nur als Araber o.ä. aufgeführt, obwohl zwei von ihnen Nordeuropäer waren. Ich führte die Polizei an den Übergabeort in Braunschweig in der sicheren Annahme, daß die Übergabe abgesichert sei und diese Spur zu nichts führe.

Dank meiner Vermittlung hatte die Bewegung 2. Juni auch Kontakte zu politischen Organisationen in Italien und einer revolutionären Organisation im amerikanischen Mittelwesten (Minneapolis, Chicago). Zu diesen Kontakten habe ich keinerlei Aussagen gemacht, da davon Sommerfeld nichts bekannt war.

Ich meine nicht, durch meine Aussagen die Arbeit nichteuropäischer Geheimdienste verstärkt und gefördert zu haben, habe aber die internationale revolutionäre Bewegung in zwei Aspekten behindert:

a) Mein Verhalten mußte für alle Beteiligten als »Umfallen im Knast« erscheinen, sie verunsichern und ihre Kooperationsbereitschaft mit deutschen Organisationen in Frage stellen, was wohl auch zum Abbau einiger Kontakte geführt hat.

b) Durch meine Aussagen (welchen Inhalts auch immer) gab ich den faschistischen Medien Material für ihre Hetzkampagne gegen die palästinensische und arabische Revolution. Diese Möglichkeit hatte ich damals naiverweise ausgeschlossen.

4. Welches waren Deine Gesprächspartner bei den von Dir vertraulich geführten Gesprächen?

Antwort:

Peter Rühl (wahrscheinlich Deckname) Agentenobmann des West-Berliner Verfassungsschutzes, verantwortlich für die Abwehr revolutionärer Organisationen in Berlin + BRD Tel. 870591-4218, Hausanschluß 60

Weitere Gespräche (weniger vertraulich):

a) Schmidt, Günter Abt. I

b) Thiele 1 StA

5. Wie kamst Du zu der Annahme, daß manche Deiner Aussagen für Dich lebensgefährlich sein könnten?

Antwort:

Dieser Annahme war ich nie! Die entsprechenden Passagen meiner Aussagen sollten eine Veröffentlichung (Presse) verhindern, mein Umfallen durch Simulation von Angst total erscheinen lassen und so meine Glaubwürdigkeit stärken.

Eine solche Annahme widerspräche meinem gesamten Verhalten nach meiner Entlassung (Kontaktaufnahme zu Genossen, Aufenthalt in Damaskus und Beirut im Juli/August '73).

6. Welche Möglichkeiten siehst Du für nationale und internationale revolutionäre Organisationen, sich nachhaltig vor Konterrevolutionären und Verrätern zu schützen?

Antwort:

a) Sorgfältigere und bessere Planung von Aktionen, also tendenzielles Ausschalten von Fehlern und Verlusten.

b) Intensive Vorbereitung der Genossen auf den Fall einer Gefangennahme (fehlte bei der Bewegung 2. Juni völlig!). Jeder muß in der Lage sein, sich im Knast (psychisch) und in der Konfrontation mit der Klassenjustiz — (auch juristisch) — zurechtzufinden. Dazu gehört auch eine gute Betreuung durch Anwalts-Genossen, die sich nicht nur auf »Prominente« beschränkt, und eine Neuorientierung der Arbeit der Roten Hilfe.

c) Ein besseres System der Abschottung innerhalb der Organisation (nicht durch Mißtrauen zu erreichen!), das jeden einzelnen nur soviel an konkreten Daten, Namen etc. wissen läßt, wie er unbedingt braucht, ihn aber nicht vom Gesamtzusammenhang isoliert. Z.B. eine Methode, auch taktische Fragen zu diskutieren und Inhalte zu vermitteln, die nicht an konkreten Daten festgemacht werden.

d) Gestalten einer menschlichen, bedürfnisgerechten (soweit möglich) Lebenssituation in den Kommandogruppen, — dort Revolutionierung aller Lebensbereiche, keine Trennung politische Arbeit/Privatleben, Kopf/Bauch etc. — die so lange eben möglich legal leben und sich reproduzieren sollen (kein Zugzwang aus der Illegalität heraus — »Schwimmen im Wasser!«). In solchen Lebenszusammenhängen können Existenzängste beseitigt und dadurch dem Verrat die ökonomischen und psychologischen Grundlagen entzogen werden. Das heißt: die Schaffung von Lebenszusammenhängen, die im Stadium des revolutionären Kampfes (Negation des Imperialismus) schon — soweit unter den gegenwärtigen Umständen möglich — die Entwicklung alternativer Lebensformen (also die dialektische Aufhebung der bloßen Negation) zulassen, macht Verrat tendenziell unmöglich.

Wir müssen lernen, mit dem bewaffneten revolutionären Kampf zu leben!

Ich fühle mich weder als Konterrevolutionär — da ich, wenn mein Verhalten der Konterrevolution diente, mich ihrer Verfügung entzogen habe — noch als Verräter, weil ich niemanden verraten habe, durch mein falsches Verhalten Verrat eindämmen wollte. Ich habe schwere Fehler gemacht, Fehler, die zurückgeführt werden können auf meine damalige psychische Konstitution, die das Resultat mangelnder Über-Ich-Bewältigung in meiner damaligen Lebenssituation als Student war, aber auch auf Fehler meiner Gruppe in der Bewegung 2. Juni. Diese Fehler haben mich schwer belastet und drängen — wo das noch nicht geschehen ist — nach Aufarbeitung. Aufarbeitung, die nur im revolutionären Kontext möglich ist.«

Nachdem Schmücker die Fragen schriftlich — mit der Hand — beantwortet hatte, packte Tilgener die Bogen wieder zusammen und fuhr zurück in die Cuvrystraße. Dort traf er mit den anderen Gruppenmitgliedern zusammen. Er reichte den Fragenkatalog, Schmückers Aussageakten und das Gedächtnisprotokoll zum Lesen herum. Dann wurde wieder diskutiert.

Tilgener schilderte später den Mordplan, der anfangs eher den Charakter eines revolutionären Indianerspiels hatte: »Da besprachen wir dann in groben Zügen den Plan, wie wir den Schmücker am besten erschießen sollten. Das heißt, es stand von Anfang an gar nicht fest, ob wir Schmücker überhaupt erschießen. Es wurde auch überlegt, ob man ihn vielleicht erdrosselt oder ersticht. Von irgendwelchen Leuten brachte einer den Vorschlag mit, daß man Schmücker am zweiten Jahrestag der Festnahme, am 7. Mai, auf dem Parkplatz in Bad Neuenahr eingegipst in das gleiche Fahrzeug setzt, das die Leute damals gefahren haben, einen Fiat 124.

Den Plan mit dem Eingipsen haben wir allerdings ziemlich bald fallengelassen, weil uns das technisch zu schwierig erschien. Der Aufwand erschien uns zu groß. Da sagte einer: 'Wieso den Kerl eingipsen? Man kann den doch einfach so in dem geklauten 124 abstellen. Mit einem Schild um den Hals:'Ich bin der und der'. Dann haben wir den Plan gefaßt, eine Presseerklärung anzufertigen, die wir anläßlich seiner Hinrichtung herausgeben wollten. Schütze sollte ich sein, und zwar weil ich dem Schmücker die ganze Zeit weitergeholfen hatte, die ganze Zeit vorher, das ganze Jahr 1973.

Ich sollte mich also durch diesen Schuß rechtfertigen. Im übrigen, als zweiter Grund, war ich der einzig verfügbare, der eine gründliche Schießausbildung genossen hatte. Wir wollten ihn ja nachts erschießen, und da war ich der einzige, der in einer schwierigen Situation, vielleicht sogar in einer Kampf-Situation, trifft. Möglicherweise war Schmücker ja auch bewaffnet.

Einer machte den Einwurf: 'Bei einem Kopfschuß und den dann ins Auto legen, der blutet dann doch alles voll. Was machen wir denn da?' Dann kam der Vorschlag, man könnte ihm doch vielleicht — wenn man mit einem Kleinkalibergewehr schießt — einen Tampon in das Loch an der Stirn stopfen. Das ist recht makaber. Allein schon das schildert ziemlich gut die Situation und die Anspannung, in der wir uns befanden. Es ging schließlich und endlich darum, den Typen umzulegen.

Wir überlegten dann anhand einer Landkarte hin und her, wo wir das am besten machen könnten. Wir planten die Fluchtrichtungen und Wege und verwarfen viele wieder. Dann kamen wir auf den Plan, Schmücker in der Nacht vom 6. auf den 7. Mai im Raum Bonn zu erschießen und ihn dann auf diesem Parkplatz in Bad Neuenahr abzustellen. Direkt an der Tat beteiligt sein sollten Wölli und ich. Wölli als mein Fahrer und ich als Schütze. Als weiteren Fahrer wollten wir noch den Peter B. dabeihaben. Der bat sich aber Bedenkzeit aus und wollte der Ilse mitteilen, ob er bereit sei, an der Tat teilzunehmen. Ich hatte damals schon den Eindruck, daß er nicht dazu bereit war.«

Um Schmücker nach Westdeutschland zu locken — das sah der Plan nach Tilgeners Aussagen weiterhin vor — sollte ihm mitgeteilt werden, er solle sich dort mit einem Abgesandten der IRA treffen, um mit ihm die Modalitäten seiner Mitarbeit in der Irish Republican Army zu erörtern. Nachdem die Gruppe den Tatablauf soweit grob geplant und vorbesprochen hatte, trennte man sich.

Die Wolfsburger wollten zurückfahren, während Tilgener noch in Berlin blieb, um die von Schücker ausgefüllten Frageborgen im Offsetdruckverfahren vervielfältigen zu lassen.

Ein professioneller Terrorist

Unterdessen wohnte jener mysteriöse »Harry« bei Freunden in der Liegnitzer Straße. Dort spielte er den professionellen Terroristen. Er stieg mit einem Wanzen-Suchgerät auf Tische und Schränke und suchte die Wände nach Abhör-Mikrofonen ab.

Harry hatte Ilse ausrichten lassen, daß er jederzeit unter dieser Adresse zu erreichen sei. Am Ostermontag ging er auf eine Party beim »Häftlingskollektiv« in der Nansenstraße. Am Dienstag nach Ostern, so sagte er später aus, sollte das Treffen mit Ilse Jandt stattfinden. »Osterdienstag« nannte er diesen Tag, den 16. April 1974, in mehreren Vernehmungen. Diese Aussagen können kaum stimmen, denn nach einer Eintragung in Ilse Jandt's Reisepaß hatte sie Berlin an diesem Tag bereits um 18.00 Uhr verlassen und war in die DDR eingereist.

An jenem »Osterdienstag« also will Jürgen Bodeux Ilse Jandt zum ersten Mal gesehen haben. Am Nachmittag kam sie zu ihm in die Liegnitzer Straße. Bodeux gab später zu Protokoll: »Sie machte auf mich einen sehr anziehenden, warmen Eindruck, und ihre Begrüßung fiel sehr freundschaftlich aus. Noch in der Wohnung sagte sie mir, sie hätte mich tags zuvor in der Kommune-Wohnung Nansenstraße gesehen.

Ilse wollte das Gespräch in einem Cafè fortsetzen. So machten sich Bodeux, eine in der Wohnung anwesende Freundin namens Ulrike und Ilse auf den Weg zum Kottbusser Tor. »Dort eingetroffen«, so Bodeux in seiner Aussage, »wurde Ilse Jandt ziemlich konkret. Sie erzählte in dem Café erst einmal von ihren persönlichen Erlebnissen, u.a. daß sie ihren Mann Wolfgang Jandt, hinausgeworfen habe. Ihrer Meinung nach war er zu pazifistisch. Ihren Erzählungen nach hatte sie sich in Wolfsburg mit guten Genossen zusammengefunden und mit diesen konkrete Gespräche geführt. Diese Gruppe wollte politisch aktiv arbeiten, und bei weiteren Kontakten sollte ich mich vertrauensvoll mit jedem Angehörigen dieser Gruppe gleichberechtigt unterhalten können als ob ich mit ihr spräche. Für die Gruppenarbeit würde, so erzählte Ilse Jandt weiter, das dazu erforderliche Material benötigt. Unter anderem würden Waffen und Fälschungsutensilien fehlen. Ihre Fragen schienen mir sehr direkt zu sein, da sie mich ja lediglich durch Briefkontakte kannte.

Auf ihren Wunsch hin versprach ich, mich nach entsprechendem Material umzuhören, insbesondere benötigte sie Führerscheine. Wie sie erklärte, hatte keiner der Wolfsburger Gruppe einen Führerschein.«

Nach etwa zwei Stunden habe man sich getrennt. Bodeux versprach, sich in Wolfsburg zu melden, wenn er die gewünschten — oder angebotenen? — Gegenstände besorgt habe.

Gegen 22.00 Uhr am selben Abend kam Ilse Jandt — nach Bodeux's Aussagen — noch einmal in die Liegnitzer Straße. Sie stellte Bodeux ihren Begleiter »Farim« vor und forderte Bodeux auf, mit ihr einen Augenblick unten auf der Straße spazierenzugehen. Während Farim bei Ulrike in der Wohnung blieb, verließen Ilse und Bodeux das Haus.

»Ilse verlangte von mir ganz konkret die Beschaffung eines 'Schraubenkrallers'. Als sie mir die Verwendung erklärte, begriff ich, daß sie damit einen Schloßauszieher meinte, den wir im allgemeinen als 'Korkenzieher' bezeichneten. Weiterhin wollte sie eine Waffe, es war ihr egal welche, jedoch sollte es keine kleinkalibrige sein. Sie hat mir den Grund der Beschaffung nicht genannt, und ich habe auch keine Fragen gestellt. Für mich schien klar, daß es sich um eine Geldbeschaffungsaktion der Wolfsburger handeln würde, zumal mir bekannt war, daß die Gruppe in finanziellen Schwierigkeiten war und auch keiner Arbeit nachging.«

Bodeux versprach, sein bestes zu tun und sich in etwa zwei Wochen telefonisch in Wolfsburg zu melden. Dann gingen die beiden wieder zurück und plauderten noch eine Weile. Kurz vor Mitternacht verabschiedeten sich Ilse und Farim.

Der wirkliche Ablauf dieses Treffens — falls es überhaupt stattgefunden hat — ist unbekannt. Ulrike Sch., die ja angeblich zusammen mit Farim in der Wohnung geblieben war, konnte oder wollte sich an nichts erinnern.

Ein bis zwei Tage nach Ostern, wahrscheinlich am 17. April 1974, fuhr Bodeux per Anhalter zurück nach Bonn.

»Habt keine Angst um mich«

Die Ostertage hatten Ulrich Schmücker wieder ein wenig Auftrieb gegeben. Die Gespräche am Karfreitag in der »Tarantel« ließen ihn hoffen, doch wieder in die »Szene« aufgenommen zu werden.

Es schien, als habe er die abwegige Geschichte, ausgerechnet die IRA würde unsichere Kantonisten zur »Bewährung« aufnehmen, tatsächlich geglaubt. In seiner Verzweiflung schien er sich an jede noch so geringe Chance zur Wiedereingliederung in die »Bewegung« geklammert zu haben.

Einen oder zwei Tage nach dem Treffen in der »Tarantel« schrieb er den lange versprochenen Brief an seine Eltern.

Ostern '74

Ihr Lieben!

Ich möchte zunächst auf die Gründe, die mich zum Verlassen meiner Gruppe zwangen, und meine Stellung dazu eingehen: Wie Euch bekannt ist, stand ich während meiner U-Haft in Verhandlungen mit einem Offizier des Bundesamtes für Verfassungsschutz (VS). Da der VS ein Geheimdienst ist, fanden unsere Gespräche unter vertraulichen Bedingungen statt und befinden sich die entsprechenden Unterlagen und Akten in einem Archiv des VS, sind also weder anderen Dienststellen (Polizei, Justiz) noch der Öffentlichkeit (Presse, Rechtsanwälte usw.) zugänglich. In den Gesprächen ging es u.a. um eine mögliche Agententätigkeit für den VS, die mit meiner Flucht aus dem Knast beginnen sollte; ein weiteres Resultat war meine — aus welchen Gründen auch immer gemachte — Aussage vom Juli '72. Die Hintergründe dieser Aussage, also der gesamte Verhandlungsverlauf, sind für Außenstehende undurchsichtig, zwielichtig.

Nach meinem Prozeß und der Entlassung aus der Haft gab es für mich (theoretisch) vier Möglichkeiten:

1. Das dreckige Spiel, das mir die Justiz durch den ganzen Verhandlungsverlauf nach meiner Aussage anbot, mitzuspielen, d.h. die wacklige Aussage des Hauptbelastungszeugen Sommerfeld in den weiteren Prozessen gegen Genossen abzustützen, und als Belohnung Straferlaß und Studienmöglichkeit (= Aufbau einer bürgerlichen Existenz) zu kassieren. Dieser Weg (hier nur als theoretische Möglichkeit aufgeführt) war für mich ungangbar, weil er meinem Denken, meinem Engagement, meiner Identifizierung mit der gerechten Sache der internationalen revolutionären Bewegung widersprach, und weil eine bürgerliche Existenz für mich *keine* Lebens-, Selbstverwirklichungsmöglichkeit darstellt. Ich hoffe, das ist auch Euch inzwischen klar!

2. Ich hätte meine Strafe absitzen und bei den Prozessen die in meinem Gedächtnisprotokoll aufgeführten Sachverhalte darlegen können. Ich zog diese Möglichkeit ernsthaft in Betracht unter der Voraussetzung, daß damit den inhaftierten Genossen geholfen werden könnte. Bei meinen Gesprächen mit den entsprechenden Anwälten, — spätestens nach der Aussage Heinz Brockmann —, stellte sich aber ganz klar heraus, daß durch solch ein Selbstopfer niemandem geholfen wäre. Auch für mich selbst hätte ich dadurch nichts erreichen können, auch keine Aufarbeitung der großen Knastproblematik.

3. Ich hätte zum Studium (oder sonstwas) ins Ausland gehen können. Damals — und auch im Nachhinein — erschien mir ein Untertauchen im Ausland zu dieser Zeit (Februar bis Mai '73) als *Flucht*, Flucht vor den Konsequenzen meiner Aussage, Flucht vor der Konfrontation mit den kritischen Fragen der Genossen, Flucht vor der selbstkritischen und konsequenten Aufarbeitung meiner Knastvergangenheit, jedoch »Im-Stich-Lassen« der inhaftierten Genossen. Schweden z.B. war *keine* Alternative für mich! Das war mir nur nicht immer klar, wie Ihr wißt, ist es aber jetzt. Ich wäre dort meine »Gewissenslast« (mir fällt nichts besseres ein) nicht losgeworden, hätte sie höchstens verdrängen können, und wäre wohl als gebrochener, lebensunfähiger Mensch daraus hervorgegangen.

4. Ich konnte versuchen, wieder im revolutionären Kontext zu arbeiten, einen Platz in der Bewegung in Deutschland einzunehmen und im direkten Zusammenhang mit der politischen Praxis (eine andere Möglichkeit dazu gibt es nicht) meine Knastvergangenheit mit allen

Implikationen aufzuarbeiten. Sobald ich eine — wenn auch nur geringe — Chance dazu sah (April '73), war Schweden für mich passé und ich nahm diese wahr.

Alles, was ich seitdem gemacht habe (anfängliches Durchhängen wegen der Isolation in Berlin, Nah-Ost-Aufenthalt, Kommune, Verhältnis mit Usch etc.) steht damit in Zusammenhang.

Wie ich nun leider habe feststellen müssen, ist es mir nicht gelungen, Licht in das Dunkel der damaligen Knastgeschehnisse zu bringen, meine eigene Stellung in den Augen der Genossen zu klären und so das Mißtrauen, das mir verständlicherweise entgegengebracht wurde, abzubauen. Da in einer revolutionären Organisation, deren Mitglieder langjährige Inhaftierung und sogar ihr Leben riskieren, unter den gegenwärtigen Bedingungen niemand arbeiten kann, dem man nicht rückhaltlos vertraut, wurde ich konsequenterweise ausgeschlossen. Das betrifft nicht nur meine Gruppe (der Ausschluß wurde auch nicht nur in Berlin diskutiert und beschlossen), sondern die Bewegung in ganz Deutschland, ja in ganz Mitteleuropa, denn mein Fall ist auch im europäischen Ausland bekannt. Die offizielle Argumentation ist etwa folgende: Die Bewegung ist z.Zt. so schwach und so leicht umzuschlagen (siehe Verhaftungen in Hamburg und Frankfurt; die Reaktion arbeitet mit immer perfektionierteren Mitteln und Methoden), daß man es sich nicht leisten kann, mit jemandem zusammenzuarbeiten, der sich durch eine Aussage disqualifiziert hat und nachher nicht restlos rehabilitieren konnte. Das heißt nicht, daß man mich für einen VS-Agenten hält: man kann aber die Möglichkeit — und sei die Wahrscheinlichkeit auch nur 5 Prozent — nicht ausschließen. Deshalb ist es richtig und für die Sicherheit der Genossen unumgänglich, zu dem radikalen Mittel des Ausschlusses zu greifen.

Wenn auch der Ausschluß für mich hart, sehr hart ist, schließe ich mich dieser Argumentation an, hätte wahrscheinlich selbst nicht anders entschieden. Das Experiment, eine bewaffnete Kommandogruppe *mit mir,* Ulrich Schmücker, aufzubauen, ist also gescheitert, — letztlich an meiner eigenen Unfähigkeit, die damaligen Ereignisse ins rechte Licht zu rücken. Man kann diese Sache nicht verobjektivieren, eine stalinistische Säuberungsaktion wittern, denn mein Fall ist verknüpft mit meiner rein individuellen Geschichte, die in Deutschland nicht ihresgleichen hat. Alles, was ich zu den Möglichkeiten und Perspektiven revolutionärer Gruppenentwicklung gesagt habe, ist und bleibt also gültig und realisierbar, nur eben nicht mit mir.

Ich bin also nicht sauer auf die Mitglieder meiner Gruppe, habe Verständnis für ihre Position und bin ihnen eher dankbar, dankbar nicht für den Rausschmiß, sondern für die Zeit, die ich mit ihnen zusammensein konnte und für all das, was wir zusammen machen konnten. Unser Zusammenleben hat bei mir Lernprozesse ausgelöst, die anders gar nicht denkbar gewesen wären. Ich habe mich im letzten halben Jahr sehr verändert, — wie ich meine, sehr positiv entwickelt —, habe Bezüge zu vielen Dingen (besonders praktischen Sachen und *menschlichen* Lebensformen) gewonnen, die mir bislang durch meine Erziehung verwehrt geblieben waren, und mich so auf der ökonomischen (Reproduktions-) wie auch auf der Bewußtseinsebene *proletarisiert,* also revolutioniert. Durch die bewußte Erfahrung militanter Veränderung in allen Lebensbereichen wurde mein Selbstbewußtsein, meine Persönlichkeit gestärkt, wurde ich psychisch stabilisiert, so daß ich nun viel selbständiger, lebens- und überlebensfähiger daraus hervorgehe, — ob in genügendem Maße, wird die Zukunft zeigen.

In diesem Zusammenhang — gerade nach meinem letzten Besuch bei Euch — »gesunden Egoismus« und Mißtrauen zu fordern ist völlig unangebracht, weil ein solches Verhalten das Mißtrauen und die Solidarität, die wir so dringend benötigen, hintertreibt, den Einzelnen noch mehr isoliert und auf sich selbst zurückwirft, und so, statt aus der Misere heraus, nur noch weiter Ratschläge, die ich — vermutlich durch geschickte Manöver der Klassenjustiz, denn andere inhaftierte Genossen hörten fast wörtlich dasselbe von ihren Verwandten — von Euch im Knast zu hören bekam (»Politik ist ein schmutziges Geschäft; nur die Großen profitieren davon«, »Denk doch endlich mal an dich selbst« etc.). Ratschläge, die mir nicht im Geringsten weiterhalfen, die mir nur die Trennung zwischen der Aufarbeitung meines — zum Teil durch Eure Erziehung vermittelten — bürgerlichen Über-Ichs und meiner Zuneigung zu Euch erschwerten (was in nicht geringem Maße zu meinem damaligen Fehlverhalten beitrug).

Versteht mich nicht falsch, ich mache Euch *keine Vorwürfe;* ich bringe nur diese Kritik mit der selben Offenheit und Unverblümtheit an, wie ich sie in unserer Beziehung — soll sie Zukunft haben — für notwendig erachte und in allen Beziehungen fordere. Auch weiß ich, daß diese Ratschläge wirklich wohlgemeint sind und waren und daß Euch ihre möglichen Auswirkungen nicht bewußt sind, da es Euch kaum möglich ist/war, meine heutige/damalige Situation und deren Hintergründe zu durchschauen. Nur, seid nicht traurig, wenn ich diese Ratschläge nicht befolge, denn für meine Entscheidungen und mein Verhalten bin ich letztlich selbst verantwortlich. Das ändert nichts daran, daß ich Euch für die Unterstützung, die Ihr mir oft versucht habt zu geben, dankbar bin.

Zum Abbruch meiner Beziehung mit Usch möchte ich sagen, daß Usch sich von mir getrennt hat, vorläufig nichts mehr mit mir zu tun haben will, was für mich wegen meines starken emotionalen Engagements wahnsinnig schwer ist und worunter ich sehr — zeitweise zu sehr — gelitten habe. Auch für sie war es nicht leicht, für ihre weitere Entwicklung aber wohl notwendig. Usch ist eine so starke Frau, daß ich mir keinerlei Sorgen um sie und das Kind, das sie gebären wird, mache und zuversichtlich an die Zukunft der beiden denke. Das Kind wird — zusammen mit anderen Kindern — in einer Gruppe guter Leute aufwachsen, Bezugspersonen und alles was es braucht haben, sich gut, sozial entwickeln und stark werden. Diese Kinder werden viel stärker sein als wir, weil sie in einer viel offeneren, menschlicheren und bedürfnisgerechteren Atmosphäre aufwachsen. Wir werden später von unseren Kindern lernen müssen!

Meine Anwesenheit ist also für die gesunde Entwicklung des Kindes unnötig. Diese Gewißheit macht es mir viel leichter, auf den Wunsch, mit Usch und dem Kind zusammenzuleben, für längere Zeit zu verzichten; ich sage bewußt »für längere Zeit«, denn wenn wir uns in die selbe Richtung entwickeln, werden unsere Wege sicherlich wieder zusammenführen. Die harte Nuß, die ich zu Knacken habe, mein emotionaler Bezug zu den beiden, ist für ihre Zukunft unwesentlich. Wenn Ihr sie mit Baby-Wäsche u.ä. unterstützen wollt (wofür ich Euch dankbar wäre), dann schickt die Sachen *bitte noch im Mai* (nachher ungewiß) an das Studio für Gestaltung, 1-36, Zeughofstr. 20, Fabrikgelände, und seid nicht enttäuscht oder verärgert, wenn keine Bestätigung oder sonstige Reaktion erfolgt, okay?

Nach meinem Ausschluß — ich habe also nicht auf der Straße gesessen — zog ich in eine Neuköllner 1-Zimmer-Wohnung, die ich ursprünglich für meinen ägyptischen Freund besorgt hatte (von einem anderen gemietet, ohne Verpflichtungen). Die Wohnung gefiel mir anfangs überhaupt nicht; doch nachdem ich eine Woche rumgewerkelt und sie ganz nach meinem Geschmack eingerichtet hatte, fühlte ich mich ganz wohl in ihr und hatte dabei gelernt, daß ich fast jede Umgebung mit einfachen Mitteln meinen äußerlichen Bedürfnissen entsprechend gestalten kann (habe dafür nicht einmal 10 DM ausgegeben).

Ich mache ein paar Fotos, die ich Euch dann zuschicke; habe leider keine Fotos aus der Zeughofstraße. Dort war es zig-mal besser, doch ein bißchen von dem könnt Ihr auch hier wiederfinden.

Erst nachdem die Wohung soweit fertig ist und ich mich ein wenig eingelebt habe, schreibe ich Euch den versprochenen Brief; ich wollte Ruhe (auch innere) und Zeit dazu haben, denn dieser Brief ist die einzige schriftliche Fixierung des Elends meiner Aufarbeitung der gegenwärtigen Situation. Ich möchte Euch deshalb bitten, ihn an sicherem Ort aufzubewahren, so daß ich ihn später vielleicht noch einmal lesen kann.

Für meine Zukunft sehe ich z.Zt. zwei Möglichkeiten:

1. Der Ausschluß ist nicht auf Lebenszeit; man hat es offen gelassen, daß ich nach einem Ausbau und einer Konsolidierung der Bewegung in Deutschland sowie nach einem Fortschreiten meiner persönlichen Entwicklung vielleicht doch wieder in Deutschland arbeiten kann, und mir geraten, für einige Jahre ins Ausland zu gehen, was ich ohnehin gemacht hätte. Ich habe also die Unterlagen aus Karatschi angefordert und stehe in Verbindung mit der Botschaft. Auch heute ist Pakistan keine Alternative zu dem, was ich eigentlich machen will, bietet mir aber von allen verbleibenden Möglichkeiten die besten Perspektiven. Ich fühle mich jetzt stark, selbständig und fähig genug, um mich in Pakistan zurechtzufinden und mir dort eine Existenzgrundlage zu schaffen. Kommt es dazu (als einzige wahrscheinlich, siehe 2. Möglichkeit), werde ich im Mai, Juni und Juli hier arbeiten, genügend Geld sparen, um dort ein Jahr zu überleben — Zeit genug, um neue Reproduktionsmöglichkeiten (z.B. als Deutschlehrer) zu finden — und wahrscheinlich Mitte bis Ende August — abreisen. Ich komme dann

Anfang August — wenn eben möglich — noch einmal nach Bad Neuenahr.

2. Durch ihre Fürsprache und ihren starken persönlichen Einsatz für mich haben einige Genossen eine erneute Untersuchung der Geschehnisse während meiner Haftzeit erreicht. Die nationale und internationale revolutionäre Bewegung ist dann vor einigen Tagen noch einmal ganz offiziell an mich herangetreten, hat eine Stellungnahme zu meinem damaligen Verhalten gefordert und mir eine Möglichkeit in Aussicht gestellt, die ich Euch aus Geheimhaltungsgründen nicht darlegen kann. Ich kann Euch nur das dazu sagen, was *für Euch* wichtig ist. Von der Überprüfung meiner Stellungnahme und einigen Verhandlungen wird es abhängen, ob mir diese Chance geboten wird oder nicht. (Die Entscheidung ist innerhalb der nächsten Wochen zu erwarten. Falls sie — wie ich hoffe und mir sehnlichst wünsche — positiv ausfällt, werde ich ganz schnell verschwinden und lange Zeit für Euch nicht mehr erreichbar sein.) Arno wird sich dann um einige Sachen hier in der Wohnung kümmern, und ich lasse Euch, wenn möglich, noch eine kurze Nachricht zukommen. (Seid darum bitte nicht traurig und weint nicht dem »verlorenen Sohn« hinterher, denn eigentlich habt Ihr mich dadurch gewonnen und nicht verloren, weil ich mich selbst dadurch gewinne.) Diese Chance entspricht genau dem, was ich die ganze Zeit wollte, all die Jahre hindurch im Kopf hatte, und was ich davon mache, ob ich mich dabei bewähre oder nicht, ist dann allein meine Sache, denn niemand legt mir dann mehr Steine in den Weg. (Diese Chance ist für mich *einmalig,* wenn ich sie bekomme, dann jetzt und kein zweites Mal in meinem Leben; sie ist *die* Möglichkeit, mich zu verwirklichen!)

Denkt doch daran, daß es besser ist, wenn ich woanders bin und es mir gut geht (dessen könnt Ihr dann sicher sein), als ob ich in Eurer Nähe bin und es mir dreckig geht. Habt auch keine Angst um mich, denn ich bin stark genug, um mit vielen Situationen fertig zu werden, und wo das noch nicht der Fall ist, werde ich es lernen müssen. Wenn mir dieser Weg offen steht, werde ich ihn gerne gehen, auf eigenen Wunsch, ohne Druck, ohne Beeinflussung irgendwelcher Genossen und mit all meiner Kaft; macht deshalb bitte niemanden dafür verantwortlich, niemand außer Nixon, Brandt, Genscher, Springer und ihre

Mörderbande, niemand außer der Verwalterklasse des internationalen Monopolkapitals und ihren faschistischen Schergen.

Ich hoffe auf positiven Bescheid, denn er bedeutet für mich *Leben!*

Bis zum Eintreffen des Bescheides werde ich in Richtung Pakistan weitermachen — also auch in dieser und der nächsten Woche an dem Druckerkursus teilnehmen —, denn falls er negativ ausfällt, kann ich mir eine Verzögerung meines Arbeitsbeginns nicht leisten; ich stände dann auch weiterhin mit Euch in Verbindung und ließe von mir hören.

Alles für den Sieg der Weltrevolution!

Ein Tatort wird ausgekundschaftet

Während Ulrich Schmücker eine »positive Antwort« erwartete, ließ Tilgener den Fragebogen in hundert Exemplaren vervielfältigen und fuhr dann in die Zeughofstraße. Er wollte dort Schmückers ehemalige Freundin Usch treffen, die zusammen mit zwei Mitbewohnern eine Auto-Reise nach England vorbereitete. Usch wollte in London das Kind des »Verräters« Ulrich Schmücker abtreiben lassen.

Tilgener setzte sich zu ihnen in den alten Mercedes Diesel. Er wollte bis Wolfsburg mitfahren. In dem schwarzen Plastikkoffer nahm er die elektrische Reiseschreibmaschine vom Typ »Brother Electric« mit, auf der er den Fragebogen getippt hatte.

Am Grenzübergang Helmstedt wurden die Reisenden aus der Autoschlange herausgewinkt. Die westdeutschen Grenzbeamten kontrollierten ihre Personalpapiere.

»Würden Sie bitte mal aussteigen!«

»Was soll denn das?« fragte Tilgener.

»Gegen Sie liegt was vor.«

»So. So.«

Daraufhin schaltete sich Peter B., der mit in dem Wagen saß, ein und sagte:

»Dann steige ich auch gleich mit aus. Ich möchte als Zeuge dabeisein.«

Der Grenzschützer blickte unwillig und sagte zu Tilgener: »Also wissen Sie, das sind sehr persönliche Fragen, die ich Ihnen stelle. Vielleicht möchten Sie das doch vertraulich behandelt haben.«

»Nein, der Herr B., der ist mir als Zeuge durchaus angenehm. Ich möchte, daß er dabei ist.«

Nach einigem weiteren Geplänkel durfte Peter mitgehen. In der Baracke angekommen wurde Tilgener eröffnet, gegen ihn läge etwas vor.

Es sei aber kein Haftbefehl.

»Woher kommen Sie denn?«

»Was glauben Sie wohl, woher wir kommen — auf der Transitstrecke nach Helmstedt aus Richtung Berlin?«

Der Beamte wurde unsicher: »Was machen Sie beruflich?«

»Ich bin Journalist.«

»Wo fahren Sie hin?«

»Nach Westdeutschland.«

»Ja, wo denn da?«

»Verschiedene Freunde besuchen und so.«

»Wohin genau?«

»Ja, dazu möchte ich Ihnen nichts sagen. Ich sehe dazu keine Veranlassung.«

»Wo sind Sie ereichbar?«

»In drei Wochen vielleicht in Berlin.«

»Wo da?«

»In meinem Personalausweis steht meine Anschrift. Ich meine, Sie können lesen.«

Der Beamte wurde ärgerlich. Da mischte sich Peter in das Gespräch ein:

»Was sind das überhaupt für Methoden? Leute an der Grenze festnehmen oder aufhalten! Schließlich leben wir in einem Rechtsstaat. Die Adresse des Herrn ist doch bekannt. Warum schickt man ihm denn keine Vorladung oder sonstwas? Es gibt auch in Berlin eine Post.«

»Ist gut, fahren Sie weiter.«

Ohne daß das Auto durchsucht wurde, konnten die vier ihre Reise fortsetzen.

In Wolfsburg sagte Peter B. Ilse, daß er an der geplanten Aktion nicht teilnehmen werde. In der Bäckergasse waren gerade Besucher aus Kassel. Tilgener kam auf die Idee, bei deren Rückfahrt zusammen mit Wölli bis nach Kassel mitzufahren, dort zu übernachten und am nächsten Tag in den Köln-Bonner Raum weiterzureisen.

»Wir sehen uns dann mal den Parkplatz in Neuenahr an, klappern die ganze Gegend ab und und machen da so eine Art Lokaltermin.«

Der Vorschlag wurde angenommen, und kurz darauf fuhren Billy und Wölli mit nach Kassel. Da der Wagen für ein paar Tage nicht gebraucht wurde, konnten sie ihre Reise mit dem Auto der Bekannten fortsetzen.

Auch die drei aus der Zeughofstraße waren inzwischen mit ihrem Mercedes-Diesel bis zur deutsch-belgischen Grenze weitergefahren. Dort wurden sie wieder angehalten, der Wagen wurde durchsucht. Grenzschutzbeamte fragten, wo denn der vierte Begleiter, Götz Tilgener, geblieben sei. Peter war ratlos.

»Der ist inzwischen ausgestiegen.«

»Wo?«

»Das brauche ich Ihnen nicht zu sagen.«

Dann durften sie weiterfahren. Als Tilgener später von dieser Kontrolle erfuhr, meinte er: »Das war jedenfalls ein Indiz dafür, daß man irgendwie und aus irgendwelchen Gründen hinter mir her war und man mich irgendwie überwachte.«

Am Morgen nach der Ankunft in Kassel stand Tilgener sehr früh auf. Er hatte Schwierigkeiten, Wölli zu wecken, der einen sehr festen Schlaf hatte. Sie fuhren über die Autobahn nach Köln und begannen dort ihre Lokalstudien. Daraus entstand ein detaillierter Plan, wie sie Schmücker in den Tod locken könnten. Offenbar hatte Tilgener dabei wieder die meisten Ideen. Er schilderte den Plan später so:

»Einer aus der Gruppe fährt nach London und wirft dort einen Brief an Schmücker ein, der angeblich von der IRA ist, und in dem er aufgefordert wird, nach Köln zu fahren.

In Köln deponieren wir einen Brief hauptpostlagernd für Schmücker. In diesem Brief steht, daß er einen bestimmten Zug nach Bonn nehmen soll. Außerdem liegt in dem Brief der Schlüssel zu einem Schließfach am Bahnhof in Bonn. Wenn Schmücker in Bonn angekommen ist, öffnet er das Schließfach und findet darin einen weiteren Brief und den Schlüssel zu einem anderen Schließfach. In diesem Brief steht, daß er sich für genau zwei Stunden ins Bahnhofscafé setzen und dann mit dem zweiten Schlüssel das andere Schließfach öffnen soll.

In diesem Schließfach liegt wieder ein Brief, in dem Schmücker angewiesen wird, ein Stück zu Fuß zu gehen, dann den Bus einer bestimmten Linie zu besteigen und damit bis zur Endstation zu fahren.

Dann soll er ein Stück weiter in Fahrtrichtung des Busses gehen. Dabei wird er von einem Kontaktmann der IRA in ein Auto genommen.

Daß Schmücker auch wirklich zwei Stunden im Bahnhofscafé verbringt, sichern wir dadurch ab, daß wir den Söre, den Schmücker noch nie gesehen hat, auch in das Café setzen. Der muß genau auf die Zeit achten und aufpassen, ob Schmücker observiert wird. Wenn alles in Ordnung ist, steigt Söre mit Schmücker zusammen in den Bus. Kurz vor der Endstation steigt er aus und trifft sich dort mit Wölli. Er berichtet ihm, ob Schmücker sich genau an die Anweisungen gehalten hat oder nicht. Wenn nicht, ist der Plan erstmal gestorben, dann müssen wir damit rechnen, daß Schmücker irgendwelche Bullen oder VS-Leute rantelefoniert hat.

Wenn die Luft rein ist, läßt Wölli Schmücker ein Stück zu Fuß gehen, fährt dann mit dem Wagen an ihn ran und nimmt ihn an Bord.

Dabei muß Wölli eine Perücke und einen falschen Bart tragen, denn wir können nicht ausschließen, daß Schmücker den Wölli damals in der »Tarantel« wahrgenommen hat. Vorher muß Wölli noch ein Auto klauen, einen großen BMW oder einen Porsche. Darin fährt Wölli den Schmücker zu einem Waldweg und sagt ihm: 'Steig aus und laufe 300 Meter geradeaus. Dort wartet ein Wagen, der Dich übernehmen wird, dort wartet ein Genosse der IRA.'

Tatsächlich sollte dort auch ein Wagen stehen, aber kein Genosse der IRA, sondern ich mit der Pistole in der Hand.«

Die Stelle, an der der Wagen mit Tilgener warten sollte, war eine kleine Lichtung neben dem Übungsgelände eines Hundesportvereins, auf dem auch Polizeihunde trainiert wurden. Nicht weit davon entfernt war ein Schießstand der Bundeswehr, der ebenfalls von der Polizei mitbenutzt wurde.

Das ganze lag am Rande eines Neubaugebietes am Stadtrand von Bonn.

Hier sollte der tödliche Schuß auf Schmücker fallen.

Den geplanten weiteren Ablauf schilderte Tilgener später so:

»Ich hatte mit Volker Weingraber in der Zwischenzeit besprochen, und zwar kurz vor Ostern, daß ich von ihm leihweise eine Maschinenpistole benötigte. Dazu wenigstens zwei Korkenzieher. Der Volker meinte, wenn er das rechtzeitig weiß, ließe sich das wohl machen. Gleichzeitig fuhr Ilse nach Hamburg, um dort die Waffe zu besorgen, mit der ich Schmücker zu erschießen gedachte. Und zwar wollte ich eine 'Smith & Wesson 38 Spezial' haben, einen Trommelrevolver, diesen FBI-Revolver, oder aber notfalls eine P 38, also diese Bundeswehr-Pistole. Auf jeden Fall wollte ich eine 9-mm-Pistole oder einen 9-mm-Revolver. Das große Kaliber schien mir schon einigermaßen wichtig. Die Maschinenpistole sollte dazu dienen, die Flucht notfalls abzusichern.

Es war geplant, daß ich Schmücker neben einem Fiat 124 erwarte, ihn dann erschieße.

Wölli sollte mit dem anderen Wagen nachkommen, den Fiat übernehmen, und ich den BMW oder Porsche. Wölli sollte dann mit der Leiche im Auto nach Neuenahr zu dem betreffenden Parkplatz fahren, und ich wollte ihm folgen.

Den Parkplatz hatten wir übrigens auch schon ganz genau angeschaut und die Zeit berechnet, wie lange man dorthin braucht und so weiter. Den Fiat sollte Wölli dann dort abstellen, mit der Leiche und einer Presseerklärung darin. Dann sollte er zu mir in den Wagen steigen. Für den Fall, daß wir beim Abstellen des Fiats Schwierigkeiten hätten und verfolgt würden, sollte Wölli den Wagen fahren und ich gegebenenfalls auf verfolgende Fahrzeuge schießen. Dazu die Maschinenpistole.

Außerdem war noch vorgesehen, daß wir uns Krähenfüße machen, und mit Farbe gefüllte Beutel und all solche Sachen, um Verfolger abzuschütteln. Wir dachten auch, eine Nagelkette oder sowas einfach aus dem Auto rauszuschmeißen, um die Reifen der nachfolgenden Wagen anzupieken.«

Während Billy und Wölli im Köln-Bonner Raum ihre Lokalstudien trieben, formulierten die anderen die notwenigen schriftlichen Erklärungen zu der geplanten Aktion.

Als die beiden nach Wolfsburg zurückkehrten, beschwerte sich Ilse — nach Tilgeners Aussagen — über die Untätigkeit der übrigen Gruppenmitglieder.

»Das ist ein Sauhaufen. Ich habe die ganze Arbeit allein machen müssen«.

Noch am Abend seiner Ankunft las Tilgener die von Ilse Jandt begonnene Presseerklärung durch, korrigierte sie stellenweise und begann, sie auf der mitgebrachten elektrischen Schreibmaschine zur Vervielfältigung auf Matritze zu tippen.

Am nächsten Morgen diskutierten sie über den bereits fertigen Teil der Presseerklärung. Annette sagte wenig, Söre war in der Schule.

Im Anschluß an die Diskussion fuhr Ilse nach Hamburg, um eine Waffe zu besorgen. Sie verschwand, ohne das vorher mit der Gruppe abgesprochen zu haben und hinterließ nur einen Brief, in dem sie mitteilte, sie werde in etwa zwei Tagen wieder da sein. Verärgert machte sich Tilgener daran, den Rest der Presseerklärung über die geplante »Hinrichtung« zu verfassen. Als Tilgener gerade die letzten Sätze auf Matritze geschrieben hatte, kam ein Mann von den Wolfsburger Stadtwerken und drehte den Strom ab. Die Rechnung war seit Monaten nicht bezahlt worden.

Wenig später kehre Ilse Jandt aus Hamburg zurück. Rainer Hochstein, der später im Lorenz-Drenkmann-Prozeß zum Kronzeugen der Anklage wurde, brachte sie in einem neuen Opel-Leihwagen zurück. Hochstein lud die Gruppe zum Essen ein und reiste dann wieder ab.

Nach dem Essen machte Tilgener Ilse Jandt Vorwürfe wegen ihrer eigenmächtigen Entfernung von der Gruppe.

»Es ist unmöglich, daß Du einfach abreist und uns vor vollendete Tatsachen stellst.«

Daraufhin — so Tilgener — wurde Ilse »unflätig«. Sie brauchte jetzt seine verständnisvolle Unterstützung, da ihre Fahrt nach Hamburg erfolglos gewesen sei. Tilgener: »Sie hatte irgendetwas verbockt und in Hamburg dummes Zeug geredet. Deshalb hat sie nicht die erwarteten Kontakte gekriegt und mußte ohne Waffe zurückfahren«.

Dann las Ilse die fertige Presseerklärung. Sie fand sie in Ordnung.

Folgendes Schreiben schickten sie an die Deutsche Presseagentur (dpa):

BEWEGUNG 2. JUNI

in den frühen morgenstunden des heutigen tages wurde der konterrevolutionär und verräter ulrich schmücker von einem unserer kommandos hingerichtet.

schmücker war von einem tribunal der bewegung 2. juni wegen seiner aussagen vor staatsschutzbehörden der brd und west-berlin zum tode verurteilt worden.

genossen,

das vor euch liegende papier ist das ergebnis der auseinandersetzungen mit dem verrat. jede revolutionäre bewegung muß sich mit der problematik der bespitzelung und des verrats befassen, will sie nicht schon in den ansätzen ihrer arbeit erstickt und liquidiert werden. auseinandersetzung kann und darf hier nicht heißen, wie die katzen um den heißen brei schleichen. zu lange hat die gesamte linke bewegung dem verrat ohnmächtig gegenübergestanden; immer unbewußt beladen mit dem schuldgefühl: arme schweine, vom system geformt und geprägt. mit dieser falschen rücksichtnahme — wir sind nicht verantwortlich für die verbrechen des kapitals! — wurden dem verrat tür und tor geöffnet.

von genossen, die sich mit dem konzept stadtguerilla befaßt haben, sich einer gruppe anschließen und die waffe gegen das system erheben; kann erwartet werden, daß sie konsequent jeden tauschwert negieren; daß sie, wenn sie in die bastionen des systems einfahren, trotz isolierung psychoterror und tauschangeboten (hier aussage, dort eine rate weniger mord) die schnauze halten. daß sie trotz aller repression und folter mit den knechten des kapitals keinen kuhhandel betreiben. die käuflichkeit von genossen hat sich in hinreichender weise gezeigt: von homann bis brockmann. und das weinerliche opportunistische gesabbere der westdeutschen und westberliner linken hat bis heute weder verrat verhindert noch den potentiellen verrätern die lust am produzieren von unsolidarischem verhalten genommen. antiimperialistischer kampf ist kein kinderspiel, straßentheater oder tummeln auf dem abenteuerspielplatz, bei dem beliebig figuren verschoben werden, sondern der gebrauchswert zur befreiung des subjekts und der vergesellschaftung der produktionsmittel. verrat lähmt die produktivkraft und die produktionsverhältnisse im allgemeinen. um die bedingungen von produktivkraft und produktionsverhältnis innerhalb der revolutionären bewegung wieder ins gleichgewicht zu bringen, wird hier im speziellen fall ulrich schmücker die notwendige konsequenz gezogen.

NACHWORT

zu einem zeitpunkt, da die BRD ihre schmutzigen geschäfte mit der junta in chile macht, erdgas aus algerien und dem iran beziehen will, das deutsch-iranische industrieprojekt über 5,5 milliarden abgeschlossen ist, politische gefangene in ihren gefängnissen foltert, die sonderkommandos (MEK) stehen, der BGS die neue SS ist, willy brandt alles unternommen hat, die umgebildete regierung alles unternehmen wird, um die revolutionären befreiungsbewegungen der dritten welt zu liquidieren, der imperialismus also in voller blüte steht (eine blume, die mao nicht meinte!), nimmt die bewegung 2. juni eine exekution vor, die sie und andere befreiungsbewegungen vor verrat in zukunft schützen sollen.

der tag, den wir zur durchführung auswählten, soll daran erinnern, daß genossen der bewegung 2. juni noch immer in den lagern der herrschenden sich befinden, weil es »genossen« gibt, die ihre subjektiven schwierigkeiten vor die objektiven notwendigkeiten stellen; die, »um der schnellen rekonstruktion ihrer bürgerlichen existenz willen andere existenzen vernichten, weil sie keinen tag länger im knast aushalten konnten, andere für jahre reinbringen, andere den exekutionskommandos der polizei ausliefern; solange die zusammenarbeit mit der bewaffneten macht des kapitals immer noch eher toleriert wird, als eine politische meinungsverschiedenheit privat geduldet, was man politisch längst verurteilt hat — solange wird es verräter geben. ohne den liberalismus innerhalb der linken zu kritisieren, können wir die verräterei nicht abschaffen. verräter müssen aus den reihen der revolution ausgeschlossen werden. toleranz gegenüber verrätern produziert neuen verrat. verräter in den reihen der revolution richten mehr schaden an, als die polizei ohne sie anrichten kann.

wir meinen, das gilt allgemein. von der drohung, sie würden dann noch mehr verraten, darf man sich dabei nicht bestimmen lassen. von der tatsache, daß sie arme schweine sind, darf man sich nicht erpressen lassen. das kapital wird menschen solange zu armen schweinen machen, bis wir seine herrschaft abgeschafft haben. wir sind für die verbrechen des kapitals nicht verantwortlich.

(ROTE ARMEE FRAKTION: DEM VOLKE DIENEN).

Eine Gruppe Jugendlicher

Die übrigen Bewohner des Hauses Bäckergasse, die im Begriff standen, in ein Mordkomplott hineinzuschlittern, waren alle 1955 geboren. Im Frühjahr 1974 waren sie knapp 19 Jahre alt, gerade halb so alt wie Ilse Jandt.

Annette von W. war ein blasses Mädchen mit sehr schmalem Gesicht und langen, glatten blonden Haaren.

Ihr Vater war evangelischer Pastor in Wolfsburg. Ihre drei jüngeren Geschwister besuchten das Gymnasium in Wolfsburg, auf das auch Annette bis zur 9. Klasse gegangen war. Sie hatte die Schule verlassen, weil sie meinte, es nicht mehr zu schaffen.

Annette wechselte in die Hauptschule und machte dort den Abschluß. Danach ging sie wieder zur Realschule. Obwohl sie dort gut zurecht kam und überdurchschnittliche Zensuren erhielt, ging sie Anfang 1974, sechs Wochen vor Abschluß, ab. Sie wollte die Musiktherapeutische Hochschule in Hannover besuchen, entschied sich dann aber für Sozialpädagogik. Doch auch damit begann sie nicht. Sie suchte Arbeit, fand aber keine Stelle.

Am 1. Februar 1974 zog Annette zu Hause aus und quartierte sich in der Wohngemeinschaft Bäckergasse ein.

Annette war ein stilles Mädchen, das mit seinen Eltern nie ernstliche Schwierigkeiten hatte. Sie fiel niemals durch besondere Aktivitäten, durch politisches Interesse oder Engagement auf.

Seit Anfang 1973 war Annette mit Wolfgang Weßlau, genannt »Wölli«, eng befreundet. Für beide war es die erste Liebesbeziehung.

Auch Wolfgang Weßlau kam aus einer sogenannten »intakten bürgerlichen Familie«. Der Vater war Lehrer an der Berufsfachschule in Wolfsburg, die Mutter arbeitete halbtags an einer anderen Schule. Die Schwester Edda besuchte die Abschlußklasse des Gymnasiums in Wolfsburg und betätigte sich nebenbei politisch in der GIM (Gruppe Internationaler Marxisten), einer Trotzkisten-Vereinigung.

Die Familie wohnte in einem Einfamilien-Reihenhaus. Wolfgang besuchte das Gymnasium in Wolfsburg und blieb in der 8. und 9. Klasse sitzen, vor allem, weil er Schwierigkeiten mit den Fremdsprachen hatte. In seiner Freizeit zeichnete und malte er gern, vor allem seine treffsicheren Karikaturen erregten die Aufmerksamkeit — und manchmal wohl auch den Ärger — seiner Lehrer.

Eine Zeitlang nahm »Wölli« an Sitzungen der »Tranzendentalen Meditation« teil. In der Schule fiel es nicht besonders auf. Er galt als offen und geradeheraus. Seinen Lehrern gegenüber nahm er kein Blatt vor den Mund. Er ließ sich nichts gefallen und war nicht so schnell bereit, sich anzupassen oder unterzuordnen. Seine Lehrer beklagten sich aber nie darüber, daß er ihnen gegenüber aufmüpfig oder gar aggressiv wurde.

Auch Wölli schien nicht besonders politisch engagiert zu sein. Zwar setzte er sich mit vielen Dingen auseinander, konkrete Zielvorstellungen hatte er aber nicht. »Er war«, so meinte sein Vater, »auf der Suche.« Nach Auskunft seiner Eltern lehnte er »das Leistungsprinzip dieser Gesellschaft ab« und trat für ein einfaches, schlichtes, natürliches Leben ein.

Im Juni 1973 zog Wolfgang Weßlau zu Hause aus, nicht wegen irgendwelcher besonderer Spannungen, sondern weil er selbständiger leben wollte. Seine Eltern erklärten sich damit einverstanden und gaben ihm, unter der Voraussetzung, daß er weiter das Gymnasium besuchte, monatlich Geld.

Mindestens einmal in der Woche kam Wölli nach Hause zu seinen Eltern. Oft brachte er Annette mit, und beide »aßen sich dann dort durch«, wie es die Eltern später formulierten.

Wöllis Freund, Wolfgang S., genannt »Farim«, zog Ende 1973 in das Haus Bäckergasse 2. Sein Vater war Berufsausbilder im Volkswagenwerk. Farim hatte einen 8 Jahre jüngeren Bruder. Auch in seiner Kindheit und Jugend gab es keine besonderen Auffälligkeiten. Nach der Grundschule besuchte er das »Kreuzheide-Gymnasium« in Wolfsburg. Sein letztes Zeugnis im Februar 1974 wies aber bis auf das Fach Sport nur ausreichende und mangelhafte Zensuren auf.

Anfangs hatten seine Eltern nichts dagegen, daß Farim in die Wohngemeinschaft Bäckergasse zog. Als sie aber festzustellen glaubten, daß die viel ältere Ilse Jandt großen Einfluß auf ihren Sohn ausübte, versuchten sie gemeinsam mit seinem Klassenlehrer, Farim wieder aus der Wohngemeinschaft herauszuholen. »Ihr Bemühen«, so hieß es später im Gerichtsurteil, »blieb jedoch ohne Erfolg.«

Sönke L., genannt »Söre«, wuchs zusammen mit seiner 13 Jahre älteren Schwester bei seinen Eltern in Wolfsburg auf. Anfang 1974 besuchte er die zwölfte Klasse des »Theodor-Heuß-Gymnasium« in Wolfsburg. »In einer schwierigen Entwicklungsphase«, so das Gericht später, »fühlte er sich zu Hause unverstanden und suchte Anschluß an die Wohngemeinschaft der Bäckergasse 2. Mehr und mehr lebte er sich unter gleichzeitiger Distanzierung von seinem Elternhaus dort ein.

Ursprünglich hatten die Eltern nichts gegen die Kontakte ihres Sohnes zu der Wohngemeinschaft. Erst als Söre sich seltener und seltener zu Hause blicken ließ, bekamen sie Bedenken. Sie gingen zum Wolfsburger Jugendamt, doch auch dort konnte man ihnen keinen Rat geben.

Es scheint, als seien die vier jüngsten Mitglieder der Wolfsburger Gruppe beinahe zufällig in die ganze Affäre um die Ermordung Ulrich Schmückers hineingeraten. Nirgendwo ist — bis auf eine Ausnahme, über deren Wahrheitsgehalt noch gesprochen wird — dokumentiert, daß sie besonders aktiv geworden sind. Sie scheinen eher eine Rolle als unengagierte teilnehmende Beobachter gehabt zu haben — für die sie später zu langen Gefängnisstrafen verurteilt wurden.

Eine verrostete Pistole

Während Tilgener nach einem geeigneten Tatort Ausschau hielt, war Jürgen Bodeux in Bonn. Er verkaufte zusammen mit dem Förstersohn Reinhard G. Bücher an der Bonner Universität. Für 50 Mark, die er aus der Kasse der »Roten Hilfe Bonn« genommen hatte, kaufte er Stück für Stück die von Ilse gewünschten Utensilien zusammen:

Astralon-Folie zum Drucken von Personalpapieren, eine Lochzange zum Einnieten von Paßfotos. Was nicht zu kaufen war, beschaffte er sich anderweitig: Schloßauszieher und Kennzeichenschilder für Kraftfahrzeuge. Nur beim Besorgen einer Waffe gab es Schwierigkeiten.

Bodeux sprach seinen Büchertisch-Kollegen Reinhard G. auf das Problem an. Der Förstersohn meinte, er könnte da vielleicht etwas tun. Tatsächlich, so sagt Bodeux später aus, sei G. kurze Zeit später bei ihm in der Gabelsberger Straße erschienen und habe eine ziemlich alte, schon verrostete Pistole vom Typ Parabellum 08 mit zwei Magazinen gebracht.

»Eines der Magazine war schon unten durchgerostet. Dazu brachte er noch zehn bis fünfzehn Patronen. Die Pistole war ziemlich groß und unhandlich. Nach meiner Erinnerung wurde das Magazin in den Griff eingeschoben. Das Magazin klemmte dabei, und der Lauf war eingerostet. Der Rost hatte sich bereits eingefressen und ließ sich nicht mehr entfernen. Zu dieser Pistole bemerkte G., daß sein Vater, falls er den Verlust bemerken würde, keine Anzeige erstatten würde, da die Waffe nicht registriert sei.«

Tatsächlich bemerkte der Förster den Verlust der Pistole nicht einmal. Erst als die Polizei nach Schmückers Tod bei ihm auftauchte, stellte er fest, daß die Waffe verschwunden war.

Der Polizei sagte er: »Von uns aus gesehen war die Pistole nicht als solche anzusehen, denn wir waren der Ansicht, daß man mit der Waffe nicht schießen konnte, ohne daß die Pistole auseinanderflog. Die war gedacht als Bedrohung für Einbrecher.«

Bodeux schien das rostige Ding auszureichen. Am 23. April, dem Tag, an dem Ilse aus Hamburg zurückkehrte, rief er in Wolfsburg an. Er erklärte Ilse, er habe alles beschafft. Am Donnerstag, dem 25. April, werde er mit den Sachen nach Wolfsburg kommen.

An dem verabredeten Tag fuhr Bodeux mit der Bahn von Bonn nach Wolfsburg. Die Mitbringsel trug er in einer großen schwarzen Reisetasche mit sich. Am späten Abend kam er an und ging zu Fuß in die Bäckergasse. »Billy« Tilgener öffnete ihm die Tür. Bodeux stellte sich ihm als »Harry« vor. Er ging ins Haus und begrüßte den Rest der Gruppe. Tilgener und Ilse fragten ihn ziemlich direkt, ob er die Waffe besorgt habe. Bodeux nickte, und Ilse schickte ihn in ein Zimmer im ersten Stock des Hauses.

»Ich komme gleich mit Billy nach.«

Im Dachzimmer öffnete Bodeux seine schwarze Reisetasche und zeigte Billy und Ilse die Pistole. »Ich weiß aber nicht, ob die noch funktioniert.«

Sie vereinbarten, daß Billy die Waffe am nächsten Tag in einem Wäldchen ausprobieren sollte. Bodeux legte die Pistole in seine Tasche. Die anderen sollten die Waffe nicht sehen.

Ilse ging ins Erdgeschoß und holte die übrigen Gruppenmitglieder. Nachdem alle sich versammelt hatten, packte Harry sein Handwerkszeug — außer der Pistole — wieder aus und erklärte die Herstellung und Funktionsweise der »Korkenzieher«, mit denen Autoschlösser in Windeseile geknackt werden können. Dann ging er auf das Fälschen von Stempeln und Personalpapieren ein.

»Man beschafft sich einen Bogen Astralon-Folie und legt diesen Bogen mit der rauhen Seite nach oben auf einen Stempel. Mit Rapidografen verschiedener Stärken paust man diesen Stempel durch. Anschließend bestreicht man eine lichtempfindliche Druckfolie mit Druckfarbe und legt die Astralon-Folie auf die lichtempfindliche Druckfolie. Mit einer Quarzlampe belichtet man dann die übereinanderliegenden Folien ein paar Minuten. Man entwickelt und fixiert die Druckfolie. Dann kann man den Stempelabdruck ausschneiden und mit einem kleinen Stempelschaft versehen. Fertig ist der Stempel.«

Bedauernd fügte Bodeux hinzu, leider könne er keine praktische Demonstration machen, weil er keine Blanko-Papiere, keine Rotaprint-Farbe und keine Quarzlampe dabei habe. Er könne aber noch erklären, wie man von gestohlenen Autokennzeichen die Plaketten ohne Beschädigung ablöst.

»Man klebt ein paar Streifen Tesafilm über die Plaketten, damit die Perforation nicht einreißt. Dann erhitzt man das Nummernschild von hinten etwas, um die Plakette weich zu machen. Schließlich zieht man die Plakette vorn mit einem Fensterspachtel ab.«

Dann gab Bodeux der Gruppe noch ein paar Tips, worauf man zu achten habe, wenn man in einen gebrauchten Paß oder Personalausweis ein neues Foto einsetzen wolle. Man müsse alte Nieten verwenden, und die Druckstellen der alten und der neuen Ösen müßten genau aufeinanderliegen.

Gespannt hörten die jüngeren Gruppenmitglieder zu. Für sie waren die meisten dieser »Grundbegriffe des illegalen Lebens« neu. Billy und Ilse taten so, als sei das alles für sie ein alter Hut.

»Wenn wir Blanko-Führerscheine brauchen«, warf Billy ein, »die kann ich in Berlin leicht besorgen.«

Nach der Lehrstunde packte Bodeux die Sachen wieder zusammen und verstaute sie in seiner schwarzen Tasche. Dann gingen alle ins Bett.

Tilgener war sehr beeindruckt von all diesen Dingen, die Jürgen Bodeux angeschleppt hatte. So beeindruckt, daß er plötzlich merkte, daß es blutiger Ernst wurde.

»Man knallte mir die Waffe auf den Tisch und sagte: 'So, das ist das Ding. Nun mach mal!'

Und schon während der ganzen Fahrt in den Köln-Bonner Raum und während der Gruppendiskussionen kamen mir immer größere Bedenken, wie wir die Tötung Schmückers rechtfertigen sollten — politisch und damit auch moralisch. Für uns ist Politik und Moral dasselbe.

Während Wölli und ich auf der Reise waren, wurde von Ilse das 'Kommunique über Verrat' begonnen, in dem dargestellt wurde, aus welchem Grund Schmücker erschossen werden sollte. Ich setzte dieses Kommunique dann fort, schrieb das Nachwort und die Rechtfertigung. Aber was wir da so hinzimmerten, schien mir mehr als fragwürdig.

Als dieser Harry dann auftauchte und mir die Waffe hinlegte, und wir vereinbarten, am nächsten Tag damit ein Probeschießen zu veranstalten, da war meine Entscheidung, daß die Tat nicht ausgeführt wird, eigentlich schon gefallen. Irgendwo, trotz seiner ganzen Schoten, die er sich geleistet hatte, und trotz seiner Lügereien war mir der Schmücker unheimlich sympathisch, ich mochte ihn ganz gern, er war ein netter Kerl. Ihn dann einfach umzulegen? Also, es wurde mir langsam zu ernst.«

Das teilte Tilgener der Gruppe aber noch nicht mit — vielleicht hat er seine Rolle im Nachhinein auch kräftig geschönt. Als Bodeux die Schulstunde in Waffen- und Fälschertechnik veranstaltete, ließ Billy sich jedenfalls noch nichts anmerken.

Am nächsten Morgen war Krach in der Bäckergasse. Es ging ums Geld. Miete und Strom waren nicht bezahlt worden, und man lebte nun schon einige Tage ohne elektrisches Licht.

Es fehlten rund 500 Mark, von denen ein Teil per Postanweisung aus Berlin kommen sollte. Tilgener ging zusammen mit Annette zur Post, um das Geld abzuholen. Wenig später kamen Ilse und Bodeux nach. Weil an den Schaltern lange Schlangen standen, schlug Ilse Harry vor, mit ihr einen Spaziergang zu machen, sie wollte ihm Wolfsburg zeigen. Etwa eine Stunde lang liefen sie herum. Dabei erklärte Ilse die tieferen Ursachen für den Streit zwischen Billy und ihr. Es sei ein Machtkampf. Billy wolle immer im Mittelpunkt stehen.

Bodeux hatte dasselbe — mit umgekehrten Vorzeichen — bereits von Billy gehört.

Dann sprachen sie — nach Bodeux's Aussagen — über durchgeführte und geplante Aktionen. Ilse erwähnte, daß Billy in Berlin Sprengstoff in Babynahrungs-Dosen aufbewahren würde. Im übrigen sei eine »Geldkiste« geplant, etwa der Überfall auf einen Geldboten. Während des Spaziergangs kam plötzlich Ilses Tochter Ines mit dem Fahrrad. Sie stieg ab und sagte:

»Billy hat mich geschickt. Ich soll Euch ausrichten, daß nur so 200 oder 300 Mark angekommen sind. Er ist nach Berlin gefahren, um noch mehr Geld aufzutreiben.«

Ilse und Harry gingen zurück in die Bäckergasse. Dort kam es wieder zum Streit. Annette, so berichtete Bodeux, war der Ansicht, daß Billy's Entscheidung, zur Geldbeschaffung nach Berlin zu fahren, richtig gewesen sei.

Nach einer längeren Gruppendiskussion kamen aber alle zu der Überzeugung, daß Billy's Verhalten nicht »gruppenkonform« sei. Schließlich hätten am Abend die Schießübungen stattfinden sollen, da könne Billy nicht einfach abhauen. Nun müßten auch die Schießversuche ausfallen.

In diesem Gespräch sollen — so wieder Bodeux — die übrigen Gruppenmitglieder über das Vorhandensein der Waffe informiert worden sein. Die Diskussion landete schließlich wieder bei den gruppeninternen Problemen. Ilse deutete an, daß die Machtkämpfe zwischen ihr und Billy endlich aufhören müßten. Billy müsse seine Rolle als »Vaterfigur« endlich aufgeben.

Bodeux schien in dieser Situation seine Chance zu wittern, Billy's Rolle in der Gruppe — und bei Ilse — einzunehmen.

»An diesem Abend«, so sagte er später aus, »kam es zu den ersten intimen Beziehungen zwischen Ilse und mir.«

Es war Freitag, der 26. April 1974, als Tilgener zurück nach Berlin fuhr, um Geld aufzutreiben und etwas Abstand von der Wolfsburger Gruppe zu finden.

»In Wolfsburg war ich ständig mit den anderen Gruppenmitgliedern zusammen, und die ganze Gruppe war, meiner Ansicht nach aufgepeitscht durch Ilse, wie eine Meute Wölfe scharfgemacht auf den Schmücker. Mir erschien das ganze fürchterlich unsinnig und politisch in keiner Weise vertretbar.«

Auch diese Aussage Tilgeners muß mit einiger Vorsicht aufgenommen werden, denn vieles deutete darauf hin, daß Tilgener selbst — jedenfalls bis zu dieser Phase der Mordvorbereitung — eine treibende Kraft war. Sein Absprung aus der Gruppe hatte offenbar eher private Gründe.

Am Tage nach Tilgeners Abreise fuhr Farim ebenfalls nach Berlin, um von Billy die in Aussicht gestellten Blanko-Führerscheine abzuholen. Niemand in Wolfsburg schien ernsthaft damit zu rechnen, daß Tilgener bald wiederkehren würde.

Ilse Jandt hatte — nach Bodeux's Aussagen — schlimme Befürchtungen. Sie schlug vor, die Waffe und die übrigen Gegenstände in der schwarzen Tasche erst einmal aus dem Hause zu schaffen. In der Bäckergasse seien sie nicht mehr sicher. Söre bot sich an, die Sachen in die Wohnung seiner Eltern zu bringen, die gerade verreist waren. Gemeinsam mit Bodeux brachte er die schwarze Reisetasche in die Saarstraße.

Am späten Nachmittag, kaum waren sie zurückgekehrt, war plötzlich Tilgener wieder da. Der Empfang war wenig herzlich.

»Ich wurde von dieser wütenden Meute empfangen, die sich erstmal darüber ausließ, daß ich einfach nach Berlin abgehauen war, ohne das mit der Gruppe zu besprechen. Das stimmte ja auch. Ich hatte nur Söre und Annette gesagt, ich führe jetzt nach Berlin, um Geld und die Maschinenpistole zu holen.«

Tatsächlich hatte Tilgener Geld aufgetrieben, etwa 700 Mark.

»Damit«, so Tilgener, »sollten Stromkosten abgedeckt und die Miete bezahlt werden. Damit sollte auch die Aktion selber bezahlt werden. Spritkosten und was es da sonst noch so gab. Die Fahrtkosten für Söre, der ja hätte nach Bonn fahren müssen, da in der Bahnhofsgaststätte warten und anschließend fortfahren. Diese Kosten sollten damit gedeckt werden.«

Mit dieser Aussage widersprach Tilgener seinem Bekunden, schon damals von der Aktion selbst abgerückt zu sein. Wenn er zugab, das Geld für die »Aktion« mitgebracht zu haben, muß das heißen, daß er zu dieser Zeit noch für die »Hinrichtung« Schmückers gewesen ist.

Seine Einstellung zu dem Plan änderte sich erst kurze Zeit später schlagartig — nämlich, als er erfuhr, daß Ilse in seiner Abwesenheit eine Beziehung zu Jürgen Bodeux aufgenommen hatte.

Billy setzt sich ab

Was auch immer Tilgeners Motive gewesen sein mögen, die Aktion abzulehnen, offenbar führte er am Abend des 27. April eine Gruppendiskussion darüber herbei. Bei dieser Diskussion, so Tilgener, sei Jürgen Bodeux zum ersten Mal konkret in den Mordplan eingeweiht worden. Vorher habe er nie gewußt, wofür er die Pistole eigentlich beschafft habe.

»Ich teilte der Gruppe mit, ich würde unter gar keinen Umständen die Aktion ausführen und würde der Gruppe im übrigen davon abraten. Die Gruppe war völlig konsterniert. Nachdem Jürgen Bodeux in die Pläne eingeweiht worden war, hielt er sie auch für völlig wahnwitzig. Er sprach von Kamikaze, und wir versuchten gemeinsam, die Gruppe von diesem Plan abzubringen. Es war eine wilde Diskussion. Die Ilse heulte. Wenn das nicht liefe, dann sei sie politisch ruiniert und könne in der 'Bewegung 2. Juni' nicht mehr arbeiten.

Und was ich mir eigentlich dabei dächte, hier so einfach aussteigen zu wollen. Ich machte klar, daß ich nicht einfach aussteigen wolle, sondern daß ich dringendst dazu raten würde, die Aktion überhaupt nicht zu machen. Nicht nur nicht durch mich sondern auch durch keinen anderen, so daß Schmücker schlicht am Leben bleibt, daß man ihn einfach ignoriert und ihm jegliche Möglichkeit entzieht, für den Verfassungsschutz zu arbeiten, indem er nämlich keinen Zugang zu linken Gruppen bekommt.

Nach langem Hin und Her wurde dieser Vorschlag akzeptiert. Man beschloß, Schmücker am Leben zu lassen.«

Bodeux stellte den Verlauf dieser Diskussion völlig anders dar: »In groben Zügen informierte man mich darüber, daß eine Verräteraktion anstünde. Damit war gemeint, daß ein Verräter zur Rechenschaft gezogen werden sollte. Daraus entstand eine allgemeine Diskussion über Verrat. An diesem Abend fiel der Name Schmücker noch nicht.«

Erst am Tage darauf habe man ihm die Aussageprotokolle Schmückers vorgelegt und ihn in den Plan eingeweiht. Daran habe sich am Sonntag eine Diskussion angeschlossen, in der alle Gruppenmitglieder — einschließlich Tilgener — für den Plan gewesen seien. Nur ihm selbst, Bodeux, seien Zweifel gekommen:

»Ich gab dann zu bedenken, daß eine solche Aktion eine Riesenfahndung auslösen würde. Bei dem Zustand der Gruppe in Wolfsburg, die sich ohnehin in endlosen Diskussionen und Streitereien erging, geradezu chaotisch war, hielt ich die Durchführung für unmöglich. Aus diesem Grunde sagte ich auch, daß ich mit allen meinen Sachen, einschließlich der Waffe, wieder abreisen würde.«

Dann sei die Diskussion nicht etwa um den Abbruch der geplanten Aktion gegangen, sondern darum, wie man eine neue Tatwaffe beschaffen könne. Billy habe erklärt, er könne diese unter Umständen in Berlin besorgen.

»Trotz meiner Absage«, erklärte Bodeux später, »blieb die Gruppe bei einer weiteren Tatplanung. Insbesondere zwischen Billy, Ilse und Wölli wurde darüber diskutiert, wer auf Schmücker schießen sollte. Das Ergebnis war, daß Billy schießen sollte und auch wollte. Wegen der fehlenden Waffe ging von Billy die Anregung aus, Schmücker stattdessen zu erstechen oder zu erdrosseln, sofern keine Waffen beschafft werden könne.«

Im übrigen habe Billy daran gedacht, eine eigene Gruppe in Berlin aufzubauen — die Schmücker-Aktion wolle er aber auf keinen Fall ohne die Wolfsburger machen. Die Diskussion am Sonntagabend sei damit beendet worden, daß Billy nach Berlin fahren und eine Waffe besorgen sollte, damit die Aktion durchgeführt werden konnte.

Ilse Jandt aber schien Tilgener nicht mehr zu trauen. Nach Ende der Diskussion schickte sie Bodeux und Söre noch einmal in die Wohnung Saarstraße um zu überprüfen, ob die Tasche mit der Pistole und den anderen Gerätschaften noch da war. Es war alles in Ordnung.

Im Bett — so Bodeux — erzählte Ilse ihm von ihren Kontakten zu Inge Viett und Ralf Reinders, die jetzt in Berlin unter den Namen »Maria« und »John« leben würden. Bei seiner Ankunft vor Ostern habe sie nicht in Wolfsburg sein können, weil sie in Berlin an dem »Volkstribunal« gegen Schmücker hätte teilnehmen müssen. Ilse erklärte ihm auch, warum sie verlangt habe, die Tasche mit der Waffe aus dem Hause zu schaffen.

»Sie befürchtete, daß Billy sich in den Besitz der Sachen bringen und dann die Aktion allein durchführen würde. Ihrer Meinung nach war Billy von Schmücker einmal aufs Kreuz gelegt worden, und er würde ihn aus Rache erschießen wollen. Nach Ilses Meinung hätte Billy in Berlin eine Gruppe zur Verfügung, die ihm bei der Durchführung der Erschießung unterstützen würde. Für mich war klar, daß Ilse dies nicht recht war, und die Durchführung der Aktion durch die Wolfsburger Gruppe erfolgen sollte.«

Jürgen Bodeux will in dieser Nacht Ilse gesagt haben, daß er wegen der ungeklärten Gruppensituation erst einmal aus Wolfsburg abreisen werde.

Vielleicht gab es noch einen weiteren Grund: vielleicht wollte er sich in Köln erst mit Leuten seines Vertrauens besprechen?

Tilgener hatte zu dieser Zeit wohl wirklich vor, in Berlin eine neue Gruppe aufzubauen. Ilses Verhältnis zu Harry schien ihn tief in seiner männlichen Eitelkeit und seinem Drang nach Autorität in der Gruppe verletzt zu haben. Er überlegte sich in dieser Nacht sein zukünftiges Verhältnis zu der Wolfsburger Gruppe.

»Ich kam zu dem Ergebnis, daß ich mit der Gruppe unter gar keinen Umständen arbeiten könnte, weil zwischen Ilse und mir ständig Machtkämpfe stattfanden, und schon aus diesem Grund das Autoritätsgefälle zwischen der Ilse und den ganzen Jugendlichen niemals hätte abgebaut werden können. So beschloß ich, nach Berlin zu fahren, um dort selbst eine Gruppe aufzubauen.«

Mit dieser neuen Gruppe, die im wesentlichen wohl ein Hirngespinst Tilgeners war und blieb, scheint Tilgener auch einiges — was seinen eigenen Aussagen widerspricht — vorgehabt zu haben.

Am nächsten Morgen, es war Montag, der 29. April, traf Bodeux Vorbereitungen zur Abreise. Zusammen mit Söre ging er in die Saarstraße und holte die schwarze Tasche samt Inhalt wieder ab. Zu Ilse will er gesagt haben:

»Mir ist die Sache zu brisant. Mit einer 'Geldkiste' wäre ich einverstanden gewesen. Aber eine Ermordung ist etwas ganz anderes. Ich kann überhaupt nicht überprüfen, ob Schmücker wirklich ein Verräter ist«. Ilse habe daraufhin versucht, ihn zurückzuhalten, er aber habe ihr lediglich die Nummer einer Postlagerkarte in Bonn gegeben und versprochen, ihr mal zu schreiben.

Plötzlich knallte die Haustür. Billy hatte das Haus verlassen. Sofort lief Ilse nach oben in das Dachzimmer und überprüfte den Inhalt der schwarzen Reisetasche. Es war noch alles vorhanden. Ilse brachte Jürgen Bodeux zum Zug, der um 11.04 Uhr Wolfsburg in Richtung Hannover verließ.

Auch Tilgener hatte sich auf den Weg zum Bahnhof gemacht. Er hatte einen Teil des mitgebrachten Geldes zum Bezahlen der Strom- und Mietrechnung dagelassen und sich ohne Verabschiedung davongemacht.

Auf dem Bahnhof stellte Tilgener fest, daß er lange auf einen Zug von Wolfsburg über Braunschweig nach Berlin warten mußte. Deshalb entschloß er sich, nach Hannover zu fahren, um von dort aus eine bessere Verbindung zu suchen oder notfalls nach Berlin zu fliegen. Als er in Wolfsburg den Zug bestieg, setzte sich plötzlich jemand neben ihn. Es war Jürgen Bodeux. »Harry« hatte seine schwarze Reisetasche wieder bei sich. Tilgener bekam einen Schreck und bat Bodeux, sich doch auf einen anderen Platz zu setzen. »Mir war von meinem letzten Grenzübertritt noch bekannt, daß ich für die Behörden aus irgendeinem Grund interessant bin. Ich wollte nicht unbedingt im Zusammenhang mit einer Person angetroffen werden, die nach eigenem Bekunden gesucht wurde, und Anarchistenwerkzeug bei sich hatte.«

Bodeux nahm ein paar Sitze weiter Platz, so daß sie sich über die Entfernung noch unterhalten konnten. Sie sprachen über unverfängliche Dinge. Dann meinte Tilgener: »Stell Deine Tasche in Hannover in ein Schließfach und geh in das Bahnhofscafé neben dem Kino in der Wartehalle. Ich komme dorthin. Dann können wir reden.«

In Hannover angekommen setzen sich Tilgener und Bodeux ins Bahnhofscafé. Tilgener erinnerte sich:

»Ich besprach mit ihm die Situation der Wolfsburger Gruppe und erklärte, daß es völliger Wahnsinn sei, so eine wie die geplante Aktion auszuführen. Dabei erfuhr ich, daß Harry nicht bloß die Waffe, sondern sein gesamtes Werkzeug wieder mitgenommen hatte. Harry meinte, er habe sich wohl in die Ilse verknallt. Ich habe ihn ausdrücklich vor Ilse gewarnt und ihn nochmals nachdrücklich davor gewarnt, der Gruppe irgendwie behilflich zu sein. Die sollten erstmal selbst sehen, wie sie zu Rande kämen.«

Bodeux hat andere Erinnerungen an das Gespräch: »Billy berichtete mir über seine Zusammenarbeit mit der Ilse, die deshalb nicht gut gewesen sei, da es immer zu Machtkämpfen gekommen sei. Ilse wollte stets der Mittelpunkt sein und hätte einen Gleichartigen neben sich nicht geduldet. Er befürchtete, daß zwischen mir und Ilse für den Fall meines Verbleibens in Wolfsburg das gleiche entstehen würde.

Von mir wollte er die Waffe haben, und meinte dazu, er könne die geplante Aktion auch mit einer in Berlin vorhandenen Gruppe durchführen. In diesem Zusammenhang hielt er das Erschießen Schmückers für die einzig mögliche Art und meinte, der Vorschlag des Erdrosselns oder Erstechens sei nur ein makabrer Scherz gewesen.«

Gegen 14.00 Uhr zahlte Tilgener die Zeche, und die beiden verabredeten, in Kontakt zu bleiben. Dann setzten sie ihre Reisen nach Köln und Berlin fort.

In Berlin schrieb Tilgener erst einmal einen Brief an die Stadtwerke Wolfsburg und kündigte den auf seinen Namen laufenden Stromanschluß in der Bäckergasse. Dann verfaßte er einen Brief an die »Kommune Wolfsburg, Bäckergasse 2«. Es ging vor allem ums Geld.

»Guten (?) Tag!

Irgendwann werde ich mich auch noch einmal in nem Brief über meine eigene Perspektive auslassen und auch darüber, wie ich Eure Situation sehe. Vorher muß ich aber erstmal regenerieren — was mit der Gruppe für mich völlig ausgeschlossen ist. Und ich muß meine eigenen Gedanken ordnen. Wenn ich soweit bin, werde ich mich melden.

Ich habe an die Stadtwerke geschrieben und den Zähler auf meinen Namen abgemeldet. Um die Raten werde ich mich kümmern. Das Geld für die Wanne ist zurückzuzahlen. Auch darum werde ich mich erstmal kümmern. Ich rechne aber damit, daß Ihr Euch daran beteiligt. Wenn Ihr Euch Arbeit beschafft habt, könnt Ihr ja was schicken. Ich bin keinesfalls lustig, alleine die gesamten Kosten zu tragen. Ich habe verschiedene Sachen in Wob zurückgelassen. Ich wäre Euch

dankbar, wenn Ihr sie schickt oder mitbringt, wenn mal jemand kommt. Die Zahnbürste lasse ich Euch. Ihr braucht sie wahrscheinlich nötiger als ich. Ich hoffe, daß ich mich in meiner Beurteilung der Gruppensituation irre. Ich wünsche Euch, daß Ihr über meinen, noch zu schreibenden Brief herzlich lachen könnt. Meldet Euch, wenn was ist. Wenn ich Euch helfen kann, werde ich das tun.
Solidarische Grüße! Billy.«

Tilgener wollte vorerst alle Brücken nach Wolfsburg abbrechen und es wieder mit seiner Frau versuchen.

»Annelis, mit der ich ja noch verheiratet war, wußte von dem ganzen Komplex Schmücker nichts. Sie wußte nur, daß ich in Sachen Weltrevolution ständig auf Reisen war.«

Er nahm einen Job als Bühnentechniker bei der Berliner Schaubühne am Halleschen Ufer an, wo er etwa 360 Mark netto in der Woche verdiente.

Doch schon am 2. Mai, wenige Tage nach seiner Abreise aus Wolfsburg, tauchte abends gegen 19.30 Uhr Weßlau bei ihm in der Cuvrystraße auf, wo er seit einiger Zeit gemeldet war, um der Bundeswehr zu entgehen. Wölli wollte sich in Berlin seinen Personalausweis abholen. Tilgener fragte ihn, ob er mit dem von ihm erhaltenen Geld die Stromrechnung bezahlt habe.

»Nein, wir haben das Geld anders verbraucht.«

»Ich habe noch ein paar Sachen in Wolfsburg. Kannst Du dafür sorgen, daß sie mir zugeschickt werden?«

Weßlau versprach, sich darum zu kümmern.

»Was treibt die Gruppe denn jetzt so?«

Weßlau sagte ihm, das Haus werde aufgeräumt und umgeräumt, man würde jetzt einer geregelten Arbeit nachgehen.

Dann frage Weßlau — nach Tilgeners Aussage —, ob er einige Schloßabzieher aus Wolfsburg mitgenommen habe oder gar das Manuskript der Presseerklärung. Tilgener verneinte.

»Die Schloßabzieher hat Harry mitgenommen. Die Presseerklärung habe ich auch nicht.«

Dieses ist ein weiterer merkwürdiger Widerspruch. Wenn die Presseerklärung — die ja nach der Tat verschickt wurde — nicht bei Tilgener und nicht in Wolfsburg war — wo war sie dann? Hatte vielleicht Jürgen Bodeux sie heimlich eingesteckt und mitgenommen? Und wem hatte er die Erklärung zeigen wollen?

Weßlau beklagte sich bei Tilgener darüber, daß Harry noch nichts habe von sich hören lassen. Aber Billy wollte sich nicht auf längere Diskussionen einlassen.

»Ich will mit der Grupe nichts mehr zu tun haben«, erklärte er Wölli und verabschiedete ihn. Am nächsten Tag erhielt Tilgener einen Brief aus Wolfsburg, in dem Ilse auf ihre Weise Billy's Krach mit der Gruppe analysierte.

»Hallo lieber Billy-Schatz!

Nimm es bitte nicht als Ironie, wenn ich das Schatz dahinter gesetzt habe. Aber das ist halt subjektiv und nicht gemessen ganz objektiv an Deinen Verhaltensweisen... Im nachherrein erscheint es mir (und nicht nur mir), als ob Du nur Stärke gezeigt hast; eine Stärke allerdings, die vor kapitalistischen Bedingtheiten nur so triefte. Du warst die gesamte Zeit nur auf der Suche nach Fehlleistungen anderer, um Deine zu verdecken. Und wenn Du ehrlich gegen Dich selbst bist, dann wirst Du uns recht geben in der Analyse, daß Du die Schwächen anderer nur dazu benutzt hast, Dich zu stärken. Du hast die anderen gegen mich ausspielen wollen, und hast nicht bedacht, daß sich hier niemand ausspielen läßt, weil es nämlich keine Autorität gibt. Ich bin keiner Kind Mutter, das nicht revolutionär handelt; aber wir sind alle Kinder der Revolution. Du bist hier endgültig ausgeflippt, als Du feststellen mußtest, daß hier jeder selbständig denkt und sich nicht manipulieren läßt. Du hast einen Machtkampf mit mir inszeniert, den ich nicht wollte, ich habe mich gegen eine Beziehung gewehrt, in der ich die Anbeterin eines starken Mannes bin. Du mußtest diesen Machtkampf führen in dem Maße, wie Du Dich Deiner Autorität beraubt sahest. Und sage nicht immer Gruppe, wenn Du Ilse meinst. Dein Regenerationsprozeß ist darum hier nicht gewährleistet, weil wir eine Veränderung Deiner Verhaltensweisen fordern, daß wir von Dir fordern, einer von allen zu sein; der Mensch Billy; und nicht eine vom Kapital produzierte Marionette.«

Dann schilderte Ilse, daß Tilgeners »Beispiel vor Problemen zu flüchten schon Schule gemacht« habe. Farim wollte aus der Gruppe »ausflippen«. Es folgte ein Absatz, in dem Farim Selbstkritik übte.

»Ich habe eingesehen, daß ich meine subjektiven Schwierigkeiten beim Ausflippen nach Berlin an die erste Stelle gesetzt habe; d.h. in der jetzigen Situation erschien es mir als der Weg des geringsten Widerstandes, mit einer neuen Gruppe einen neuen Anfang zu machen.«

Farim spielte darauf an, daß er in den vergangenen Wochen bei verschiedenen Besuchen in Berlin eine Beziehung zu Usch, Schmückers ehemaliger Freundin, aufgenommen hatte. Offenbar neigte er daraufhin der Wohngemeinschaft Zeughofstraße zu und wollte sich von den Wolfsburgern trennen. Das aber hatte er, in die Bäckergasse zurückgekehrt, wieder aufgegeben.

Der Brief an Tilgener ging weiter:

»Ja, jetzt tippe ich (Ilse) wieder. Daß wir uns alle freuen über Farims Konsequenz ist verständlich, weil es zeigt, daß die Begriffe wie Veränderung, Solidarität, Revolution mit den richtigen, heißt revolutionären Inhalten gefüllt wurden«.

Unterschrieben hatten den Brief Ilse, Farim, Annette und Söre gemeinsam.

Nachdem Tilgener ihn gelesen hatte, antwortete er sofort. Auf fünf eng beschriebenen Seiten formulierte er die Gruppenprobleme aus seiner Sicht.

»Guten Tag, Ilse!

Ganz wesentlich war die Situation in Wob nach meinem Erscheinen mitbestimmt durch die Beziehung, die mal zwischen uns begonnen hatte. Ich hatte gehofft, auf dieser Basis ließe sich aufbauen — was schlicht eine ideale Voraussetzung gewesen wäre. Eine derartige Zweierbeziehung verbunden mit politischer Arbeit ist wohl das, was wir anstreben sollten. Warum bei uns nichts daraus wurde, ist mir noch immer nicht ganz klar. Du darfst mir glauben, daß ich das nicht einfach zur Kenntnis nehme, sondern daß ich versuche, die Ursachen zu entschlüsseln. Nicht um möglicherweise unsere Beziehung zu reparieren, sondern um aus den gemachten Erfahrungen einen Lernprozeß abzuleiten für die Zukunft.

Wir hätten gemeinsam versuchen müssen, uns einander anzugleichen: Ich hätte Abstriche machen müssen von meinem Wunsch nach Freiheit, und Du hättest Deine einen-Mann-auffressen-wollen-Allüren aufgeben müssen. Doch Abstriche zu machen, warst Du nicht im mindesten bereit.

Ich bin ausgeschieden aus der Gruppe zu einem Zeitpunkt, da mir erschreckend deutlich alles das vor Augen gehalten wurde, was an der Wob-Gruppe alles kaputt ist — an der ganzen Gruppe, nicht nur an Dir. Nach meiner Rückkehr aus Berlin wurde ich »kritisiert«. Ich bestreite keinesfalls, daß eine Kritik angebracht war; auch wenn ich nach wie vor der Meinung bin, daß mein »undiszipliniertes Verhalten«, auf einem Mißverständnis beruhte, an dessen Zustandekommen Du nicht schuldlos warst (ich auch nicht). Ich kam aus Berlin zurück, freute mich, wieder da zu sein, war aber durch Dein Verhalten an der Tür etwas verunsichert. Ich wurde von Dir in einer Weise fertiggemacht, wie sie mir bis dahin nur aus Gerichtssälen bekannt war. Was von Dir lief, war ein völliger Ausschluß aus der Gruppe. Du warst bewußt verletzend und wurdest in unangenehmer Weise polemisch. Du hast versucht, mich fertigzumachen; und es ist Dir gelungen. Die übrige Gruppe hat sich dazu nahezu nicht geäußert. Wölli entpuppte sich als Dein Sprachrohr, und Söre hat mit einem ständigen Blick auf Dich quasi Deinen Beifall erheischt.

Harry wurde ständig als Richter bemüht: 'Ist es nicht so ...?' Ich kann mir nicht denken, daß er sich in dieser Rolle sehr wohl fühlte. Die dominierende Figur in diesem beschämenden Schauspiel warst Du. Es ist einfach unrichtig, wenn Du jetzt an mich schreibst, es gäbe in der Gruppe keine Autorität. Du hast nach wie vor eine Mutterrolle. Wenn H. forderte, es sollten endlich demokratische Verhältnisse eingeführt werden, so ist das Anliegen klar. Aber die demokratischen Verhältnisse sind mit meinem Ausscheiden aus der Gruppe keinesfalls eingeführt. Ich halte die Gruppe in der jetzigen Form absolut nicht für funktionsfähig. Du bist sicher einer anderen Meinung, und ich wünsche Dir neidlos, daß ich mich irre. Und ich wünsche mir nicht, für Dich mal wieder irgendwo einen Sprechschein beantragen zu müssen. Aus meinen Ansichten über die Gruppe leiten sich natürlich Konsequenzen ab: Ich werde Euch keinerlei Unterstützung gewähren.

Ich habe Dich sehr geliebt. Ich finde dieses Ergebnis unserer Beziehung sehr bedauerlich. Ich habe aber nach den jüngsten Erfahrungen durchaus nicht den Wunsch, unsere Beziehung fortzusetzen. Natürlich ist es grundsätzlich schlecht, daß jemand eine Gruppe verläßt, wenn sie in momentanen Schwierigkeiten steckt. Nur konnte ich die Schwierigkeiten nicht mehr als momentane begreifen. Es stellte sich für mich die klare Frage, ob ich mitsamt der Gruppe untergehen wollte. Ich wollte nicht. 'Die Ratten verlassen das sinkende Schiff'. Insofern bin ich nun also Ratte...

Ansonsten arbeite ich, um Geld zu verdienen und bin dabei, mir nützliche Fähigkeiten zu erwerben. Ich werde den Führerschein machen, wahrscheinlich auch für LKW und mich vielleicht als Nachrichtentechniker ausbilden lassen. Einen Rotaprint-Druckerkurs machen. Unser Freund (Tilgener meint Schmücker) hat einen gemacht. Sehr erfolgreich. Sag der Annette bitte, er ist unbedingt zu empfehlen!!! Ja, und dann werde ich auch Musik machen...

Und Ilse, noch was: Du wolltest Image-Pflege betreiben, von wegen an den Herd der Familie zurückgekehrt und so. Du glaubst doch nicht im Ernst, daß die Schweine Dich inzwischen für 'geheilt' halten!?! Ich möchte wetten, daß die bloß darauf warten, Dich gleich wieder mal in eines ihrer Lager zu sperren. Und dafür brauchen sie schließlich keine Gründe. Abgesehen davon, daß Du noch eine Bewährung offen hast. Du verhältst Dich genauso wie sie es von Dir erwarten. Fein! Du dienst als Lockvogel — und wirst meine Bedenken sicher als Verfolgungswahn abtun... Und deren Rechung geht auf. Manchmal bist Du ziemlich naiv — und zwar in äußerst gefährlicher Form!

Noch etwas finde ich ganz wesentlich: Die Isolation der Gruppe gegen die Außenwelt. Es ist absolut ein Unding, das gesamte Leben auf dieses eine Grundstück beschränken zu wollen. Ein derartiger Freiraum ist die ideale Voraussetzung für solche Schwierigkeiten, wie sie sich während meines Aufenthaltes in Wolfsburg gezeigt haben. Man sitzt sich zu nah auf der Pelle und verliert etwas den Blick für die Realität. Was sich dann in Mammutdiskussionen im gelben Raum zeigt.

Geht arbeiten, besucht die Volkshochschule oder geht meinetwegen abends tanzen. Aber verdammt noch mal, beschränkt Euch nicht auf Euren 'Freiraum'!!!

So, mehr zu schreiben hieße weniger zu sagen. Ich bin Euch nicht böse — auch Dir nicht, Ilse. Ich bin auch nicht im Groll aus Wolfsburg verschwunden. Ich hatte — und habe — den Wunsch, revolutionäre Politik erfolgreich zu machen. Und Kriegsgefangenschaft sehe ich nicht als Erfolg.

Artige Grüße. Billy.

P.S. Ich erwarte, daß sich die praktischen Konsequenzen, die sich aus diesem Brief ableiten lassen, nicht auf Sanktionen gegen mich beschränken. Nenn es Verfolgungswahn; ich rate dennoch ganz dringend, die Sicherheitsfrage etwas sorgfältiger zu behandeln, und bitte darum genau zu überdenken, ob es ratsam ist, Besuch zu bekommen!!! Neben Verrat liefert auch der Leichtsinn wichtige Genossen den Schweinen aus.«

Mutter und Sohn

In diesen ersten Mai-Tagen, in denen sich Tilgener brieflich mit der Wolfsburger Gruppe auseinandersetzte, besuchte er Ulrich Schmücker zweimal. Zusammen mit Peter B., dem er gesagt hatte, die Schmücker-Aktion sei jetzt »gestorben«, ging er in die Lahnstraße. Zweck des Besuches war es, von Schmücker Geld für Usch's Abtreibung in England einzutreiben. Es ging um etwa 1000 Mark, von denen Schmücker die Hälfte zahlen sollte.

Beim ersten Besuch sagte Schmücker tief deprimiert, daß er schon von anderen über den Schwangerschaftsabbruch erfahren habe. »Ich finde es beschissen«, erklärte er, »daß Usch das Kind hat abtreiben lassen, um besser revolutionär arbeiten zu können«.

Tilgener und sein Begleiter widersprachen. Wesentlicher Grund für den Schwangerschaftsabbruch sei Usch's psychische und vor allem physische Konstitution gewesen. Schmücker wollte das nicht glauben und weigerte sich, zu zahlen. Die Gespräche über das Geld für den Schwangerschaftsabbruch waren offenbar Tilgeners letzter Kontakt mit Ulrich Schmücker.

Ulli hatte in der Zwischenzeit einen Lehrgang als Offset-Drucker gemacht. Er unternahm auch Versuche, wieder politisch aktiv zu werden und arbeitete in einer Neuköllner Gruppe mit, die ein Kinderfest zum 1. Mai organisierte. Aber wieder geschah das, was ihm schon so häufig widerfahren war. Einer in der Gruppe erkannte ihn und bezeichnete ihn als Verräter. Daraufhin flog er aus der Gruppe.

Der erneute Rausschmiß traf Schmücker tief. Seiner Vertrauten Ulrike Hoffmann, die er zusammen mit seinen Freunden aus Neuenahr gelegentlich traf, erzählte er, wie deprimiert er sei. »Ich werde mit diesem Mißtrauen nicht mehr fertig. Am liebsten würde ich mich vor einen Zug werfen«.

Am 6. Mai rief Ulrich Schmücker seine Mutter an. Er sagte, er sei sehr einsam und verzweifelt, und bat um einen Besuch seiner Eltern. Weil der Vater nicht zu Hause war, meinte seine Mutter, er solle doch am übernächsten Tag wieder anrufen, sie wolle die Sache erst einmal mit dem Vater besprechen. Am 8. Mai rief Schmücker dann erneut in Neuenahr an. Seine Mutter sagte ihm, sie werde am 10. Mai gegen 19.00 Uhr in Berlin ankommen. Ulli schien schon wieder etwas zuversichtlicher zu sein. »Wahrscheinlich muß ich demnächst für längere Zeit weg«, sagte er.

Die Mutter nahm an, das hänge irgendwie mit seinem geplanten Studium in Karatschi zusammen.

Am 10. Mai holte Schmücker seine Mutter vom Bahnhof Zoo ab und fuhr mit ihr in der U-Bahn zu seiner Wohnung in Neukölln.

Ulli machte einen etwas hoffnungsvolleren Eindruck. »Ich habe eine Zusage von der Universität in Karatschi«, sagte er zu seiner Mutter. »Jetzt brauche ich nur noch das Visum. Das krieg ich in Ostberlin.«

Die Mutter hatte ihm 1000 Mark für die Reise nach Pakistan mitgebracht. Zusätzlich hatte Ulli noch einiges Geld auf dem Sparbuch. »Wir werden uns dann fünf Jahre lang nicht sehen«, sagte er. »Wenn nicht etwas dazwischenkommt.«

»Was könnte denn noch dazwischenkommen?«

»Ich hab da Leute aus der Szene wiedergetroffen. Die haben gesagt, ich müßte mich bewähren. Und da hab ich denen zugesagt, daß ich bereit bin, das zu tun.«

»Ulli, Du hast doch nichts getan, was irgendwie gegen Eure Ordnung verstößt.«

»Die meinen das aber. Und ich finde dann doch, daß ich das tun muß.«

Ullis Pläne waren der Mutter unheimlich. Sie sagte: »Mein Gott, was machen die denn bloß mit Dir. Was haben die denn vor?«

Ulrich antwortete: »Die meinen, ich sollte mal nach Irland gehen.«

»Ja, und Dich da erschießen lassen.«

Ulli wehrte ab: »Na ja, das trifft ja nicht für jeden zu.« Nach einer Pause sagte er: »Wenn ich also mal plötzlich weg bin, macht Euch keine Sorgen. Ich finde aber vorher bestimmt noch eine Möglichkeit, Euch Bescheid zu sagen. Das ist auch das Einzige, was mich vom Studium in Karatschi abhalten kann.«

Am nächsten Morgen gingen sie zu Fuß nach Kreuzberg in eine Markthalle, die Ulli aus seiner Zeit in der Zeughofstraße kannte. Während sie dort einkauften, schilderte er der Mutter seine Lage.

»Die Genossen unterstellen mir, daß ich durch meine Aussage damals Sommerfeld erst zu seinem Geständnis gebracht habe. Sie glauben auch, daß meine Aussage der Anlaß dafür war, daß 20 bis 25 Genossen in Berlin festgenommen worden sind.«

In Wirklichkeit fühle er sich unschuldig. »Ich habe erst ausgesagt, als mir die Aussage von Sommerfeld vorgehalten wurde.«

Er erklärte seiner Mutter, daß ihm viel daran läge, den Genossen die Zusammenhänge zu erklären. Seine Mutter wollte das nicht einsehen. »Warum ziehst Du Dich nicht einfach von denen zurück?«

»Das geht nicht. Wenn ich mich von ihnen zurückziehe, sieht das wie ein Schuldbekenntnis aus. Ich arbeite schon an etwas, um ihnen die ganzen Sachen zu erklären.«

Das erinnerte die Mutter an das Gedächtnisprotokoll, das Ulli ihr unmittelbar nach seiner Haftentlassung in die Maschine diktiert hatte, und durch das sie zum ersten Mal den Namen des Verfassungsschutzbeamten Peter Rühl erfahren hatte.

Die Mutter fragte nicht weiter nach.

Später sagte sie:

»Im Grunde bin ich viel zu wenig in ihn eingedrungen. Ich hätte ihn mehr nach seiner seelischen Verfassung fragen müssen. Er war ein Mensch, den man nicht zu Äußerungen zwingen konnte. Er mußte von sich aus kommen.«

Auf dem Markt hatten Mutter und Sohn Kuchenformen gekauft. In Ullis Wohnung stand ein neuer Herd, den wollten sie einweihen. Es gab Käsekuchen, Ullis Lieblingskuchen.

Am Nachmittag fuhren die beiden zum Mehringdamm und gingen gemeinsam auf den Kreuzberg. Auf dem Wege zeigte Ulli seiner Mutter in einem der historisch renovierten Häuser eine interessante Bleiverglasung. »Hier wohnt übrigens der Typ, der mich darauf gebracht hat, daß man bei Schering Haut-Tests machen kann. Dafür gibt es 200 Mark.« Ulrich Schmücker hatte sich, wie viele Studenten in Berlin, gelegentlich dem Pharma-Konzern für medizinische Testreihen zur Verfügung gestellt.

Abends gingen sie wieder in die Lahnstraße. Die Mutter später: »Wir haben herrliche Tage zusammen verlebt. Es war so schön wie selten. Er hat mich verwöhnt, er hat das Essen gekocht, wir sind nicht zehn Minuten getrennt gewesen. Wenn ich mich abends zum Schlafen legte, hat er sich auf seine Matratze gesetzt und mir auf der Gitarre vorgespielt. Wir haben zusammen Schach gespielt, wir sind zusammen froh gewesen. Es waren wunderbare Tage«.

Am Sonntagmorgen kam Ullis Freund, der Ägypter Mohamed, in die Lahnstraße. Er blieb zum Essen. Am Nachmittag besuchten Ulli und seine Mutter die Freunde aus Neuenahr. Abends gingen alle zusammen in eine Pizzeria in Kreuzberg.

Am Montag unternahmen Ulli und seine Mutter einen Stadtbummel in der City. In einem Vorgartenlokal am Savignyplatz aßen sie zu Mittag. Dort wurden Flugblätter verteilt, die zu einer Chile-Veranstaltung im Audimax der technischen Universität aufriefen. Mutter und Sohn beschlossen, gemeinsam auf die Veranstaltung zu gehen. Es sprachen dort Exil-Chilenen über die Situation in ihrem Land, und es wurden Filme über den Putsch der Militärs und über die Folterungen in geheimen Militärlagern gezeigt.

Auf dem Rückweg sprachen Ulrich Schmücker und seine Mutter über das Erlebte. »Ich finde das alles furchtbar«, sagte die Mutter, und Ulli erwiderte: »Das habt Ihr doch alles im Dritten Reich selbst gemacht. Da habt Ihr das nicht als so schrecklich empfunden.«

»Ich habe das wirklich nicht gewußt, daß hier auch solche Folterungen und so was waren.«

Um 23.30 Uhr waren sie wieder zu Hause in der Lahnstraße.

Dort sagte die Mutter: »Habe ich denn nun mal die Möglichkeit Usch kennenzulernen?«

Ulli erklärte ihr, daß Usch eine Abtreibung hinter sich hatte. »Das war nicht mit meinem Einverständnis. Laß uns nicht mehr darüber reden.«

Am nächsten Morgen, es war Dienstag, der 14. Mai, brachte Ulrich Schmücker seine Mutter zum Bahnhof Zoo.

Die Mutter nahm den Zug um 10.25 Uhr. Als der Zug anrollte blickte Frau Schmücker noch einmal aus dem Fenster. Ihr Sohn stand auf dem Bahnsteig und weinte. Frau Schmücker sah ihren Sohn nie wieder.

»Ein guter Genosse«

Während dieser Zeit hielt sich Jürgen Bodeux wieder im Köln-Bonner Raum auf. Am Tage seiner Ankunft aus Wolfsburg, es war der 29. April, besuchte er Freunde aus der »Szene« und erhielt von ihnen — seinen Aussagen nach — gestohlene Personalpapiere auf den Namen Bernd Guth.

(Diese Aussagen sind falsch, denn der Paß auf den Namen Bernd Guth wurde erst am 5. Mai, also eine knappe Woche später, gestohlen.)

Weil er nach seiner Rückkehr aus Wolfsburg nicht so recht wußte, wohin mit der schwarzen Tasche, ließ er sie erst einmal in Köln bei seinen Freunden. Gegen 20.00 Uhr verließ er deren Wohnung und rief einen Schulfreund an, bei dem er dann übernachtete.

Am nächsten Morgen fuhr er mit der Bahn nach Bonn und ging in die Gabelsberger Straße zu seiner Freundin Gaby W. Mit ihr — so sagte er später aus — habe er zwar über Ulrich Schmücker gesprochen, nicht aber über seinen Aufenthalt in Wolfsburg und die dort diskutierten Pläne zur Ermordung Schmückers. Gaby war ziemlich ärgerlich über seine lange Abwesenheit.

In den nächsten Tagen verkaufte Bodeux wieder zusammen mit dem Försterssohn Reinhard G. Bücher an der Bonner Universität. Wie verabredet schickte er Götz Tilgener die verschlüsselte Nummer einer Bonner Postlagerkarte. Kurz darauf erhielt er einen Brief, in dem Tilgener ihm mitteilte, er habe ein neues Fälschungsverfahren für Pässe und verfüge auch über die dafür notwendigen Säuren. Bodeux solle ihm doch schreiben, welche Platten bzw. Folien er habe. Am besten sei es, wenn er selbst nach Berlin käme. Auf diesen Brief antwortete Bodeux nicht.

Etwa zur gleichen Zeit erhielt er einen Brief von Ilse Jandt. Sie schrieb, sie halte es subjektiv für gut, wenn Bodeux wieder nach

Wolfsburg käme. Ihr läge viel daran, daß die Beziehung zwischen ihnen bestehen bliebe. Bodeux solle doch bei ihrer Mutter anrufen und ihr sagen, ob er mit den Gegenständen in der schwarzen Tasche gut angekommen sei.

An einem der nächsten Abende rief Bodeux in Wolfsburg an und bekam Ilse auch gleich ans Telefon. Er sagte ihr, er habe ihren Brief erhalten und sei mit allen Sachen gut angekommen. Von seiner Begegnung mit Götz Tilgener im Zug nach Hannover sagte er nichts. Als Ilse ihn nach den fehlenden Blanko-Führerscheinen fragte, antwortete er ausweichend. Zur Zeit seien keine zu beschaffen, es würde ziemlich lange dauern. Bis dahin könne er lediglich mit gestohlenen Papieren aushelfen. Ohne daß eine konkrete Verabredung getroffen wurde, beendeten sie das Gespräch.

Jürgen Bodeux holte die schwarze Tasche mit der Waffe und den Fälschungs-Utensilien wieder aus der Wohnung seiner Freunde ab.

Knapp zehn Tage nachdem Jürgen Bodeux aus Wolfsburg zurückgekehrt war, bekam er Krach mit seiner Freundin Gaby Weber. Er mußte ausziehen. Angeblich weil er nicht wußte, wo er unterkommen sollte, rief er wieder bei Ilse Jandt an. Er sagte ihr, er habe es sich überlegt und werde wieder nach Wolfsburg zurückkehren. Er nannte auch gleich den genauen Zeitpunkt seiner Ankunft.

Ilse schien erfreut und bat Bodeux, die schwarze Tasche samt Inhalt wieder mitzubringen. Weil bei der Reisetasche inzwischen der Reißverschluß kaputtgegangen war, lieh er sich von Reinhard G. einen hellgrauen Koffer und verstaute die Gegenstände darin. Da er seine vermögenswirksamen Leistungen inzwischen auf sein Sparbuch übertragen hatte, konnte er mit der Bahn nach Wolfsburg zu reisen.

Am selben Tag, an dem Ulrich Schmückers Mutter in Berlin eintraf, kam Bodeux in Wolfsburg an. Annette, Söre, Wölli und Farim waren in der Bäckergasse. Ilse kam später.

Am nächsten Tag beschäftigte sich die Gruppe unter Bodeux's Anleitung wieder mit Fälschungsübungen. Dabei kam das Gespräch auf Schmücker. Ilse sagte: »Die Gruppe hat die Sache nicht gemacht, sonst hättest Du ja in der Zeitung davon gelesen.«

Am nächsten Tag kam ein Telegramm aus Berlin von »Hartmut«, Volker von Weingraber. Ilse solle sich umgehend bei ihm melden. Weil

Ilse kein Geld hatte, forderte sie von »Hartmut« telegrafisch Reisegeld an. Kurze Zeit später kam das Geld mit einer telegrafischen Postanweisung. Doch bevor Ilse auf die Reise nach Berlin gehen konnte, kam ein zweites Telegramm. Diesmal aus Frankfurt. »Bitte sofort kommen — Märchentante«. Ilse rief in Frankfurt an und ließ sich für diese Reise ebenfalls 100 Mark anweisen.

Bei dem Telefongespräch hatte sie sich die Einwilligung geben lassen, einen »guten Genossen« mitzubringen.

So fuhren Ilse Jandt und Jürgen Bodeux am 12. Mai mit der Bahn nach Frankfurt. Sie nahmen einen Nachtzug und hatten nur eine kleine Tasche dabei. Bodeux trug eine weiße Hose von Ilse, weil seine eigene bei Ilses Mutter gerade gewaschen wurde. Frühmorgens wurden sie am Frankfurter Hauptbahnhof von der »Märchentante«, Brigitte Heinrich, abgeholt und im grünen VW zu ihrer Wohnung gebracht. Nach Bodeux's Aussagen wollte Brigitte Heinrich mit Ilse über Ausbildungsplätze in nahöstlichen Guerilla-Lagern sprechen.

Anschließend ließ sich Bodeux von der »Märchentante« zu einer Filiale der Dresdner Bank fahren und hob dort 240 Mark von seinem Sparbuch ab.

Gegen 10 Uhr am selben Tag setzten sich Ilse und Harry wieder in den Zug Richtung Berlin. Sie hatten jedoch eine falsche Verbindung erwischt, mußten in Kassel aussteigen und hatten dort einige Stunden Aufenthalt. Sie lösten eine Umwegkarte, erkundigten sich nach der Ankunftszeit und schickten »Hartmut« ein Telegramm.

Über Helmstedt ging es nach Berlin, wo sie von Weingraber abgeholt wurden. Ilse stellte die beiden einander als »Harry« und »Volker« vor. Weingraber fuhr sie im VW-Bus zu seiner Wohnung. Dort — so Bodeux — habe Weingraber Ilse erzählt, Ralf Reinders und Inge Viett würden nicht nach Wolfsburg kommen. Der Grund dafür sei, daß Tilgener zuviel über »John« und »Maria« rumquatsche. Die beiden wären aber bereit, sich in Berlin mit Ilse zu treffen. Ilse solle jedoch zunächst einmal Waltraud Siepert, Deckname »Christa«, anrufen.

In Weingrabers Wohnung rief Ilse dann angeblich Waltraud Siepert an. Sie sagte Bodeux, sie habe für den nächsten Tag ein Treffen mit Waltraud ausgemacht.

Am nächsten Tag, es war der 15. Mai, fuhren Bodeux und Ilse mit der U-Bahn zu einem Hochhaus, in dem die AOK untergebracht ist. Vor dem Haus, auf einer Bank in einer kleinen Grünanlage, wartete Waltraut Siepert. Bodeux wurde ihr als »Harry« vorgestellt. Während Ilse sich mit Waltraud unterhielt, ging Bodeux zur »Bank für Handel und Industrie« am Mehringdamm, um von seinem Sparbuch Geld abzuheben.

Als er die Bank wieder verließ, warteten Waltraud und Ilse draußen auf ihn. Waltraud schlug vor, gemeinsam in die Pizzeria »Trulli« in der Nähe zu gehen. Auf dem Weg dorthin rief sie von einer Telefonzelle aus jemanden an.

Nachdem die drei eine Viertelstunde in der Pizzeria gesessen hatten, kam ein großer blonder junger Mann mit langen Haaren dazu und setzte sich mit an den Tisch. Er wurde Bodeux nicht vorgestellt, Ilse und Waltraud schienen ihn aber gut zu kennen. Vermutlich war es Ralf Reinders.

»Das Gespräch«, so Bodeux, »ging um eine Aktion gegen einen Verräter. In dieser Sache sollte Öffentlichkeitsarbeit betrieben werden. Ohne daß Namen genannt wurden, war mir klar, daß es sich bei dem Verräter um Schmücker handelte. Es wurde gesagt, daß während der Durchführung dieser Aktion gegen den Verräter verschiedene Personen Berlin verlassen müßten, da sonst auf sie ein Verdacht hätte fallen können. Waltraud sagte noch, daß sie zu den »Schäfchen« fahren würde. Ich verstand darunter einen Bauernhof.

Es fiel dann der Name Brockmann, der ebenfalls als Verräter bezeichnet wurde, und aus den Gesprächen gewann ich den Eindruck, daß auch gegen ihn Aktionen geplant waren. Weiter fielen noch die Namen »Maria« und »John«. Waltraud sagte noch, sie hätte den Billy getroffen. Nach weiteren allgemein gehaltenen politischen Gesprächen zahlte der Typ, und wir verließen das Lokal.«

Sie gingen gemeinsam zur U-Bahn und trennten sich. Ilse und Bodeux fuhren zu Weingrabers Wohnung. Auf dem Weg dorthin will Bodeux Ilse gefragt haben, ob denn die Schmücker-Aktion immer noch liefe.

»Sie bejahte dies, und ich fragte sie, ob es denn zweifelsfrei feststünde, daß Schmücker ein Verräter sei. Ich gab ihr noch zu bedenken, daß man in Köln und Bonn den Namen Schmücker kaum kannte, und es den dortigen Genossen sicherlich nicht verborgen geblieben wäre, wenn Schmücker ein Verräter und ein Mann des Verfassungsschutzes gewesen wäre. Ilse sagte mir, daß gegen Schmücker ein Volkstribunal durchgeführt worden war. Man habe seine Antworten überprüft. Bei einem Vergleich mit den polizeilichen Protokollen habe man feststellen müssen, daß Schmücker belastend gegen andere ausgesagt hat. Die Entscheidung zur Liquidierung Schmückers sei nicht nur die ihrige, sondern auch andere hätten ihn verurteilt. Mir schien, daß der Ilse meine Fragen unangenehm waren. Als ihre Antworten aggressiv ausfielen, stellte ich meine Fragerei ein.

Wir haben dann gegessen, und dabei sagte mir Ilse, daß wir noch am Abend einen guten Genossen aufsuchen würden. Bei diesem Genossen sollte ich mich als »Horst« aus Hamburg vorstellen.«

Dieser »gute Genosse«, den Ilse Jandt nach Bodeux's Aussagen besuchen wollte, war Ulrich Schmücker.

Am Spätnachmittag fuhren Ilse und Harry mit der U-Bahn nach Neukölln und gingen in die Lahnstraße. Zielstrebig steuerte Ilse auf eine Wohnungstür im Vorderhaus mit dem Namensschild »Laurisch« zu. Sie klingelte, doch niemand machte auf. Ratlos standen sie einen Augenblick vor der Tür. Dann entdeckten sie einen Zettel, auf dem stand, daß »Laurisch« später zurückkommen werde.

Ilse und Bodeux gingen in eine Eckkneipe gegenüber. Sie versuchten, einen Fensterplatz zu bekommen, um den Hauseingang beobachten zu können. Aber der Tisch am Fenster war besetzt. Sie bestellten sich etwas zu trinken, und nach einer knappen Stunde gingen sie wieder hinüber in das Wohnhaus. Diesmal war Schmücker zu Hause. Ilse stellte Bodeux und Schmücker einander als »Horst« und »Bernd« vor. Ilse ging mit Schmücker in die Küche und deutete Bodeux an, sich solange ins Wohnzimmer zu setzen.

Bodeux schaute sich in dem Zimmer um. Es war spärlich möbliert, am Fenster ein Schreibtisch und daneben ein Matratzenlager. Er nahm auf einer danebenstehenden Sitzgelegenheit Platz. Von hier aus konnte er nicht hören, was die beiden in der Küche besprachen. Nach zehn Minuten kamen Ilse und »Bernd« ins Wohnzimmer.

Sie setzten sich auf die Matratzen und redeten über das Geld, das Schmücker noch für die Abtreibung zahlen sollte. Schmücker weigerte sich erneut, irgendetwas zur Finanzierung der von ihm nicht gewollten Abtreibung beizusteuern. Nach einer Dreiviertelstunde verabschiedeten sich Ilse und Bodeux. An der Tür gab Schmücker Ilse noch einen Zettel mit einer Anschrift. Bodeux konnte nicht erkennen, wessen Adresse es war.

Auf der Fahrt zurück in Weingrabers Wohnung fragte Ilse:

»Welchen Eindruck hattest Du von dem Genossen?«

»Ich fand ihn ganz nett.«

(Bodeux will bis zu diesem Zeitpunkt nicht gewußt haben, daß es sich bei »Bernd Laurisch« um Ulrich Schmücker gehandelt hat. Das ist außerordentlich unwahrscheinlich. Ganz offensichtlich wollte er sich in diesem Teil seiner Aussage — die übrigens nie korrigiert wurde — als ahnungslosen Mitläufer darstellen.)

Kurz nach ihrer Rückkehr in die Wohnung Köpenicker Straße kam auch Volker von Weingraber zu Hause an. Er begann — nach Bodeux's Aussagen — von der Möglichkeit eines Lohngeldraubes zu sprechen, den er ausgecheckt haben wollte. Es ging um die Kasse des Waldkrankenhauses, das dicht an der Grenze zur DDR liegt. Im Augenblick sei der Überfall aber noch nicht durchzuführen, weil der Kassenraum gerade umgebaut werde.

Während er sprach nahm er ein Kleinkaliber-Schnellfeuergewehr der Marke Landmann-Preez aus einer Schublade und zeigte es Ilse und Bodeux. Möglicherweise war es genau die Waffe, die Tilgener den Wolfsburgern als »Maschinenpistole« in Aussicht gestellt hatte. Im übrigen, so sagte Weingraber, sei er bei Billy gewesen. Der habe ihm gesagt, er wolle die Schmücker-Aktion mit seiner Gruppe machen. Billy habe auch tatsächlich eine Gruppe, die auf ihn einen guten Eindruck mache. Für die Durchführung der Aktion seien auch die »entsprechenden ökonomischen Voraussetzungen« vorhanden. Billy sei wegen der »Sache mit Ilse« sehr sauer auf Harry.

Ilse äußerte sich nicht, und Weingraber sagte: »Schreib Billy doch mal. Er soll nicht so viel rumquatschen. Vor allem über John und Maria.«

Tatsächlich bekam Tilgener in dieser Zeit eine Postkarte mit der Unterschrift »Belinda Juni«, in der er aufgefordert wurde, endlich mit der Quatscherei aufzuhören.

Am Abend veranstalteten Ilse, Bodeux und Weingraber in der Wohnung Schießübungen mit zwei Luftgewehren und einer Luftdruckpistole. Sie schossen auf Kronenkorken.

»Diese Schießübungen«, so Bodeux, »fanden nur zur Unterhaltung statt.«

Ein paar Mal gingen Jürgen Bodeux und Ilse Jandt in die »Tarantel«, wo Weingraber arbeitete. Am 16. Mai gegen 16.00 Uhr fuhren sie zurück nach Wolfsburg. Auf dem Weg durch die DDR mußte Bodeux für 10 Mark ein Transitvisum kaufen, weil er keinen Reisepaß hatte. »Dies«, so Bodeux, »gilt für alle meine Reisen nach Berlin. Die Transitvisa habe ich nicht aufgehoben.«

(So läßt sich — im Gegensatz zu Ilse Jandt — bei Bodeux nicht feststellen, wann und zu welchen Zeiten er jeweils in Berlin ein- und ausreiste. In der Tat ein merkwürdiger Punkt: Jürgen Bodeux, der angeblich nur über seine Ersparnisse verfügte, kaufte sich jedesmal für 10 Mark ein Transitvisum durch die DDR. Warum trug er nie einen Reisepaß bei sich? Wollte er verhindern, daß man später seine Reise rekonstruieren konnte?)

In der Bahn erzählte Ilse ihm, daß »Bernd Laurisch«, den sie in der Lahnstraße besucht hatten, Ulrich Schmücker war.

»Ich sollte ihn unvoreingenommen kennenlernen. Wie Ilse erklärte, stand es ihrer Meinung nach fest, daß Ulrich Schmücker für den Verfassungsschutz arbeitete. Weil ich mir zu diesem Zeitpunkt kein Urteil machen konnte, diskutierte ich mit Ilse nicht darüber.«

Am Nachmittag des 16. Mai kamen Ilse Jandt und Jürgen Bodeux in Wolfsburg an. Sie berichteten über ihre Reisen nach Frankfurt und Berlin, über die Möglichkeiten zur Ausbildung im Nahen Osten, über die »Geldkiste« in Berlin, über das Treffen in der Pizzeria »Trulli« und darüber, daß »Maria« und »John« nicht nach Wolfsburg kommen würden.

Dann diskutierte die Gruppe wieder über Schmücker. »Ilse«, so Bodeux, »machte noch einmal klar, daß es sich bei Schmücker um einen Verräter handeln müsse. So habe er seine Festnahme damals in Neuenahr selbst veranlaßt. Die Gruppe, zu der ich nun ja auch gehörte, war der Meinung, daß die Schmücker-Aktion durchgeführt werden müsse.«

Bodeux hatte sich nach eigenem Bekunden mit der Durchführung der Aktion einverstanden erklärt und war bereit, mitzumachen.

Nach ein paar Tagen in Wolfsburg erhielt er einen Anruf aus Bonn. Reinhard G. sagte ihm, eine Genossin aus Hamburg wolle ihn sprechen. Am 21. oder 22. Mai setzte sich Bodeux daraufhin in den Zug nach Bonn. Die Waffe nahm er mit, Patronen und Magazine ließ er in Wolfsburg. Warum er die Pistole mitnahm, darüber gab er keine Auskunft.

Reisevorbereitungen

Nach der Abreise seiner Mutter aus Berlin nahm Ulrich Schmücker wieder Kontakt zu seinen Schulfreunden aus Neuenahr auf. Er schwankte zwischen Depression und Hochstimmung.

Ein paar Tage lang half er seinem Freund Arno Johann bei der Renovierung seiner Wohnung. Immer wieder ließ er in die Gespräche einfließen, daß er nach wie vor neue Kontakte zu politischen Gruppen suchte. Als ein alter Bekannter namens Friedhelm D. ihn im Mai besuchte, und sie zusammen Schach spielten, sagte Schmücker:

»In der letzten Zeit mußte ich oft allein Schach spielen.«

Ende Mai besuchte er Arno Johann und Ulrike Hoffmann in der Sophie-Charlotte-Straße. Er war guter Stimmung und berichtete, daß ihn zwei Typen in seiner Wohnung aufgesucht hätten. Stolz fügte er hinzu: »Die sind extra meinetwegen aus Westdeutschland angereist.«

Offenbar meinte er den Besuch von Ilse Jandt und Jürgen Bodeux am 15. Mai.

»Die Typen haben mir erklärt, man hat meinen Fall geprüft und ist zu dem Ergebnis gekommen, daß ich nicht für den Verfassungsschutz arbeite. Die haben mir angeboten, in einem anderen Land weiter politisch zu arbeiten. In zwei Wochen soll ich Bescheid kriegen, wohin ich fahren soll, wann es losgeht und wo ich abgeholt werde.«

Im übrigen benötige er die 50 Mark nicht mehr, die sich seine Freunde von ihm ausgeliehen hatten.

»Ich brauche für die Reise nur 300 Mark und außerdem nichts weiter.« Ende Mai oder Anfang Juni wüßte er näheres. Auf jeden Fall werde es erstmal nach Westdeutschland gehen.

»Vielleicht könnt Ihr mich in Eurem Auto bis Helmstedt mitnehmen, wenn Ihr Pfingsten nach Hause fahrt. Wenn Ihr nicht fahrt, dann nehme ich mir einen Leihwagen und gebe ihn in Helmstedt wieder ab.«

Ulli war in Hochstimmung, schon wieder halb im Untergrund.

»Man muß mit dem Auto über die Grenze fahren. Die anderen Reisewege werden zu scharf kontrolliert.«

Dann bat er die Freunde, nach der Abreise seine Wohnung aufzulösen. Sie könnten einiges behalten und sollten den Rest seiner Mutter schicken. Weitere Einzelheiten über seine Pläne teilte Schmücker den Freunden nicht mit.

Am Anfang der folgenden Woche erschien er wieder bei Arno Johann und Ulrike Hoffmann. Er war nicht mehr so euphorisch und erzählte, er habe den »Leuten« vorgeschlagen, die Abreise zu verschieben. Er wolle noch bis zum August im Appartments-Hotel arbeiten und dann mit etwas mehr Geld die Reise antreten.

»Aber neulich hast Du doch noch etwas ganz anderes gesagt. Was ist denn los?«

»Darüber kann ich Euch nichts sagen.«

Gegen Ende Mai erschien Ulrich Schmücker fast jeden Tag bei seinen Freunden aus Neuenahr. Auch seinem Schulfreund Georg Pitzen erzählte er die Geschichte von den beiden Besuchern aus Westdeutschland. Er sagte:

»Bald bin ich in einem Land, in dem es sehr heiß ist und in dem es Skorpione gibt.«

Pitzen fragte nicht weiter nach. Er nahm an, Ulli wolle wieder in den Nahen Osten fahren. Für den 1. Juni, den Samstag vor Pfingsten verabredeten sich Arno Johann, seine Freundin Ulrike Hoffmann, Georg Pitzen und dessen Freundin Monika Breuer mit Schmücker. Zusammen gingen sie in das Lokal »Quartier Latin«.

Am 3. Juni wollten sie sich alle wiedersehen.

»Hast Du denn kein Vertrauen?«

Am 21. oder 22. Mai war Jürgen Bodeux von Wolfsburg aus wieder nach Bonn gefahren. Er wollte sich dort mit einer Genossin treffen, die irgendetwas mit ihm besprechen wollte. Er ging in die Wohnung in der Breiten Straße 46 und traf dort Reinhard G. und ein Mädchen. Sie sprachen über allgemeine Dinge. Am nächsten Tag traf die erwartete Genossin ein; es war Concordia J. aus Hamburg. Sie erzählte, nach späteren Aussagen von Jürgen Bodeux, ihre Gruppe habe einen Lohngeldraub in Hamburg vor:

»In mir entstand der Eindruck, daß sie wollte oder es erhoffte, daß ich an der Aktion teilnehmen würde.

Sie bat mich, bei einem eventuellen Besuch in Hamburg um Kontaktaufnahme.«

Vier bis fünf Tage blieb Bodeux in Köln und Bonn. Er traf eine Reihe alter Freunde, erzählte aber nach eigenen Angaben niemanden etwas über die geplante Aktion gegen Schmücker.

Am 26. Mai verließ er Bonn wieder. Er bat einen Schulfreund aus Porz, der in der Nähe von Hannover seinen Wehrdienst ableistete, ihn in seinem Wagen bis Hannover mitzunehmen.

Gegen Mitternacht kam er dort an. Um 2 Uhr morgens setzte er sich in den Zug nach Wolfsburg.

In der Bäckergasse klopfte er an das Fenster links von der Eingangstür. Ilse wachte auf und öffnete ihm. Mitgebracht hatte Bodeux eine kleine blaue Reisetasche, die ihm Ilse bei seiner Abreise vor einer Woche gegeben hatte. In der Tasche war die Pistole und eine Flasche mit Entwicklerflüssigkeit. Gemeinsam legten Ilse und Bodeux sich schlafen.

Am nächsten Morgen berichtete Bodeux der Gruppe über seine Reise nach Bonn. Er zeigte die Entwicklerflüssigkeit und sagte: »Nun ist die Ausrüstung zum Fälschen vollständig.«

Ilse fragte ihn, warum er denn die Pistole mit nach Bonn genommen habe. »Hast Du denn kein Vertrauen?« Bodeux antwortete ausweichend.

Während der Abwesenheit Jürgen Bodeux's hatte die Gruppe die noch mit Hilfe Tilgeners geschriebene Presseerklärung vervielfältigt. Sie hatten dazu einen in der Bäckergasse stehenden Abzugsapparat der Wolfsburger GIM (Gruppe Internationaler Marxisten) benutzt. Die Druckmaschine hatte die Schwester Wolfgang Weßlaus, die Vorsitzende der Wolfsburger Trotzkistengruppe war, vorübergehend in dem Kommunehaus untergestellt.

Etwa 20 Exemplare des »Kommuniques über Verrat« waren gedruckt worden. Sie sollten nach der Tat an die Presse und an verschiedene linke Gruppen geschickt werden. In der Presseerklärung stand noch der in dem alten Plan vorgesehene und inzwischen verstrichene »Hinrichtungstermin«, der 7. Mai 1974.

In seinen ersten Aussagen sagte Bodeux, er sei auch zu diesem Zeitpunkt nicht vom Sinn und Zweck der Schmücker-Aktion überzeugt gewesen. Er habe noch einmal eine Diskussion darüber angeregt, sich aber nicht durchsetzen können.

»Ich brach dann die Diskussion ab, weil ich ein Zerbrechen der Beziehung zwischen Ilse und mir befürchtete.«

Diese Aussagen sind falsch. Später gab Bodeux eine geänderte Version zu Protokoll:

»Als ich in Wolfsburg eintraf, hörte ich, daß innerhalb dieser 14 Tage die Diskussion in der Gruppe über die Ausführung der Tat abgeschlossen war. In meiner Gegenwart wurde jedenfalls über die Art und Weise der Tatausführung bzw. ob sie überhaupt ausgeführt werden sollte, nicht mehr gestritten. Es wurde aber wohl über einzelne Fragen der Tatausführung noch gesprochen. Die Tat sollte im wesentlichen nach dem noch von Götz Tilgener überlegten Plan ausgeführt werden.«

Jürgen Bodeux war nun tatkräftig dabei, den Plan in die Wirklichkeit umzusetzen.

Weil in der Bäckergasse häufig Leute auftauchten, beschloß die Gruppe, die von Bodeux gelieferten Gegenstände aus dem Haus zu schaffen. Sie hoben im Garten ein Loch aus und vergruben den grauen Koffer mit den Sachen.

Nach kurzer Zeit erschien ihnen das nicht mehr sicher genug. Deshalb zimmerten sie auf dem Dachboden eine große Kiste von etwa einem Kubikmeter Rauminhalt. Die Kiste wurde außen und innen mit Farbe angestrichen. Bei Dunkelheit grub die Gruppe den Koffer wieder aus, hob ein tiefes Loch aus und versenkte die Kiste mit den Gegenständen. Der Deckel wurde mit zehn Zentimetern Erde bedeckt, so daß man ihn jederzeit öffnen konnte.

In einer regnerischen Nacht gegen Ende Mai nahmen sich Bodeux und Weßlau die Pistole und gingen in einen Wald am Stadtrand von Wolfsburg. Dort holten sie die ausgefallenen Schießversuche mit der alten Pistole 08 Parabellum nach. Das jedenfalls behauptete Bodeux in einer seiner späteren Aussagen.

»Wir schossen jeder dreimal. Die Waffe machte einen furchtbaren Lärm, und aus dem Lauf kam ein etwa 5 cm langer Feuerstrahl heraus. Wir haben auf keinen Gegenstand, sondern einfach in die Gegend geschossen.«

Diese Schießübungen hatte Bodeux bei seiner ersten Aussage unterschlagen. Er hatte auch nicht gesagt, daß es dann zu einem Versuch kam, den alten Tilgener-Plan in die Tat umzusetzen. Das gab er erst Monate nach seinen ersten Aussagen zu. Danach verlief der erste konkrete Versuch zur Ausführung der »Aktion Schmücker« so:

Bei ihrem Besuch bei Schmücker am 15. Mai hatte Ilse ihm den Kontakt mit einem Abgesandten der IRA angekündigt. Wenn der Termin für das Treffen klar sei, werde sie ihm einen Brief schreiben. Diesen Brief schrieb Ilse Jandt nach Bodeux's Aussagen gegen Ende Mai, wahrscheinlich am 28. Mai. Sie schrieb ihn auf Briefpapier mit aufgedruckten Blumen. Adressiert war er an Bernd Laurisch, Berlin, Lahnstraße 18. In dem Brief stand, Schmücker solle sich an einem bestimmten Tag, wahrscheinlich dem 1. Juni, in Köln einfinden und um eine bestimmte Zeit an einer bestimmten Telefonzelle einen Kontaktmann treffen. Als Erkennungszeichen solle er einen gelben Anorak und ein schwarzes Halstuch tragen.

Das Erkennungszeichen erinnert deutlich an das Zeichen, das Schmücker vor seiner Verhaftung beim Sprengstoffkauf in Braunschweig trug.

Kurz vor dem geplanten Termin rief Jürgen Bodeux in Hamburg bei

Concordia J. an und bat sie um ein Treffen am Kino-Center in Hamburg. Er wollte sich ihr Auto ausleihen. Sie willigte ein, und wahrscheinlich am 29. Mai fuhren Jürgen Bodeux und Wolfgang Weßlau zusammen nach Hamburg, um den grünen VW 1200 abzuholen.

Der Wagen war schon alt, Kupplung und Bremsen funktionierten nicht mehr einwandfrei. Er gehörte Concordias Schwester, und als sich Bodeux und Weßlau bei ihr den Schlüssel und Papiere abholten, fragte sie:

»Habt Ihr damit eine Aktion vor?«

»Nein, nein.«

Mit diesem Wagen fuhren dann — nach Bodeux's Aussagen — Wölli und Farim am vorgesehenen Tag nach Köln. Söre war schon vorher mit dem Zug zum Hauptbahnhof Köln gefahren.

Bodeux reiste — wenn seine Aussage stimmt — wieder zurück nach Wolfsburg. Er ging mit Ilse in die Wohnung ihrer Mutter in der Schillerstraße. Die Jüngsten in der Gruppe sollten — laut Bodeux — die »Hinrichtung« erledigen, während er selbst und Ilse in Wolfsburg auf die Vollzugsmeldung warteten.

Der Verfassungsschutz wird informiert

Gegen 23 Uhr abends klingelte das Telefon. Am Apparat war Söre. Er erklärte Ilse, daß Schmücker nicht zu dem verabredeten Termin am Hauptbahnhof erschienen sei. Ilse sagte ihm, sie sollten sofort zurückkommen. Dann führte Ilse ein paar Telefongespräche nach Berlin, unter anderem sprach sie mit Volker von Weingraber.

Was war geschehen? Hatte Schmücker den Brief nicht erhalten? Hatte er Angst bekommen?

Wenn man den Angaben des Verfassungsschutzes in diesem Fall glauben kann, nahm Schmücker an dem Tag, an dem der Brief hätte ankommen müssen, wieder Kontakt zum Verfassungsschutz auf.

Er rief seinen alten Bekannten Peter Rühl an und bat ihn um eine Zusammenkunft.

Über dieses Treffen berichtete der Präsident des Berliner Landesamtes für Verfassungsschutz, Franz Natusch, der Staatsschutzabteilung der Polizei am Tag nach der Ermordung Ulrich Schmückers.

Der Brief vom 5. Juni 1974 lautet:

An den
Polizeipräsidenten in Berlin
-Abteilung I-
z.Hd. Herrn Kriminalrat KITTLAUS o ViA

IV (2) E
-086-P-80246-6/74
Ap.: 4216/320

1 Berlin 42

Betr.: Mordfall Ulrich SCHMÜCKER am 5.6.1974

Zu dem mir von Ihnen gemeldeten Mord an Ulrich SCHMÜCKER teile ich Ihnen folgendes mit:

Am 31.5.1974 bat Schmücker gegen 14.30 Uhr fernmündlich um eine Zusammenkunft, da er angeblich »interessante Informationen« berichten könne. In dem unmittelbar darauf folgenden Treff erzählte SCHMÜCKER u.a., daß er sich seit Herbst 1973 bemühe, eine eigene Gruppe zu bilden. Zu diesem Zweck sei er in eine Wohngemeinschaft in der Zeughofstraße gezogen, um dort entsprechende Kontakte herzustellen (es handelt sich hier aller Wahrscheinlichkeit nach um die Wohnung in Berlin-Kreuzberg, Zeughofstr. 20). In diesem Zusammenhang erklärte SCHMÜCKER, daß er um die Jahreswende 1973/74 Ilse BONGARTZ kennengelernt habe. Ihr sowie seinen Mitbewohnern habe er nach seinen eigenen Angaben seinen bisherigen »Lebensweg« geschildert und zu seinen Aussagen im Zusammenhang mit der »Bewegung 2. Juni« bei der Polizei erklärt, daß er seinerzeit nichts wesentliches ausgesagt und preisgegeben habe. Er habe den Eindruck gewonnen, daß ihm dieser Personenkreis seine Angaben geglaubt hätte. Ilse BONGARTZ habe ihm dann Ende Februar 1974 erzählt, daß sie sich durch Vermittlung der Waltraut SIEPERT mit Inge VIETT und Ralf REINDERS treffen wollte. Nach Angaben der BONGARTZ habe diese Zusammenkunft stattgefunden. Unmittelbar danach haben die BONGARTZ und die Mitbewohner der Kommune ihm gegenüber erklärt, daß er ein »Verräter« sei, und man habe ihn aufgefordert, sofort die Wohnung zu verlassen. Die Aggression gegen seine Person sei so weit gegangen, daß man seine damalige Freundin veranlaßt habe, das Kind, das sie von ihm erwartete, abtreiben zu lassen. In den folgenden Wochen und Monaten hat SCHMÜCKER dann nach eigenen Angaben versucht, die BONGARTZ davon zu überzeugen, kein Verräter gewesen zu sein. Zu diesem Zweck wurde SCHMÜCKER ein »Fragebogen« zu den Ereignissen um sein »Geständnis« und seine weitere Verhaltensweise vorgelegt. In diesem Zusammenhang erklärte er, er habe bereits um die Jahreswende 1972/73 eine umfangreiche »Rechtfertigungsschrift« erstellt gehabt, in der er seine Rolle in dem damaligen Verfahren bagatellisiert habe. Er hätte sogar versucht darzustellen, daß seine Kontakte dazu gedient hätten, selbst Informationen zu gewinnen. Dieses Schriftstück sei auch schon 1973 in die Hände der Anwälte gelangt. Vor ca. 14 Tagen habe ihn die BONGARTZ mit einer männlichen Person, die aus Hamburg stammen soll, in seiner jetzigen Wohnung in Berlin-Neukölln, Lahnstr. 82, aufgesucht. Dort wohnte er unter dem Namen Bernd LAURISCH.

Aus Gesprächen mit der BONGARTZ entnahm er, daß sie mit ihrem Begleiter aus Frankfurt/M. angereist war. Die BONGARTZ und ihr männlicher Begleiter hätten ihm mitgeteilt, daß »man« entschieden habe, daß er »zur Bewährung« zunächst einmal wieder in einer politischen Gruppierung mitarbeiten könne. Die BONGARTZ habe ihm gegenüber angedeutet, daß eine Gruppierung der »IRA« in der Bundesrepublik sich bereiterklärt hätte, sich mit ihm zu unterhalten.

Nach seinen weiteren Kontakten befragt, erklärte SCHMÜCKER, daß er neben den schon erwähnten Personen sich des öfteren in dem Lokal »Tarantel«, Berlin-Kreuzberg, Köpenicker Str. 174, mit Götz TILGENER (hier einschlägig bekannt) getroffen habe. Er gab weiter an, daß Götz TILGENER ein guter Bekannter der Ilse BONGARTZ sei und daß TILGENER des öfteren Besuch aus Wolfsburg erhalten hätte.

Im weiteren Verlauf der Befragung erklärte SCHMÜCKER, daß er sich »von linken Genossen« beobachtet fühlt und fragte, ob ihm nicht eine Schußwaffe zur Vergügung gestellt werden könnte. Zur Frage, von wem er sich konkret bedroht fühlte, nannte er noch die Namen Manfred ADOMEIT und Waltraud SIEPERT. Außerdem bezweifelte er die Ernsthaftigkeit der Angebote der BONGARTZ.

Im Auftrage
Natusch

Doch das war nicht alles, was Schmücker dem Verfassungsschutzbeamten Peter Rühl mitgeteilt hatte. Nach und nach gelang es den im Mordfall Schmücker ermittelnden Polizeibeamten, dem Verfassungsschutz weitere Informationen über das Gespräch vom 31. Mai zu entlocken.

Kurz nachdem er das Schreiben vom Verfassungsschutz bekommen hatte, rief der Kriminalkommissar Warias beim Amt an. Was er dort zu hören bekam, schrieb er am 7. Juni in einem Bericht nieder.

»Nach Eingang des Bekennerbriefes teilte SenInn Abt. IV in Ergänzung des o.a. Berichts auf Anfrage mit:

Bei dem im o.a. Schreiben geschilderten Gespräch mit Schmücker am 31.5.1974 erklärte dieser u.a. auf die Frage, warum er sich so plötzlich beim LfV Berlin (Landesamt für Verfassungsschutz) gemeldet habe, daß er täglich mit der Aufforderung der Ilse Bongartz gerechnet habe, in die Bundesrepublik zu reisen, um mit der bereits erwähnten Gruppierung der IRA Verbindung aufzunehmen. In einem solchen Fall hätte er dann keine Gelegenheit mehr gehabt, sich an das LfV Berlin zu wenden. Schmücker gab hierbei zu erkennen, daß er die Absicht habe, einer evtl. Aufforderung der Bongartz zu einer Reise nach Westdeutschland Folge zu leisten, obwohl er inzwischen Zweifel an der Ernsthaftigkeit des Angebots der Bongartz habe.«

Erst am 23. Juli gab der Verfassungsschutz weitere Informationen über das Gespräch zwischen Ulrich Schmücker und dem Verfassungsschutzbeamten Rühl heraus.

»Bezugnehmend auf das heute geführte Gespräch mit zwei Beamten Ihrer Abteilung teile ich ergänzend zu meinem o.a. Schreiben folgendes mit:

In dem mit Schmücker am 31.5.1974 geführten Gespräch teilte dieser mit, daß der Fragebogen, der später als Anhang dem Bekennerbrief beigefügt war, ihm (Schmücker) von Ilse Jandt, geschiedene Bongartz ausgehändigt und später auch wieder von ihr abgeholt worden ist. Bei der Abholung des Fragebogens Mitte Mai in Berlin-Neukölln, Lahnstraße 82, war ein Unbekannter zugegen. Die Jandt äußerte bei dieser Gelegenheit, es sei entschieden worden, daß Schmücker zur Bewährung in einer anderen Gruppe im Bundesgebiet tätig werden sollte. Schmücker fühlte sich bedroht. Es liegt nahe, daß Schmücker auf diese Weise in das Bundesgebiet gelockt werden sollte, um dort die 'Hinrichtung' an ihm zu vollziehen.«

Dieses sind alle bisher vorliegenden Informationen über Ulrich Schmückers Gespräch vom 31. Mai mit dem Verfassungsschützer Peter Rühl.

Nun gehört nicht allzu viel Phantasie dazu, die fehlenden Teile zu rekonstruieren.

Tatsächlich dürfte es so gewesen sein, daß Ulrich Schmücker am 31. Mai den Brief von Ilse Jandt bekam, in dem er aufgefordert wurde, zum Treffen mit dem angeblichen IRA-Mann nach Köln zu kommen. Es müßte ein großer Zufall sein, wenn Schmücker diesen Brief nicht bekommen haben sollte. Hat er ihn erhalten — und alle Wahrscheinlichkeit spricht dafür — dann wird er diesen Brief auch zu seinem Treffen mit dem Verfassungsschutzbeamten Rühl mitgenommen haben. Vermutlich war der Brief der Grund für den Besuch beim Verfassungsschutz. Wahrscheinlich hatte Schmücker plötzlich Angst bekommen, dem VS-Mann den Brief gezeigt und ihn gefragt, ob er zu dem Treffen fahren solle oder nicht.

Daraufhin wird der Verfassungsschutzbeamte ihm dringend davon abgeraten haben, weil das Berliner Landesamt ihn dort in Westdeutschland — und noch dazu innerhalb einer so kurzen Zeit — nicht schützen könnte. Sicherlich würde sich Ilse Jandt wieder melden und einen neuen Termin vorschlagen. Dann solle er sich wieder beim Verfassungsschutz melden. Wenn Ilse ihn fragen würde, warum er nicht gekommen sei, solle er doch einfach sagen, er habe den Brief nicht erhalten.

Das Berliner Landesamt für Verfassungsschutz mußte ein Interesse daran haben, Ulrich Schmücker zu diesem Zeitpunkt nicht aus den Augen zu lassen, denn Schmücker selbst hatte Rühl in dem Gespräch gesagt, daß Inge Viett und Ralf Reinders in Kontakt mit Ilse Jandt stünden.

Viett und Reinders — »Maria« und »John« — wurden damals mit Hochdruck von der Polizei gesucht. Sie galten als so wichtig für die »Bewegung 2. Juni« wie Andreas Baader und Gudrun Ensslin für die »Rote Armee Fraktion«. Was lag für den Verfassungsschutz also näher, als Schmücker geradezu zu ermuntern, den Kontakt mit Ilse Jandt aufrechtzuerhalten und den Verfassungsschutz über den weiteren Ablauf genau zu informieren.

Doch das hat der Berliner Verfassungsschutz bisher immer bestritten. So hat VS-Chef Franz Natusch in seinen Zeugenaussagen vor Gericht bestritten, daß Schmücker zu dem Treffen am 31. Mai den Blümchen-Brief mitgebracht oder den VS-Beamten Rühl darüber informiert hat.

An den Briefen des Verfassungsschutzes ist zweierlei auffällig. Erstens sind die zitierten Schreiben, die sich in den Ermittlungsakten befinden, nicht alle Briefe, die der Berliner Verfassungsschutz in Sachen Schmücker an die Polizei schickte. Die Briefe nehmen nämlich jedesmal Bezug auf andere Schreiben, die nicht in den Akten sind. Versuche der Verteidiger, die fehlenden Schreiben zu bekommen, waren erfolglos.

Zweitens fällt an dem Brief vom 23. Juli auf, daß er einen falschen Sachverhalt wiedergibt, der so kaum von Schmücker geschildert worden sein kann. In dem Schreiben steht, daß Schmücker gesagt habe, Ilse Jandt hätte ihm den Fragebogen übergeben und ihn auch später wieder abgeholt. Götz Tilgener hat in seiner Aussage aber gesagt, er selbst habe den Fragebogen zusammen mit Peter B. Schmücker in dessen Wohnung vorgelegt, während Schmücker ihn ausfüllte, mit Peter B. Schach gespielt, und den Fragebogen anschließend wieder mitgenommen.

Das mußte Schmücker natürlich wissen. Es besteht kein Grund, warum er dem Verfassungsschutz eine andere Version mitteilen sollte. Deshalb liegt hier die Vermutung nahe, daß der Verfassungsschutz die Schmücker in den Mund gelegte Version vielleicht aus einer anderen Quelle hat, die das Aushändigen und Abholen des Fragebogens nur vom Hörensagen kannte.

Das aber könnte ein Hinweis darauf sein, daß Ulrich Schmücker in Wahrheit an jenem 31. Mai überhaupt nicht beim Verfassungsschutz angerufen und auch nicht mit Rühl gesprochen hat. Vielleicht hatte der Verfassungsschutz alle Schmücker in den Mund gelegten Informationen aus anderen Quellen. Um diesen Informanten nach der Tat nicht preiszugeben, der Polizei aber dennoch gezielte Hinweise auf die Wolfsburger Gruppe zu geben, könnte das Treffen mit Schmücker erfunden worden sein. Denn irgendwoher mußte der VS die Informationen ja haben. Was lag also näher, als ein Treffen mit Schmücker zu konstruieren?

Kennwort »Hundert Blumen«

Folgt man den Berichten des Verfassungsschutzes und des späteren Kronzeugen Bodeux, war Ulrich Schmücker also nicht nach Köln gefahren und hatte sich stattdessen mit dem Verfassungsschutzbeamten Rühl getroffen. Söre, Wölli und Farim, die nach Bodeux's Aussagen am Hauptbahnhof Köln auf Schmücker gewartet hatten, fuhren zurück nach Wolfsburg. Dort kamen sie am späten Nachmittag des folgenden Tages an. Sie hatten sich Zeit gelassen. »Deshalb gab es«, so Bodeux, »einigen Ärger.« Dann diskutierte die Gruppe darüber, was nun geschehen sollte. Jürgen Bodeux schilderte das später in seiner Aussage so:

»Frau Jandt machte allen klar, daß eine Aktion dieses Stils wegen der Gefährlichkeit nicht noch einmal durchgeführt werden könne. Es sollte deshalb die Tat nunmehr in Berlin ausgeführt werden.«

Im Auto seines Vaters brachte Wolfgang Weßlau Ilse Jandt und Jürgen Bodeux nach Braunschweig. Mit der Bahn fuhren sie nach Berlin und trafen dort in den späten Abendstunden ein.

»Die Pistole«, so sagte Bodeux in seinen ersten Aussagen, »hatten wir nicht mitgebracht.«

Das korrigierte er später.

»Im Unterschied zu der Erklärung, die ich in den vorigen Vernehmungen abgegeben hatte, muß ich erklären, daß Frau Jandt und ich auf der Fahrt von Wolfsburg nach Berlin am 2. Juni 1974 die vorgesehene Tatwaffe in einem kleinen blauen Täschchen zugedeckt mit uns führten.«

Direkt vom Bahnhof Zoo fuhren Ilse und Harry mit der U-Bahn zu Schmückers Wohnung in der Lahnstraße in Neukölln. Die Haustür war verschlossen, und die zur Straße hinausgehenden Fenster in Schmückers Wohnung waren dunkel. Einen Augenblick standen sie ratlos vor der Tür, suchten nach einer Klingel, konnten aber keine entdecken. Daraufhin fuhren sie nach Kreuzberg in die »Tarantel«.

Volker von Weingraber kellnerte dort gerade. Sie tranken etwas. Volker schien nicht überrascht über ihren Besuch zu sein. An einem der Tische entdeckte Ilse ein bekanntes Gesicht. Es war Peter B., der ursprünglich bei der Schmücker-Aktion mitmachen sollte, aber frühzeitig abgesprungen war. Ilse ging mit ihm auf die Straße, um etwas zu bereden. Nach zehn Minuten kam Peter wieder in die »Tarantel« zurück. Ilse folgte ihm und gab Harry ein Zeichen, zu ihr nach draußen zu kommen.

Auf dem Weg in Weingrabers Wohnung fragte Bodeux: »Wer war denn der Typ?«

»Der hat zusammen mit Schmücker in der Zeughofstraße gewohnt. Das ist ein guter Genosse.« Über das Gespräch sagte Ilse nichts. Sie gingen ins Bett. Volker von Weingraber kam erst am nächsten Tag wieder in die Wohnung zurück.

Für den Ablauf der nächsten Tage lieferte der Zeuge Bodeux später drei verschiedene Versionen, die sich vor allem durch das Maß seiner eigenen Tatbeteiligung unterschieden. Am 20. Dezember, mehrere Monate, nachdem er begonnen hatte, Aussagen zu machen, legte er sich auf die folgende Version fest:

Am Morgen nach ihrer Ankuft in Berlin fuhren Ilse Jandt und Jürgen Bodeux mit der U-Bahn zur Krummen Lanke. Sie wollten dort — so Bodeux — einen für die »Hinrichtung« Ulrich Schmückers geeigneten Platz suchen.

Von der U-Bahn-Station gingen sie in Richtung Grunewald. An einem Parkplatz am Waldrand stand ein Schild mit dem stilisierten Zeichen einer Tulpe. Daneben führte ein schmaler Waldweg hinunter zur Krummen Lanke.

Während sie die Gegend auskundschafteten, sprachen sie über die Ausführung des Plans. Das Tulpenschild schien ihnen als Treffpunkt von Schmücker und Weßlau geeignet. Sie überlegten ein Kennwort, das die beiden bei dem Treffen nennen sollten.

Das Codewort lautete »Hundert Blumen«.

Sie kehrten um und fuhren in die Stadt zurück. Am Bahnhof Zoo ging Jürgen Bodeux in einen der Baderäume und duschte sich. In Volker von Weingrabers Wohnung gab es nämlich kein Bad. Nach etwa einer Stunde holte Ilse ihn wieder ab. Sie kauften Fahrkarten für die Reise nach Wolfsburg.

Dann gingen sie wieder in die Wohnung Köpenicker Straße. Im Laufe des Tages tauchte Wolfgang Weßlau auf. Er berichtete, er habe den grünen Volkswagen wieder zurück nach Hamburg gebracht, ihn in der Preystraße abgestellt und die Schlüssel und Papiere durch den Briefschlitz geworfen.

Außerdem berichtete Wolfgang Weßlau — laut Bodeux's Aussage — er habe dann auch noch im Büro des Rechtsanwalts Reinhard eine Blanko-Vollmacht abgegeben. In dem Strafverfahren, das unter anderem deshalb gegen Reinhard eingeleitet wurde, konnte der Rechtsanwalt diese Behauptung widerlegen.

Als Volker von Weingraber zurückgekehrt war, fragten sie ihn, ob er ihnen für den nächsten Tag den Volkswagenbus der »Tarantel« ausleihen könnte.

Bodeux führte dazu weiter aus: »Dabei ist ihm auch gesagt worden, daß in dem Wagen eine Waffe liegen wird, die er beseitigen soll. Ich kann mich nicht daran erinnern, daß dabei oder zu einem früheren Zeitpunkt ein Gespräch geführt worden ist, aus dem klar hervorgeht, daß er über die geplante Tat in Kenntnis gesetzt worden war. Erst nach der Tat habe ich mit ihm über die Ermordung Schmückers klar gesprochen. Allerdings wurde auch da nicht mehr eingehend über die Tat gesprochen, sondern wir schwiegen vielmehr darüber.«

Am Abend fuhren Bodeux und Ilse Jandt nach Neukölln zu Schmücker. Diesen Besuch beschrieb Jürgen Bodeux nicht in seiner letzten, angeblich wahrheitsgetreuen Aussage vom 20. Dezember 1974, sondern bereits früher. Entsprechend verharmloste er die eigene Rolle:

»Die Wohnungstür wurde nach Klopfen bzw. Klingeln von Schmücker selbst geöffnet.

Als wir die Wohnung betraten, ging Ilse sofort in die Küche links vom Korridor. Während ich noch im Korridor stand, sah ich im Wohnzimmer ein paar Leute, darunter ein Mädchen. Ilse zog mich sofort in die Küche und meinte dazu, die Leute brauchten uns nicht zu sehen. Sie forderte den Ulrich Schmücker auf, er solle seinen Besuch fortschicken. Nachdem die Leute die Wohnung verlassen hatten, begab ich mich ins Wohnzimmer. Ilse blieb mit Schmücker in der Küche. Beide kamen kurz darauf ins Wohnzimmer. Schmücker hatte Tee für uns gemacht. Wir unterhielten uns dann alle drei über belanglose Dinge, so zum Beispiel über Kerzen und über die Wohnungsmiete und auch über die Zeughofstraße.

Der eigentliche Grund unseres Besuches lag darin, mit Schmücker in Kontakt zu bleiben und festzustellen, ob er noch in der Lahnstraße wohne. Nach ca. 15 bis 20 Minuten verließen wir dann die Wohnung. Schmücker gab uns beim Abschied noch ein paar Kerzen.«

Mit dieser Aussage wollte Bodeux den Eindruck erwecken, er sei zwar bei dem Besuch dabeigewesen, habe aber nicht genau gewußt, was sie dort eigentlich wollten.

Tatsächlich wußte er genau über den Zweck des Besuches Bescheid und war auch bei dem entscheidenden Gespräch mit Schmücker dabei. Das gab er später vor Gericht zu.

»Wir berichteten also, daß er sich mit einem Genossen an der Krummen Lanke treffen sollte. Wir beschrieben ihm den Weg, und daß er das Codewort 'Hundert Blumen' benutzen sollte.

Dieser Genosse sollte ihn in eine Gruppe einführen, die ihm Gelegenheit geben sollte, sich wieder zu rehabilitieren.

Es wurde ganz konkret eine Zeit ausgemacht. Welche weiß ich nicht mehr ganz genau. Ich weiß nur, daß das gegen 9 oder 10 Uhr gewesen sein muß.«

Der Besuch bei Schmücker habe nicht länger als 45 Minuten gedauert. Bei seiner ersten Aussage war es nur halb so lange gewesen.

Nach dem Gespräch gingen Ilse Jandt und Bodeux zurück zur U-Bahn-Station. Auf dem Weg dorthin aßen sie an einem Imbißstand ein paar Würstchen. Dann fuhren sie zurück in die Köpenicker Straße.

Über den Besuch bei Schmücker gibt es weitere Zeugen.

Am 3. Juni, dem Pfingstmontag, gegen 18 Uhr besuchten Monika Breuer und Georg Pitzen ihren Freund Ulli in der Lahnstraße. Sie sprachen über belanglose Dinge. Gegen 10 oder 11 Uhr abends klopfte es. Ulli öffnete die Tür. Schmückers Freunde konnten beobachten, wie er einen jungen Mann und eine Frau hereinließ. Als die Frau die beiden im angrenzenden Wohnzimmer sah, flüsterte sie: »Schick die beiden weg, wir wollen mir Dir reden!«

Die Besucher gingen in die Küche. Der Mann stellte sich ans Fenster und blickte in den Hof hinunter, so daß Georg Pitzen und Monika Breuer ihn nur von hinten sehen konnten. Die Frau blieb im Türrahmen stehen. Sie warf einen kurzen Blick ins Wohnzimmer und sagte: »Guten Abend.« Im Kerzenlicht aus einer Entfernung von zwei bis drei Metern konnten Ullis Freunde erkennen, daß die Frau klein und untersetzt war und lange dunkle Haare bis über die Schultern trug. Sie hatte eine dunkle Hose und einen halblangen braunen Wildledermantel an. In der Hand hielt sie eine altmodische dunkle Ledertasche mit zwei Henkelgriffen.

Die Frau erschien den beiden etwa 160 cm groß, und rund 25 Jahre alt. Den Mann hatten sie jünger in Erinnerung — und wesentlich größer.

Später identifizierten Monika Breuer und Georg Pitzen die Frau als Ilse Jandt. Ähnlichkeiten des jungen Mannes mit Jürgen Bodeux konnten sie nicht feststellen. Sie schätzten den nächtlichen Besucher auf über 180 cm. Jürgen Bodeux ist einen Kopf kleiner.

Ulli ging kurz mit den beiden in die Küche. Dann kam er ins Wohnzimmer zu seinen Freunden und sagte: »Ihr müßt Euch jetzt verabschieden.« Die beiden erhoben sich, verabredeten mit Ulli ein Treffen für die kommende Woche, und verließen die Wohnung.

Am nächsten Tag, es war der 4. Juni 1974, fuhr Bodeux — nach seiner Aussage — mit Wolfgang Weßlau im »Tarantel«-Bus zur Krummen Lanke.

»Zuvor hatten Ilse Jandt und ich ihm den von uns in Aussicht genommenen Tatort beschrieben. Nun mehr zeigte ich ihm an der Krummen Lanke den genauen Ort. Ich zeigte ihm auch das Tulpenschild , an dem er sich mit Ulrich Schmücker treffen sollte.«

Ilse war — nach Bodeux's Aussage — während dieser Zeit zurückgeblieben, weil sie andere Dinge zu erledigen hatte.

Mit Hilfe von Wolfgang Weßlaus Armbanduhr stoppten sie die Zeit, die er zu Fuß von dem Tulpenschild bis zum Tatort und zurück brauchen würde. Dann fuhren sie mit dem VW-Bus zum Bahnhof Zoo. »Auch das«, so Bodeux, »war wichtig, weil Wolfgang Weßlau noch am selben Tage nach der Tat mit einem Zug, der kurz vor Mitternacht fuhr, Berlin verlassen sollte.«

Sie kauften eine Fahrkarte für Wölli und fuhren zurück in die Köpenicker Straße.

Dort aßen sie gemeinsam mit Ilse Jandt und Volker von Weingraber. Ilse erwähnte — nach Bodeux's Aussagen — den Brief, den sie Ende Mai an Ulrich Schmücker geschickt hatte, um ihn nach Köln zu locken. Sie wandte sich an Volker von Weingraber: »Schmücker ist in Köln nicht aufgetaucht. Den Brief muß ich zurückhaben.«

Weingraber reagierte nervös und überlegte, wie der Brief wiederbeschafft werden könnte. »Vielleicht ist der Brief bei dem richtigen Bernd Laurisch angekommen? Ich nehme die Sache mal in die Hand.«

Er machte sich auf den Weg zum Einwohnermeldeamt, um die Adresse von Bernd Laurisch herauszufinden. Für die Auskunft mußte er 1 Mark bezahlen.

Dann fuhr er zusammen mit Wolfgang Weßlau im VW-Bus zu der ermittelten Anschrift. Sie öffneten den Briefkasten, doch von dem Brief fanden sie keine Spur. Laurisch selbst war nicht zu Hause. In seiner Wohnung aber hielten sich ein paar andere Leute auf. Weingraber fragte sie, wo Laurisch steckte. Niemand wußte etwas. Unverrichteter Dinge fuhren die beiden zurück in die Köpenicker Straße.

Der längste Tag

Ilse Jandt und Jürgen Bodeux nahmen ihre Sachen und stiegen in den VW-Bus. Volker von Weingraber brachte sie zum Bahnhof Zoo. Sie nahmen den Zug nach Hannover. In Braunschweig stiegen sie aus und tranken in der Bahnhofsgaststätte etwas. Ilse rief ihre Mutter in Wolfsburg an und bat sie, den Warmwasserboiler anzustellen. Sie träfen zwischen 19.30 und 20.00 Uhr ein und würden gern ein heißes Bad nehmen.

Gegen 19.00 Uhr kamen sie mit der Bahn in Wolfsburg an und gingen in die Bäckergasse. Söre, Annette, Farim und ein Mädchen namens Regine G. waren dort.

Die in Wolfsburg gebliebenen deuten an, sie hätten die 20 Exemplare des »Kommuniques über Verrat« in DIN A 4-Umschläge verpackt und beschriftet. Vorsichtig, so daß Regine es nicht mitbekam, signalisierten Ilse und Jürgen, daß Wölli nach erfolgreicher Aktion bei Ilses Mutter anrufen würde. Sobald das geschehen sei, würden sie zurück in die Bäckergasse kommen. Dann müßte Söre wie geplant mit den Umschlägen nach Hamm fahren und sie dort aufgeben.

Ilse und Jürgen verließen das Haus in der Bäckergasse. Bei Ilses Mutter badeten sie. Danach sahen sie sich im Fernsehen den zweiteiligen Film »Der längste Tag« über die Landung der Alliierten in der Normandie an. Kurz nach Ende des Films klingelte das Telefon. Ilse ging an den Apparat und nahm ihn an der langen Schnur mit in ihr Zimmer. Jürgen folgte ihr. Ilse sprach knapp eine Minute mit dem Anrufer. Bodeux konnte nicht mithören. Nachdem sie den Hörer wieder aufgelegt hatte, sagte sie: »Es war Wölli. Er hat gesagt, daß es geklappt hat. Er nimmt den Zug gegen Mitternacht von Berlin nach Wolfsburg über Braunschweig nach Hannover.«

Das alles schilderte Jürgen Bodeux in seiner Aussage vom 23. Oktober 1974. In der Hauptverhandlung vom 17. Februar 1976 war sein Erinnerungsvermögen nicht mehr so gut. Vage und unpräzise beschrieb er die entscheidenden Stunden, und der Gerichtsvorsitzende Leschonski tat nicht allzuviel, um ihm auf die Sprünge zu helfen.

Bodeux: An diesem Vormittag sind wir mit Herrn Weßlau zur Krummen Lanke gefahren und zeigten ihm dann auch den Platz und sagten ihm, zu welcher Uhrzeit er dort eintreffen sollte. Nachdem das geschehen war, sind wir wieder zurückgefahren. (In seiner vorherigen Aussage hatte Bodeux gesagt, er allein habe Weßlau in den Tatort eingewiesen. Vor Gericht sprach er von »Wir«. Der Widerspruch fiel dem Vorsitzenden offenbar nicht auf.)

Vorsitzender: Sind Sie noch zum See gefahren und haben die Stelle ausgemacht?

Bodeux: Ja sicher. Wir sind dann wieder zurückgefahren zur Wohnung von Weingraber. Und ungefähr zwei bis drei Stunden später am Nachmittag, 2 oder 3 Uhr, sind wir dann von Weingraber zum Bahnhof gebracht worden und sind dann wieder mit dem Zug nach Wolfsburg zurückgefahren. Wir hatten uns vorher Fahrkarten gekauft, auch für Weßlau. Weßlau sollte vom Bahnhof aus anrufen, sobald die Tat ausgeführt war. Wir fuhren zurück nach Wolfsburg.

Vorsitzender: Was war das für ein Tag?

Bodeux: Ich glaube, das war der 4.6.

Vorsitzender: Sie haben Weßlau die Stelle gezeigt, die Sie ausgesucht hatten?

Bodeux: Ja.

Vorsitzender: War Weßlau der, der den Schuß abgeben sollte ...

Bodeux: Ja.

Vorsitzender: ...war der so einfach bereit dazu?

Bodeux: Ja.

Vorsitzender: Keine Bedenken?

Bodeux: Keine.

Vorsitzender: Warum ist die Wahl auf Weßlau gefallen? Bestimmte Gründe?

Bodeux: Das weiß ich nicht.

Vorsitzender: Ist zwischen Ihnen besprochen worden, in welcher Weise er den Schuß abgeben sollte, wie er das im einzelnen machen sollte?

Bodeux: Ich glaube nicht, daß es im einzelnen besprochen worden ist. Wenn, kann ich mich nicht erinnern. Es war so vereinbart, daß er mit Schmücker zu dem Platz gehen sollte und ihn dann eben auf diesem Platz erschießen sollte.

Vorsitzender: Zusammen mit Frau Jandt zurück nach Wolfsburg? Wann eingetroffen?

Bodeux: Das muß am späten Nachmittag, oder frühen Abend gewesen sein. Wir sind zur Bäckergasse gegangen.

Vorsitzender: Wen trafen Sie an?

Bodeux: Wir trafen bis auf Weßlau alle an, und ebenfalls eine Regine oder Regina aus Hannover, die zufälligerweise zu Besuch war.

Vorsitzender: Hatte die was mit der Sache zu tun?

Bodeux: Nein.

Vorsitzender: Wie ist der Tag weiterverlaufen?

Bodeux: Wir sind von dort aus, am späten Abend, 8.00 ungefähr ...

Verteidiger: Berichteten Sie, was sich in Berlin abgespielt hat?

Bodeux: Das war schwierig, weil Regina da war. Es gelang zu berichten, daß Aktion laufen würde. Ob mehr besprochen wurde, weiß ich nicht, da Besuch da war. Wir sind dann zur Schillerstraße gegangen, wo wir den Anruf erwarteten. Der Anruf kam dann auch, die Uhrzeit weiß ich nicht mehr so genau. Es muß so um Mitternacht gewesen sein.

Vorsitzender: Was war das für ein Anruf?

Bodeux: Das war der verabredete Anruf von Weßlau.

Vorsitzender: Dieser Anruf kam nicht in der Bäckergasse sondern Schillerstraße?

Bodeux: Die Adresse der Mutter der Frau Jandt.

Vorsitzender: Da haben Sie sich den Abend über aufgehalten?

Bodeux: Ja.

Vorsitzender: Erinnern Sie sich, was Sie den Abend über gemacht haben?

Bodeux: Ja, Fernsehen geguckt.

Vorsitzender: Was gab es?

Bodeux: Es war ein Film, »Der längste Tag«. An dem Inhalt im einzelnen kann ich mich nicht mehr erinnern. Schlacht bei Waterloo.«

Jürgen Bodeux hat sich genau um 159 Jahre vertan.

Wesentlich präziser als seine Aussagen vor Gericht sind Jürgen Bodeux's Vernehmungsprotokolle, die er zumeist in Zusammenarbeit mit dem Staatsanwalt Przytarski anfertigte. Darin heißt es weiter:

»Nach dem Anruf ging ich mit Ilse zur Bäckergasse. Es waren noch alle auf. Man hatte uns erwartet, und nachdem Ilse allen Anwesenden mitgeteilt hatte, daß Wölli die erfolgreiche Aktion per Telefon gemeldet habe, machte sich Söre fertig. Soweit ich mich erinnere, steckte er die bereits adressierten Umschläge mit dem Kommunique in eine Plastiktüte. Etwa gegen 2.00 Uhr brachte ihn dann Annette von W. zum Bahnhof in Wolfsburg. Er sollte nach Hamm fahren, um dort die Kommuniques per Post aufzugeben.

Wir warteten noch solange, bis Annette wieder zurückkam und die Abfahrt von Söre mitteilte. Darauf gingen wir alle schlafen.

Um ca. 6.00 Uhr erschien dann Weßlau in der Wohnung. Er erzählte, daß er auf der Fahrt irgendwo im Zug einen Umsteigebahnhof verschlafen habe, meiner Meinung nach war es Braunschweig. Er mußte dann über Hannover nach Wolfsburg reisen. Zur Tatausführung berichtete er:

Er habe sich das Auto, den 'Tarantel'-Bus von dem Volker Weingraber geliehen und dabei irgendeinen Vorwand benutzt. Mit diesem Bus sei er zum See Krumme Lanke gefahren und hätte das Fahrzeug auf einem Parkplatz in der Nähe des Sees abgestellt. An dem von Ilse beschriebenen Tulpenschild habe er auf Schmücker gewartet und kurz nach 22.00 Uhr soll Schmücker dort auch eingetroffen sein. Nach Nennung des Codewortes »Hundert Blumen« habe Weßlau Schmücker erklärt, er sei nur ein Verbindungsmann, und die eigentlichen Gesprächspartner würden erst kommen. Ohne nennenswerte Unterhaltung will er mit Schmücker in der Nähe des Sees spazierengegangen sein und an einer ihm — Weßlau — günstig erscheinenden Stelle habe er die Pistole 08 aus seinem Parker genommen und aus einer Entfernung von ca. 5 Metern auf Schmücker einen Schuß abgegeben. Schmücker soll umgefallen sein. Weßlau will gesehen haben, daß er ihn im Gesicht getroffen hat, und daß sich Schmücker nicht mehr bewegte.

Vom Ort der Erschießung ging dann Weßlau zum gelben Bus und fuhr zum Bahnhof Zoo.«

Dort, so Jürgen Bodeux's Aussagen, habe Weßlau den »Tarantel«-Bus verabredungsgemäß abgestellt. Volker von Weingraber sollte den Wagen später abholen und die Pistole verschwinden lassen.

Die Staatsanwaltschaft ermittelte später, daß Wolfgang Weßlau mit dem Fernzug D 240, Abfahrt 23.39 Uhr oder dem D 1244, Abfahrt 23.58 Uhr Berlin verlassen haben konnte.

Sicher ist, daß Wolfgang Weßlau am Morgen des 5. Juni 1974 wieder in Wolfsburg war. Dort hatte er nämlich um 8.30 Uhr einen Termin vor dem Amtsgericht in Sachen Bundeswehr. Wolfgang S. begleitete ihn; er sollte als Zeuge aussagen. Bei der Zeugengeld-Stelle sagte Farim, er sei gerade mit der Bahn aus Berlin gekommen und müßte deshalb die Reisekosten erstattet bekommen. Der Beamte lehnte ab.

Am Nachmittag versammelte sich die Gruppe wieder im Hause Bäckergasse. Der Tag verlief ohne Besonderheiten.

(Auch in dieser Aussage des Kronzeugen Bodeux gibt es erhebliche Widersprüche. Wenn Bodeux und Ilse Jandt die Nacht in der Wohnung Schillerstraße verbrachten — woher wußte er dann so genau, daß Weßlau gegen 6.00 Uhr morgens in »der Wohnung« — also vermutlich der Bäckergasse — auftauchte?

Außerdem hatte er an anderer Stelle behauptet, Weßlau selbst in den Tatort eingewiesen zu haben. In dieser — früheren — Aussage dagegen behauptete er, Weßlau habe die Tat an einer »ihm — Weßlau — günstig erscheinenden Stelle« verübt. Das Gericht gab sich keine erkennbare Mühe, diese Widersprüche aufzuklären.)

Fememord im Grunewald

Am 6. Juni berichteten die Zeitungen in großer Aufmachung über den »Fememord im Grunewald«. Nach Bodeux's Aussagen machte sich Annette auf den Weg, um einen Packen Zeitungen mit den Mord-Meldungen zu kaufen. Bodeux ging zusammen mit Ilse Jandt in die Schillerstraße, um dort Wäsche zu waschen. Auf dem Rückweg in die Bäckergasse erledigte Ilse von der Post aus einige Telefonate. Laut Bodeux's Aussagen rief sie bei verschiedenen linken Buchhandlungen an um festzustellen, ob dort die »großen braunen Umschläge« mit den Kommuniques eingegangen waren.

Am 7. Juni erschien in der »Frankfurter Rundschau« der Text des Kommuniques. Am Tage darauf standen plötzlich zwei Polizeibeamte in der Tür des Hauses Bäckergasse 2. Sie wollten Ilse Jandt sprechen. Ilse kam, wie es später im Polizeibericht hieß »spärlich bekleidet (Schlüpfer und Pullover)« an die Tür. Die Beamten erklärten ihr, sie kämen aus Berlin und ermittelten in der Mordsache Schmücker. Ilse Jandt antwortete, sie habe aus der Presse von der Mordsache in Berlin gehört, könne aber dazu keine Angaben machen. Darauf hielt einer der Beamten ihr ein Foto des Ermordeten vor. Ilse Jandt schüttelte den Kopf. Nein, diese Person kenne sie nicht. Das Foto sei auch zu undeutlich.

»Wieso kommt man denn gerade auf mich?«

»Bei der Leiche ist ein Zettel mit Ihrer Telefonnummer gefunden worden.«

»Darauf kann ich mir keinen Reim machen.«

»Aber Sie kennen eine Person namens Bernd Laurisch?«

»Ja, den kenn' ich aus der Kommunewohnung Zeughofstraße. Da hab ich mal geschlafen.«

Die Beamten sagten ihr, es läge eine richterliche Vorladung für sie vor, sie möge bitte mit zum Amtsgericht kommen. Ilse ließ sich die Ladung zeigen und sagte, sie wolle sich noch waschen und anziehen bevor sie mitkäme. Einer der Beamten fragte, ob er ein Glas Wasser bekommen könne. Daraufhin wurden die Polizeibeamten ins Haus gelassen, und Söre brachte das Glas Wasser.

Nach kurzer Zeit wurde Ilse mit einem Behördenwagen wieder zurückgebracht. Sie berichtete den anderen: »Die Beamten haben mich nach einem Haus mit Butzenscheiben befragt. Das muß wohl irgendeine Bedeutung haben. Mir ist das völlig unerklärlich.«

Im übrigen habe sie vom Gericht aus den Hamburger Anwalt Wolf-Dieter Reinhard angerufen. Der Anwalt wolle so schnell wie möglich kommen, Ilse und Jürgen würden in der Schillerstraße auf ihn warten.

Am Nachmittag erschien Reinhard in einem roten VW-Käfer mit Hamburger Kennzeichen.

Sie besprachen alles nötige — worüber Jürgen Bodeux später detailliert und wahrscheinlich stark übertrieben vor dem Staatsanwalt aussagte. Bodeux's Belastungen brachten Rechtsanwalt Reinhard 5 Monate Untersuchungshaft und ein Strafverfahren ein. Im Prozeß aber brachen Bodeux's Aussagen in sich zusammen. Reinhard wurde freigesprochen, und die Glaubwürdigkeit des Kronzeugen Jürgen Bodeux bekam ihre ersten tiefen Risse.

Gemeinsam mit Rechtsanwalt Reinhard fuhr Ilse zum Gericht. Dort machte sie ihre Aussage: Sie sei Ende Januar, Anfang Februar in Berlin gewesen, dann etwa vier Wochen vor Ostern, Ostern und vom 2. bis 4. Juni. Bei ihrem ersten Berlin-Aufenthalt habe sie in der Zeughofstraße übernachtet und dort einen Bernd Laurisch gesehen. Sie habe aber nicht gewußt, daß Bernd Laurisch identisch mit Ulrich Schmücker sei. Am 4. Juni habe sie gegen Mittag oder am frühen Nachmittag vom Bahnhof Zoo aus mit der Bahn Berlin verlassen. Sie habe in Berlin Freunde besuchen wollen, diese aber nicht angetroffen.

Weiterhin sagte Ilse Jandt aus, jener Bernd Laurisch habe sie im Dezember des vergangenen Jahres zusammen mit einem Mädchen namens Usch in Wolfsburg besucht. Sie wüßte nichts davon, daß Bernd Laurisch in die Lahnstraße gezogen sei. Sie sei zwar häufig in Kreuzberg gewesen, die Lahnstraße sei ihr aber nicht bekannt. Über die Vorgeschichte Ulrich Schmückers habe sie nur aus Zeitungen gewußt. Am

3. Juni abends habe sie geschlafen, deshalb halte sie es für ausgeschlossen, daß sie an diesem Tag einen Besuch gemacht habe.

»Sonstige Hinweise in dieser Sache kann ich nicht geben.

Laut diktiert, selbst gelesen und unterschrieben.«

Am späten Nachmittag des 8. Juni kam ein Abgesandter von Götz Tilgener nach Wolfsburg und brachte der Gruppe ein Gedächtnisprotokoll über Tilgeners erste Vernehmung, in der er sich vor allem auf komplettes Nichtwissen berief.

Zwei Tage später ging ein zweites Schreiben der »Bewegung 2. Juni« beim Extra-Dienst in Berlin ein.

Darin hieß es: »Schmücker war nicht nur ein Verräter und Konterrevolutionär, sondern nach eigenen Angaben ein Agent des Verfassungsschutzes.« Es folgten Einzelheiten aus Schmückers Gedächtnisprotokoll über seine Beziehungen und angeblichen Absprachen mit dem Verfassungsschutz-Beamten Peter Rühl. »Schmücker wollte schlauer sein als alle und machte seine eigene Rechnung als Doppelagent. Schmücker stand seit seiner Haftentlassung unter der Kontrolle der Bewegung, die ihm die Version vom 'Schein-V-Mann' nicht glaubte. Sie deckte Verbindungen zum israelischen Geheimdienst auf, in dessen Auftrag er ebenfalls arbeitete. Schmücker hinterließ detaillierte handschriftliche Aufzeichnungen über Praktiken des Verfassungsschutzes zur Beeinflussung von politischen Prozessen. Ganz in Gemeinschaft mit der 'unabhängigen Justiz'. Der Preis, den der Verfassungsschutz für Schmückers Spitzeltätigkeit zahlen wollte, ist beachtlich: ein Stipendium, eine kleine Summe, 'die für ein Häuschen reicht' (Rühl), eine Lebensversicherung.«

Kurze Zeit später druckte der Extra-Dienst einen Brief der Mutter Ulrich Schmückers:

»Als Mutter des am 5. Juni im Grunewald ermordeten Ulrich Schmücker habe ich ihnen folgendes mitzuteilen:

Mein Sohn ist kein 'Verräter', als den man ihn heute hinstellen will. Die Aussagen und Namensnennungen, die zu der Verhaftungswelle in Berlin im Sommer 1972 führten, wurden nachweislich von Harald Sommerfeld gemacht. Der Prozeß meines Sohnes wurde nicht auf Veranlassung des Verfassungsschutzes vorgezogen, sondern weil er der 'am wenigsten Belastete' war, außerdem hatten wir für ihn einen eigenen Rechtsanwalt genommen. Der schwerwiegendste Punkt war die angegriffene Gesundheit meines Sohnes. Er hatte als Kind eine Tbc durchgemacht und durch die außerordentlich schlechte Verpflegung drohte diese Krankheit wieder auszubrechen. Ich habe sämtliche Dienststellen aufgesucht und angeschrieben, um ihn sobald als möglich herauszubekommen...

Nachdem Ulrich seinen Prozeß hinter sich hatte und sich hier zu Hause bei uns aufhielt, rief beinahe täglich Peter Rühl an; ich nahm die Gespräche an und stand neben meinem Sohn, während er mit Rühl sprach. Immer wieder machte er große Versprechungen, Ulrich könne in Oxford oder sonst wo studieren, auch ein Fach mit Numerus Clausus, vor allem aber wollte er sich immer mit unserem Sohn an einem dritten Ort treffen, worauf Ulli aber nicht einging, da ich ihm sehr abriet und er wohl auch merkte, daß Rühl unlautere Absichten hatte. Auf alle Fälle kann ich bezeugen, daß mein Sohn dem Peter Rühl klar sagte, er möge seine Telefongespräche sparen, bei ihm sei nichts drin. Die Gespräche dauerten stets lange, einmal sogar 1 1/4 Stunde. Meine Vermutung geht dahin, daß Herr Rühl als Staatsbeamter glaubte, sein 'Image' verloren zu haben, vielleicht lag auch eine Beförderung drin. Es war dem Mann nicht gelungen, einen 21jährigen jungen Mann zu seinem Werkzeug zu machen...

Es hat sich für meinen Sohn ein anderer als 'Spitzel' gefunden. Deshalb wurden auch in allen Zeitungsberichten die Taten des Sommerfeld und seine Aussagen meinem Sohn zur Last gelegt. Automatisch wurde der 'Bewegung 2. Juni' suggeriert, daß Ulrich Schmücker ein VS-Agent und Verräter sei. Der Drahtzieher dürfte wohl feststehen, es mußten sich nur noch die Täter finden.

Bei einigermaßen Intelligenz hätten sich doch die Leute sagen müssen, daß Ulrich niemals mehr in Berlin aufgekreuzt wäre, wenn er Verrat geübt hätte. Sein Gnadenersuch wäre nicht abgelehnt worden, wenn er VS-Spitzel gewesen wäre.

Oft warnte ich ihn und wies ihn auf Gefahren hin, dann sagte er immer: 'Das Schlimmste, was mir passieren kann, ist, daß sie mich noch für den Rest der Strafe einsperren'. Er war von Kind an ein Mensch, der sich für sozial schwache Menschen einsetzte und hatte es sich zur

Lebensaufgabe gemacht, für andere Menschen zu sorgen. Er hätte mit seiner Intelligenz, seinem Vorleben und seiner Überzeugungskraft seiner Bewegung noch viele, viele Menschen zuführen können!

Sei waren zu dumm, um es einzusehen. Sie meinten, einen VS-Agenten zu treffen, und Sie haben sich selbst zum Werkzeug des VS gemacht.

Die 'Bewegung 2. Juni' wird an diesem Mord zerbrechen, auch Harald Sommerfeld wird sich seines 'kostenlosen Studiums' nicht mehr lange freuen können.

Ich habe einen wunderbaren Sohn verloren, und die Jugend, die für die Freiheit der Unterdrückten kämpft, sah tatenlos zu, wie einer ihrer Besten ermordet wurde.«

Es war nicht reine Intuition, nach der Ulrich Schmückers Mutter die Hauptverantwortlichen für den Tod ihres Sohnes im Verfassungsschutz vermutete. Aus vielen Gesprächen mit ermittelnden Kriminalbeamten hatte sie den Eindruck gewonnen, daß mächtige Behörden in den Fall verwickelt und an der Aufklärung nicht sonderlich interessiert waren. So erinnerte sich die Mutter an ein Gespräch mit Beamten beim Verhör in Neuenahr: »Wir wurden von der Polizei vernommen. Da sagte der Beamte: 'Immer wenn wir glauben, daß wir mit unseren Ermittlungen weiterkommen, werden uns Knüppel zwischen die Beine geworfen'. So drückte er sich aus. Ganz am Anfang war das«. Der Beamte meinte ganz offensichtlich den Verfassungsschutz.

Um selbst Einblick in jenes Amt zu bekommen, das ihrem Sohn zum Verhängnis geworden war, fuhr Frau Schmücker im Herbst 1974 nach Berlin. Sie führte ein Gespräch bei der Polizei und ließ sich von einem Beamten den Weg zum Amtssitz des Verfassungsschutzes beschreiben.

»Die haben mir eine Skizze gemacht bei der Polizei, wie ich zum Fehrbelliner Platz komme.«

Dort ist der Sitz des Berliner Innensenators, des Verantwortlichen für das Berliner Landesamt für Verfassungsschutz. Die eigentliche Zentrale des VS Berlin ist in der Clay-Allee.

»Es war am Montag, dem 14. Oktober. Da bin ich dagewesen. Ich bin mit der U-Bahn hingefahren und in das Gebäude gegangen.«

Frau Schmücker meldete sich an der Pförtnerloge. Sie sagte: »Ich möchte zu Herrn Rühl.« Der Pförtner antwortete: »Hier gibt es keinen Herrn Rühl.«

»Ja, dann möchte ich den Mann sprechen, der sich bei meinem Sohn als Herr Rühl eingeführt hat. Ich bin die Mutter des ermordeten Ulrich Schmücker.«

Der Pförtner sagte ihr, sie solle in den zweiten Stock fahren und sich in irgendeinem Zimmer melden.

»Da bin ich mit dem Fahrstuhl raufgefahren, der war wie ein Käfig. Oben habe ich mir ein Zimmer gesucht und an die Tür geklopft. Da saß so jemand im Rang eines Inspektors oder so. Mehr war der nicht. Er saß ganz allein in seinem Zimmer und hat ziemlich dumm rumgeschwafelt. Er redete mit mir, als ob ich eine Stellung bei ihm suchte oder für meinen Sohn eine Stellung haben wollte.«

Frau Schmücker wurde ärgerlich. Sie sagte: »Hören Sie mal, wir reden hier ganz aneinander vorbei. Ich möchte Herrn Rühl sprechen. Ich habe mit dem Herrn etwas zu bereden.«

»Ja, Herrn Rühl gibt es gar nicht.« Der Beamte machte eine Pause und dachte nach. Plötzlich sagte er: »Wie sind sie überhaupt hier hereingekommen? Wir können Sie überhaupt nicht gebrauchen.«

»Wenn Sie hier Fisimatenten machen, dann gehe ich sofort zur Bild-Zeitung. Dann sage ich da aus und Sie stehen morgen in der Presse. Glauben Sie bloß nicht, daß Sie mich jetzt hier wegkriegen. Ich möchte Herrn Rühl sprechen oder seinen Vertreter.«

Daraufhin schickte der Beamte sie auf den Flur, um zu telefonieren. Kurz darauf kam er aus seinem Zimmer und sagte: »Warten Sie bitte hier draußen. In einer halben Stunde kommt jemand«.

Frau Schmücker setzte sich auf eine Holzbank. Nach einer Weile kam ein Mann im hellen Trenchcoat, einen Hut auf dem Kopf und eine kleine Tasche in der Hand. Er musterte Frau Schmücker.

»Der war so Anfang 40, mittelgroß und unauffällig aussehend. Er war so ein nichtssagender Beamtentyp. So ein Blonder. Sah aus wie ein Milchbrötchen.«

Das »Milchbrötchen« sagte: »Sie wollen Herrn Rühl sprechen?«

Die Mutter nickte. »Herr Rühl ist aus Sicherheitsgründen beurlaubt. Kommen Sie bitte mal mit.«

Der Beamte führte Frau Schmücker über eine Wendeltreppe in eine Art Turmstübchen. »Da machte er sich am Schreibtisch zu schaffen«, erinnerte sich die Mutter, »da dachte ich, jetzt stellt er ein Tonbandgerät an. Und dann legte er mir den Berliner Extra Dienst auf den Tisch.« Es war die Ausgabe, in der Frau Schmückers Brief veröffentlicht worden war.

Der Beamte sagte: »Haben Sie den Artikel verfaßt?«

»Ja, sicher.«

»Sind Sie sich darüber im Klaren, welche Angriffe Sie da gegen uns vornehmen?«

»Letzten Endes haben Sie uns ja allerhand angetan, in dem Sie unseren Sohn diesen Leuten ausgeliefert haben.«

»Wie können Sie das behaupten?«

»Alle Anzeichen sprechen ja dafür.«

Der Beamte wühlte in ein paar Akten, die er griffbereit auf dem Schreibtisch liegen hatte. Frau Schmücker hatte das Gefühl, es seien Akten über ihren Sohn. Sie sagte: »Ich möchte wissen, wie die Hintergründe sind, die zum Tod unseres Jungen geführt haben.«

Der Beamte antwortete ausweichend. Dann erwähnte er, daß Ulrich Schmücker am Freitag Abend vor seinem Tode beim Amt angerufen habe. Sie hätten aber erst am Dienstag morgen von dem Anruf erfahren.

Was der Beamte Frau Schmücker im Oktober sagte, wurde dem Gericht im ersten Prozeß erst über ein Jahr später mitgeteilt.

Frau Schmücker antwortete: »Wenn es wirklich zutreffen sollte, daß mein Sohn sich noch einmal an Sie gewandt hat, warum haben Sie ihn dann nicht beschützt? Sie haben ja auch einen Ruhland und einen Sommerfeld beschützt.«

Darauf der Beamte: »Ja, über die halten wir ja auch die Hand nur solange wir sie brauchen.«

»Und dann?«

»Dann müssen sie auf sich selber aufpassen.«

Der Beamte kam wieder auf Frau Schmückers Artikel im Extra-Dienst zurück. »Nehmen Sie sich ein wenig zusammen in bezug auf Äußerungen vor der Presse. Das könnte unangenehme Folgen für Sie haben.«

»Wollen Sie mir drohen? Ich habe nichts zu verlieren. Ich habe meinen Jungen verloren und dadurch genug geopfert. Ich möchte wissen, was da gewesen ist«.

Der Beamte reagierte nicht. Er sagte nur: »Wir haben damit nichts zu tun«.

»Meinen Sie, ich hätte dem Herrn Rühl etwas getan? Dem hätte ich gern mal Auge in Auge gegenüber gesessen. Der hat doch genug gesündigt an unserem Jungen.«

Der Beamte redete noch ein bißchen herum, dann stand er auf und führte Frau Schmücker aus dem Zimmer.

Tod — leichter als ein Schwanenflaum

Am 14. Juni wurde Ilse Jandt zum zweiten Mal zur Vernehmung geladen. Sie verweigerte die Aussage.

Obwohl sie zu diesem Zeitpunkt längst als Beschuldigte galt und die Aussage hätte verweigern können, wurde sie als »Zeugin« befragt und wegen Aussageverweigerung in Beugehaft genommen.

Inzwischen hatte der Verfassungsschutz ein Foto an das Bundeskriminalamt gegeben, auf dem Ilse Jandt mit einer »unbekannten Person« zu sehen war. Das BKA identifizierte Ilse Jandts männlichen Begleiter als einen gewissen »Dieter Hartmann« — in Wirklichkeit war es Jürgen Bodeux.

Ende Juli 1979 schrieb Annette von W. einen Brief an Wolfgang Weßlau.

»Wölli, mein lieber Wölli, nun bist Du nicht hier, und ich hab mich so darauf gefreut, Dich in die Arme zu nehmen, umarmt zu werden, und Dir mein glückliches Lächeln zu zeigen. Es ist ein Lächeln, das Liebe beinhaltet, Liebe zu Dir und zu unserer Revolution. Das ist keine Spaltung der Libido, sondern die notwendige und richtige Dialektik. Aber das habe ich ja erst begreifen lernen müssen. Du, und ich habe keine Angst zu sagen, daß ich Dich brauche.

Hier in Wolfsburg in der Bäckergasse — tja, gestern Abend bin ich in eine Pennmüllgrube gekommen, nach ein paar Tagen wieder alles dreckig und stinkig. Ein Bett mußte ich noch beziehen, im Dunkeln, Händewaschen, Zähne putzen, Augen zu, Ohren zu, Nase zu, das Bett klamm, keine warme Haut zum Streicheln war da, keine Nase zum Nasenreiben, keine Hände zum Drücken, keine Ohren, in die man 'ganz heimlich' etwas sagen kann, ja Wölli, Du warst nicht neben mir.

Morgens bin ich aufgewacht, Harry war schon wach, er ging weg, ich ging Einkaufen, dann, kein Geschirr war sauber, alles dreckig und schimmelig, und der Pit wird wohl in den nächsten Tagen sterben. Hat am Arsch 'ne schwarze Geschwulst mit Scheiße verschmiert, hat ja auch niemand saubermachen wollen. Zu Fressen hat er seit drei Tagen nichts mehr bekommen, Wasser oder sowas auch nicht, jetzt ist er ganz dünn, quiekt nicht mehr und hat ganz stumpfe Augen, das Fell glänzt auch nicht mehr, ist ja auch nur ein Tier. Ines ist ja auch nur ein Kind, um sowas braucht man sich ja auch nicht zu kümmern.

Sowas macht mich wütend. Da kann man wirklich von der Einheit von theoretischer und praktischer Praxis sprechen, wirklich. Der Anspruch, den wir stellen, Scheiße nochmal, der wird einfach nicht erfüllt. Da kann man nur sagen, was ist das für eine Einheit? Wir wollen uns Kommunisten nennen, eine Avantgarde?

Harry will Dich noch einmal daran erinnern, daß Du den Billy besuchen sollst, aber das hast Du sicher nicht vergessen.

Wölli, mein Schatz, hoffentlich kann ich Dich bald besuchen, so wie ich mich kenne, werde ich mich sicher bald wieder bemerkbar machen.

Wölli, bis bald, bis ganz schnell, einen zärtlichen Kuß über Deine Lippen, Dein Schnäbelchen.«

Am 12. Juli erhielt die Kriminalpolizei in Köln einen anonymen Brief, in dem der männliche Begleiter Ilse Jandts auf dem Observationsfoto, das inzwischen von verschiedenen Zeitungen veröffentlicht worden war, als Jürgen Bodeux identifiziert wurde.

Am 15. Juli, benachrichtigte das Berliner Landesamt für Verfassungsschutz die Mordkommission der Kriminalpolizei davon, daß der Mann auf dem Foto Bodeux sei.

Drei Tage später besuchte Jürgen Bodeux Ilse Jandt in der Haftanstalt Hildesheim. Er legte seinen richtigen Ausweis vor, gab seinen richtigen Namen an, wurde aber weder verhaftet noch zum Verhör gebeten.

Erst am nächsten Tag erhielt er eine Vorladung zur polizeilichen Vernehmung und fuhr nach Hamburg, um sich mit Rechtsanwalt Reinhard zu besprechen.

Am 22. Juli besuchte Bodeux erneute Ilse Jandt in der Haftanstalt. Einen Tag später schickte er einen Einschreibbrief an die Polizei in Wolfsburg und teilte mit, daß er zur Vernehmung am 24. Juli nicht kommen werde. Ein paar Tage später wurde Bodeux, nach einigen vergeblichen Anläufen von der Polizei in Wolfsburg zur Vernehmung abgeholt

Bodeux erklärte: »Ich möchte keine Aussagen machen. Ich bin jedoch bereit, in Gegenwart eines Anwalts zu sagen, was ich von der Sache weiß.«

Es wurde ein neuer Termin für den 30. Juli festgesetzt.

Zu diesem Termin erschien Bodeux zusammen mit Rechtsanwalt Reinhard. Er erklärte:

»Ich habe bis März 1974 in Porz gewohnt. Mit Frau Jandt habe ich Verbindung bekommen zunächst schriftlich während ihrer Haft in Vechta.

Von Porz bin ich zunächst nach Bonn gezogen und etwa Mitte bis Ende Mai 1974 nach Wolfsburg gekommen und zwar zunächst besuchsweise. Ich bin dann hier geblieben. In Berlin bin ich in diesem Jahr nur einmal gewesen. Das war Anfang April... Ich kenne keine Person unter dem Namen Schmücker oder Bernd Laurisch. Von dem Vorfall am 5.6., bei dem Schmücker getötet worden sein soll, habe ich lediglich aus der Zeitung erfahren...«

Am 1. August besuchte Bodeux Ilse Jandt zum dritten Mal in der Haftanstalt. Abends nahm Weingraber auf seinem Motorrad Wölli mit nach Berlin. Einige Tage später fuhren sie zu Tilgener und warnten ihn, weiterhin zu »quatschen«. Als Tilgener mißtrauisch fragte, wo denn Bodeux zur Tatzeit gewesen sei, sagte Weingraber, Bodeux habe in der Nacht in Wolfsburg in der Schillerstraße ferngesehen.

Am 6. August schrieb Jürgen Bodeux einen Brief an die inhaftierte Ilse Jandt.

»Hallo Spätzchen — geliebtes Wesen!

Bei meinem Besuch am Montag hattest Du das Thema Lod (Blutiger Anschlag eines japanischen Kommandos auf den Flughafen von Tel Aviv) angeschnitten und als eine faschistische Aktion bezeichnet. Um diese Aktion, die Du als klassisches Beispiel für individuellen Terror bezeichnest, zu erklären, ist es angebracht, an einige Tatsachen zu erinnern. Die Israelis sind entschlossen, die Palästinenser ins Meer zu werfen, wie Dajan einmal sagte. Es ist nur allzu berechtigt, sich gegen diesen Völkermord mit allen Mitteln zu wehren. Der Anschlag, Spätzchen, allerliebstes, war ein Kommandounternehmen wie jedes andere, wie das in München, Karthum etc. Daß bei dem Anschlag »Unschuldige« ums Leben kamen, stimmt insofern nicht, als daß es keine Unschuldigen gibt. Der Tod der drei japanischen Genossen ist gewichtiger als der Tai Berg!!!! Der Tod der Urlauber ist leichter als ein Schwanenflaum!

So für heute mach ich mal Schluß, Spätzchen, bleibt mir nur noch zu sagen und das sag ich übrigens gerne — und noch lieber zeig ichs Dir — daß ich Dich ganz doll, ganz wild und zärtlich liebe über alles in der Welt und ich möchte Dir noch Danke sagen für das Glück, das Du mir durch Deine Liebe schenkst — das für mich Leben bedeutet. Du Spätzchen — liebes — ich freu mich wahnsinnig auf Dienstag, wenn ich Dich abhole und wir nach Hause fahren — und ich Dich ganz real — körperlich spüre — tschüs, sage ich erstmal bis Donnerstag.

Dein Dich immer und überalliebender Spatz, der sich aber nicht eher für heute verabschiedet, als bis er sein Spätzchen ganz zärtlich in den Schlaf gestreichelt hat. Dein Spatz.«

Am 8. August gingen die Vorladungen zur richterlichen Vernehmung für Annette, Wolfgang S., Wolfgang Weßlau und Sönke L. ein.

Jürgen Bodeux, der sich immer noch in der Bäckergasse aufhielt, schrieb einen Brief nach Berlin.

»Hallo

Brief ist da! Billy aufs Maul hauen klar! Mit Vorwarnung! Dann was noch wichtig ist: reißt auf jeden Fall noch Kohle auf — sehr dringend brauchen ca. noch 500 Kohle warum später — jedenfalls sau wichtig... Übrigens, Ihr habt alle eine richterliche Vorladung gekriegt — alle!!!!

Umarmung an alle. Harry.«

Am 13. August wurde Ilse Jandt aus der Beugehaft entlassen. Jürgen Bodeux holte sie aus der Haftanstalt Hildesheim ab und fuhr mit ihr in die Bäckergasse nach Wolfsburg. Dort wurde zuerst einmal ein gemeinsames politisches Papier verfaßt und nach Berlin geschickt.

Liebe Kollegen und Genossen!

Wir laden Euch ein zu einer Diskussion über unsere Gruppe. Hervorgegangen aus dem Kleinbürgertum haben wir uns auf das hohe Roß der Überheblichkeit geschwungen.

Subkultur gleich chaotischer Anarchismus. Nonkonformismus gleich Konformismus... Ich poche auf mein Recht auf Faulheit und fordere die Abschaffung der Arbeit. Ilses wichtigste Erkenntnis nach 7 Wochen Knast: »Ich bin keine Anarchistin!«

ES LEBE DIE DIKTATUR DES PROLETARIATS!!!

DER KAMPF GEHT WEITER!!!

Auf die Jagd gehen, Tauben schießen ABER NICHT ERWISCHEN LASSEN!!!

Weltgeist Söre, Jürgen und Ilse.

Einen Tag später machten sich Ilse Jandt und Jürgen Bodeux auf die Reise ins Rhein-Main-Gebiet.

Auf dem Wege dorthin schrieb Ilse einen Brief an die Gruppe, den sie am 20. August in Darmstadt aufgab.

»Hallo - Ihr!

Auf dem Weg in Urlaub, immer weiter mit Liberalismus/Klassenlage/Verhalten: Kritik: Egoismus und Rücksichtslosigkeit um den Narziß zu befriedigen war das Taubenschießen. Nicht kollektiv gedacht, und vor allem bedacht, daß Ihr das Geld verbraucht habt, falls es Euch interessiert, falls bis zum 31.8. nicht 540,- DM Miete gezahlt (und nachbezahlt) ist, steht der Gerichtsvollzieher vor der Tür..... 7 Wochen Knast — Hurrah was hab ich mich erholt!!«

Es folgte eine Kritik am Verhalten einzelner Gruppenmitglieder.

Jürgen Bodeux steckte ein eigenes Kurz-Schreiben an die Wolfsburger Gruppe mit in den Umschlag:

»Hallo, ja ich bins

nachdem Mama also Euch ausgeschimpft hat und Ihr Euch hoffentlich in die Ecke gestellt und geschämt habt, wie es sich für Kinder Eurer Klasse (Kleinbürgertum) gehört und Ihr wahrscheinlich tüchtig Minderwertigkeitskomplex produziert habt — nun ein paar aufmunternde Worte von mir:

Der Kampf geht weiter!

Venceremos!

Entschuldigt bitte die Zynik von mir — aber Ihr wißt ja — daß ich meine Aggressionen nicht anders loswerde — ja sicher, ist natürlich Scheiße, klar!«

In Frankfurt besuchten die beiden Brigitte Heinrich. In diesen Tagen machte Götz Tilgener in Berlin die ersten konkreten Aussagen, erwähnte aber noch nichts über einen Mordplan gegen Schmücker.

Zur selben Zeit erließ das Amtsgericht Wolfsburg Haftbefehl gegen Wolfgang Weßlau in seiner Bundeswehr-Angelegenheit.

Am 22. August fuhren Jürgen Bodeux und Ilse Jandt von Darmstadt aus, wo sie bei einem Freund übernachtet hatten, wieder nach Frankfurt und suchten Brigitte Heinrich auf. Bodeux wurde von den anderen aufgefordert, seinen Vater anzurufen und ihn um Geld zu bitten. Bodeux ging nach unten auf die Straße und berichtete später, er habe versucht, seinen Vater von einer Telefonzelle aus anzurufen, er sei aber nicht zu Hause gewesen. Abends fuhren Jürgen Bodeux, Ilse Jandt und der inzwischen zu ihnen gestoßene Reinhard G. zurück nach Darmstadt.

Die Stimmung unter den dreien war schlecht. Ilse und Reinhard begannen, ein gewisses Mißtrauen Jürgen Bodeux gegenüber zu entwickeln. Vor allem glaubten sie ihm nicht, daß sein Vater nicht zu Hause gewesen war. Reinhard G. rief Bodeux's Vater an und gab sich als »Buchholz« aus. Der Vater war zu Hause. Es kam zum Krach in der Gruppe, die beiden warfen Bodeux vor, er habe den Anruf bei seinem Vater nur vorgetäuscht. Daraufhin flippte Bodeux total aus. Er tobte herum, weinte und schrie.

Am 24. August wurde bei Lehre im Kreis Helmstedt gegen 1 Uhr nachts ein unfallbeschädigter VW-Käfer mit laufendem Motor von der Polizei entdeckt. Von den Insassen fehlte jede Spur. Im Wagen fand die Polizei ein abgesägtes Kleinkalibergewehr vom Typ Landmann-Preez, eine Mauser-Pistole, Munition und Einbrecherwerkzeug, außerdem Unterlagen über einen geplanten Raubüberfall beim »Stern« und ein Sparbuch auf den Namen Jürgen Bodeux. Daraufhin bat die Kriminalpolizei Helmstedt die Kripo in Berlin und Köln um »Aufenthaltsmitteilung des Bodeux«.

In der Antwort hieß es: »Dem LKA Wiesbaden war durch umfangreiche Observation bekanntgeworden, daß o.a. Jürgen Bodeux sich mit weiteren Personen in Darmstadt u. Umgebung aufhält ... Durch ihr konspiratives Verhalten ist der Verdacht erhärtet worden, daß es sich um eine Anarchistengruppe handelt.«

Tatsächlich hatten die drei seit längerer Zeit bemerkt, daß sie ganz offen beobachtet wurden. Angeblich, um die Observanten »abzulenken« fotografierte Jürgen Bodeux demonstrativ Bankgebäude.

Ilse Jandt schrieb am 23. August einen dreizeiligen Brief an Söre. Es sei alles anders gekommen als erwartet. Aus diesem Grunde solle er nicht nach Frankfurt/Darmstadt kommen. Sie beendete den Brief mit dem Wort »au-weia«.

Ein befreundeter Dienst

Am Nachmittag des 26. August machten Bodeux, Guddat und Ilse Jandt in der Nähe von Darmstadt einen Spaziergang. Ilse wollte eine alte Kirche besichtigen. Gegen 15.30 Uhr ging Bodeux zu einer Telefonzelle. Nachdem er etwa fünf Minuten telefoniert hatte, erklärte er den anderen, er habe seinen Vater wegen des Geldes angerufen.

Später, während der Vernehmungen erklärte der Vater, das letzte Gespräch mit seinem Sohn habe bereits zwei Tage vorher, am 24. August, stattgefunden.

Nach dem Telefongespräch setzen sich die drei auf eine Parkbank.

Um 15.30 Uhr brach ein Festnahmetrupp der Polizei in Richtung auf das Waldstück auf, in dem die drei auf einer Bank saßen. Eine viertel Stunde später, um 15.45 Uhr wurden sie verhaftet. Im Einsatzbericht der Kripo heißt es: »Gemäß Anweisung fuhren am 26.8.74, gegen 15.30 Uhr Beamte der Kriminalabteilung Darmstadt mit Beamten des MEK LKA (Mobiles Einsatzkommando Landeskriminalamt) in das Waldgebiet zwischen Böllenfalltor und Traisa und nahmen dort, ca. 1 km vor der Ortschaft Traisa, 3 Personen vorläufig fest. Uns war bekannt, daß diese drei Personen zur Zeit aufhältlich sind in Darmstadt, Frankfurter Str. 38, 3. Stock, bei Buchholz.

Der Auftrag lautete, die 3 nachstehend aufgeführten Personen vorläufig festzunehmen.

Die Personen stehen im dringenden Verdacht, einer kriminellen Vereinigung anzugehören. Die Beschreibung, die wir von den Personen hatten, stimmte genau. Die vorl. Festnahme verlief ohne jede Anstände.«

Die Umstände der Verhaftung in Darmstadt erregten den ersten Verdacht, daß mit Bodeux irgendetwas nicht stimmen konnte. Wenn er nicht, wie behauptet, seinen Vater angerufen hatte, wen dann? Hatte er etwa die Verhaftung durch seinen Telefonanruf selbst veranlaßt?

Ein Vermerk des Hessischen Landeskriminalamtes vom 19. August, also fünf Tage vor der Verhaftung, gab einen weiteren Hinsweis.

Darin hieß es:

»Am heutigen Tag wurden von einem befreundeten Dienst bekannt, daß in der letzten Zeit Angehörige der 'Bewegung 2. Juni' an verschiedenen Orten der BRD observiert wurden. Dabei konnte festgestellt werden, daß sich Angehörige dieser Gruppe z.Zt. im Rhein-Main-Gebiet sammeln. Am 18. Aug. 1974 verließen die Ilse Jandt und Jürgen Bodeux den Raum Niedersachsen und begaben sich mit der Eisenbahn in das Rhein-Main-Gebiet ...

Sie deponierten ihr Reisegepäck im Schließfach des Darmstädter Hauptbahnhofes und begaben sich zu Fuß zum Restaurant 'Wiener Wald'. Dort trafen sie mit zwei männlichen Personen zusammen, die sie anschließend in das Haus Darmstadt, Frankfurter Straße 38 brachten.«

Hatten Observationskommandos des »befreundeten Dienstes« die beiden auf ihrer Reise durch die Republik beschattet — oder war der Dienst durch einen der beiden Reisenden selber über den genauen Ablauf unterrichtet worden?

Ilse Jandt und Jürgen Bodeux wurden in Haft genommen, Reinhard G. kam nach kurzer Zeit frei.

Am 27. August wurde das Kommunehaus in der Wolfsburger Bäckergasse von der Polizei durchsucht. Am selben Tag erhielten Ilse Jandt und Jürgen Bodeux ihren Haftbefehl wegen des Verdachtes der Beteiligung an einer kriminellen Vereinigung.

Am 29. wurde Jürgen Bodeux von der Justizvollzugsanstalt Butzbach nach Gießen verlegt. Einen Tag später fand in Berlin die erste richterliche Vernehmung von Wolfgang Weßlau und Volker von Weingraber statt. Anschließend wurde Wolfgang Weßlau verhaftet. Offizielle Begründung war der Diebstahl von ein paar Sack Zement in Wolfsburg.

Ebenfalls an diesem Tage wurde Götz Tilgener in Berlin festgenommen wegen »Nichtanzeige eines geplanten Verbrechens«.

Tilgener begann auszusagen, er erzählte die Vorgeschichte des Mordplans gegen Ulrich Schmücker, wobei er seine eigene Rolle nach Kräften verkleinerte.

Am 2. September wurde er wieder freigelassen. In der darauffolgenden Zeit erzählte Tilgener überall, was er vom Mordfall Schmücker wußte oder zu wissen vorgab. Er schrieb zahlreiche Briefe an Bekannte, in denen er seine Rolle bei der Mordplanung ins rechte Licht zu rücken versuchte.

In einem dieser langen Briefe, schrieb Tilgener:

»Bin ich nun schuldig an Schmückers Tod? Juristisch nicht: Ich mußte annehmen, daß Schmücker am Leben bleibt. Dafür gab es sehr wesentliche Anzeichen. Die Gruppe hatte beschlossen, ihm nichts zu tun, und ich hatte keinen Grund, an der Aufrichtigkeit dieses Beschlusses zu zweifeln. Es war keine Knarre mehr da; Harry hatte seine wieder mitgenommen, und ich wußte, wie schwer es der WOB-Gruppe gefallen ist, diese eine Knarre überhaupt aufzutreiben. Außer mir gab es keinen, der schießen konnte. Harry (Jürgen Bodeux) vielleicht, der hatte aber mit der Gruppe meines Wissens nichts zu tun. Und das Wesentlichste: Ich als Außenstehender wußte von der Aktion. Und es gibt ein Gesetz innerhalb illegaler Gruppen, daß über eine Aktion die Beteiligten überhaupt nur das für sie wichtigste wissen dürfen; aus Sicherheitsgründen. Ich aber wußte von der kompletten Aktion — war nicht mal Mitglied der Gruppe.

Ich hätte die Aktion verhindern können. Daß ich es nicht getan habe, lag an der unrichtigen Einschätzung der Situation. Es sprach allerdings kein für mich sichtbares Zeichen dafür, daß Schmücker nun doch hingerichtet werden sollte. Man kann es vielleicht so nennen:

Ich habe mich geirrt in der Beurteilung der Wolfsburger Gruppe. Dieser Irrtum war für Schmücker tödlich. Ist schon ein komisches Gefühl! Und es dreht sich ja nicht nur um Schmücker. Die ganze Gruppe ist in Haft und wird da auch noch sehr lange bleiben.«

Tilgener wirkte auch an einer Reihe von Presseveröffentlichungen mit. In seinen Erzählungen ging er immer davon aus, daß wahrscheinlich Jürgen Bodeux auf Ulrich Schmücker geschossen hatte. Bodeux nämlich, so Tilgener, sei — außer ihm selbst — der einzige in der Wolfsburger Gruppe gewesen, der schießen konnte.

»Harry«, so Tilgener, »konnte auf zehn Meter Entfernung einen Kronenkorken treffen«.

Am 3. September unterzeichnete Jürgen Bodeux eine »Erklärung«, in der er Wolf-Dieter Reinhard von seiner Verteidigung entband. Obwohl er die Erklärung schon am 3. September unterschrieb, wurde sie auf den 3. Oktober vordatiert. Vermutlich, weil er Reinhard erst einmal im Unklaren darüber lassen wollte, daß er einen anderen Anwalt genommen hatte.

Noch am 19. September besuchte Rechtsanwalt Reinhard in Unkenntnis von Bodeux's »Seitenwechsel« seinen »Mandanten« in der Haft.

Am 19. September 1974 erhielt Jürgen Bodeux in der Haftanstalt Gießen Besuch von zwei Herren vom Hessischen Landeskriminalamt, Kriminalhauptkommissar Geisser und Kriminalhauptmeister Simoneit.

Einen Tag darauf, am 20. September begann Bodeux plötzlich, Aussagen zu machen. Er ließ sich Vertraulichkeit zusichern und machte umfangreiche Angaben, in denen er zahlreiche ehemalige Genossen schwer belastete.

Diese Aussagen vom 20., 23., 27. und 2. Oktober verschwanden erst einmal in der Versenkung. Auf insgesamt über acht Stunden Tonband, abgeschrieben fast 200 Schreibmaschinenseiten berichtete Bodeux alles, was er zu wissen vorgab.

Beim ersten Tonband-Verhör waren Staatsanwalt Winkel, Kriminalhauptkommissar Wertz und Kriminalhauptmeister Geisser anwesend.

Staatsanwalt Winkel aus Frankfurt eröffnete das Gespräch mit einen Bandwurmsatz:

»Herr Bodeux, Sie wissen ja, wer bei Ihnen ist. Mein Name ist Winkel, ich bin der Staatsanwalt aus Frankfurt, der mit der Sache befaßt ist. Ich habe ihnen vorhin schon gesagt, daß Ihrem Wunsch, daß die Mitteilungen, die Sie uns heute schon gemacht haben, übrigens am 20.9.1974, daß die Mitteilungen, die sie uns gemacht haben, die inzwischen auf vier Schreibmaschinenseiten festgehalten worden sind und die sie jetzt, nachdem Sie sich einverstanden erklärt haben damit, weiter auf das Tonband zu erzählen, daß diese Mitteilungen vertraulich behandelt werden können, da sie Anhaltspunkte enthalten, die mit Mitteln der Kriminalpolizei in tatsächlicher Hinsicht nachgeprüft werden können, so daß in dieser Art und Weise Beweismittel beschafft werden, und, so möchte ich sagen, wir Sie nicht als denjenigen auftreten lassen, der uns das hier gesagt hat.«

Am 23. September, um 15.35 Uhr begann das zweite Tonbandverhör. Diesmal war auch Besuch aus Berlin dabei: Staatsanwalt Przytarski und die Herren Ribbeck und Schmidt von der Abteilung 1 des Polizeipräsidiums in Berlin.

Staatsanwalt Przytarski schrieb über seinen Besuch am 26. September einen Vermerk für seine Handakte:

»In der Unterredung mit Bodeux wurde ihm von mir erklärt, daß die Behandlung seiner Angaben als vertraulich bedeuten würde, daß alle notwendigen prozessualen Handlungen, die gegen die Gemeinschaft Wolfsburg möglicherweise in der Zukunft ergriffen werden müssen, auch gegen ihn durchgeführt werden würden. Eine andere mögliche Betrachtungsweise könne nur dann der Fall sein, wenn er die Angaben offen geben würde. Eine Fortführung der Vernehmungen würde erschwert werden, wenn er sich weiter durch Rechtsanwalt Reinhard, der nach seinen Angaben sich zumindest einer Begünstigung schuldig gemacht haben würde, vertreten lassen würde. Er müsse sich selber entscheiden, ob er sich eines anderen Anwalts seines Vertrauens bedienen würde.

Die Angaben des Bodeux sind sicherlich auch trotz ihres weitgehenden Wahrheitsgehaltes nur unvollkommen. Obgleich Bodeux mit seinen Angaben die Ilse Jandt, die er als eine intime Freundin bezeichnet, zu der er ein Liebesverhältnis besonderer Art hätte, durch seine Angaben sicherlich schon belastet hat, hat er doch wesentlich andere Dinge unterlassen zu schildern. Er hat andere Handlungen von sich verschwiegen, die ihn weiter an der Ermordung Schmückers belasten würden. Ich habe davon Abstand genommen, ihm dies alles in der Vernehmung vorzuhalten, da ihm dann von mir hätte vorgehalten werden müssen, daß eine Vertraulichkeit dieser Angaben nicht zugesichert werden könnte.«

In einem weiteren Vermerk für seine Handakte faßte Przytarski Bodeux's Aussagen zum Fall Schmücker auf 13 Seiten zusammen.

Beide Vermerke, sowie die Tonbänder wurden dem Gericht im ersten Schmücker-Verfahren nicht vorgelegt. Erst als parallel zum zweiten Prozeß aufgrund von Bodeux's Aussagen in Hamburg gegen Rechtsanwalt Reinhard verhandelt wurde, kam eher zufällig die Existenz der Blätter aus Przytarkis Handakte und die Existenz der Tonbänder ans Tageslicht.

Der Staatsanwalt hatte seinen Vermerken die Geheimhaltungsstufe »VS-Vertraulich« gegeben. Die Tonbandaufnahmen waren schlicht verschwiegen worden.

Am 4. Oktober überreichte der Berliner Rechtsanwalt Roos der Staatsanwaltschaft eine Prozeßvollmacht von Jürgen Bodeux.

Kurz darauf begann in Berlin auch Götz Tilgener Aussagen bei der Polizei zu machen.

Zu Weihnachten die »volle Wahrheit«

Am 9. Oktober, legte Jürgen Bodeux vor dem Richter ein »Geständnis« ab.

An insgesamt sieben Tagen im Oktober schilderte er die Ereignisse, die zum Mord an Ulrich Schmücker führten.

Bei all diesen Vernehmungen versuchte er, seine eigene Rolle in dem Mordplan nach Kräften herunterzuspielen.

Erst im Dezember ließ er, angeblich aus freien Stücken, Staatsanwalt Przytarski kommen, um »nunmehr die volle Wahrheit« zu sagen. In dieser »Weihnachtsaussage« gab er zu, selbst den Tatort mit ausgekundschaftet und Wolfgang Weßlau in die Örtlichkeiten an der Krummen Lanke eingewiesen zu haben.

Jürgen Bodeux's Aussagen, vor allem die »Weihnachtsaussage«, wurden zum Kernpunkt der Anklage gegen die Wolfsburger Gruppe gemacht.

Seinem »Geständnis« vorangestellt hatte Jürgen Bodeux eine »politische Erklärung«, die teilweise wörtlich identisch ist mit den Erklärungen anderer »Kronzeugen« in Terrorismus-Prozessen:

»Ich habe Aussagen gemacht, obwohl ich mir bewußt bin, daß ein Anschlag auf mein Leben nicht auszuschließen ist. Ich habe die Aussagen gemacht, weil ich vor meinem Gewissen und von meinem jetzigen politischen Standpunkt aus diese Taten nicht verantworten kann.«

Ilse Jandt fiel es schwer, den »Frontenwechsel« ihres Genossen und Liebhabers Jürgen Bodeux zu begreifen.

Am 31. Oktober, als Bodeux schon den Hauptteil seines »Geständnisses« abgelegt hatte, notierte sie ihre Empfindungen.

»Es traf mich schwer, daß ausgerechnet derjenige, den ich liebte, sich dem dreckigen Deal hingab. Jedes Streicheln wurde nachträglich zur Backpfeife, jede Berührung nachträglich zum Feuermal! Jedes gesprochene Wort von ihm erwies sich als Lüge, jedes Lächeln ein Betrug. Meine Gefühle, mein Denken war ihm nichts — die sexuelle Befriedigung alles. Er hat mich schamlos ausgebeutet in jeder Beziehung, und als ich wertlos war für dieses Befriedigungsgefühl, in die Müllverarbeitungsmaschine der herrschenden Klasse befördert. Ich war für Jürgen nur eine Ware, die für ihn im gegebenen Moment einen Tauschwert hatte.

Emotional ist es mir wahnsinnig schwer gefallen, das Intellektuelle rational nachzuvollziehen. Aber ich habe gemerkt, daß die Suche nach Entschuldigungen nur zu Schizophrenie führt. Mit instrumentellem Denken habe ich versucht zu rationalisieren, was ich emotionell nicht wahrhaben wollte, daß meine große Liebe zerbrochen ist. Aber Liebe kann nicht sein, wo Genossen — auch wenn man sie nicht persönlich kennt — an das System des Kapitals verkauft werden.

Jürgen mußte bewußt sein, daß ich eine Partnerschaft nicht trennen kann von meinem politischen Selbstverständnis. Er hat weder an die Genossen noch an unsere Liebe gedacht, als er sich mit denen an einen Tisch setzte, die unsere Vernichtung befehlen. Es wäre ein Widerspruch, sagte ich Ja zu Jürgen nur weil ich ihn liebe, aber Nein zu seinem Handeln ... Jeder Mensch ist für sein Verhalten und Handeln verantwortlich. Ein sehr schmerzlicher Prozeß war es für mich, all die Zärtlichkeit und Harmonie aus meinem Bewußtsein zu reißen, mir eingestehen zu müssen, daß der Jürgen ein Faschist ist.«

Unter dem Datum des 1.11.74 schrieb Ilse Jandt:

»Wogegen ich mich am meisten wehrte, einfach nur Objekt zu sein, das hat Jürgen mit mir gemacht, indem er die Rolle des Liebenden spielte und seine Lügen so gut zu kaschieren wußte, daß sie wie Wahrheit erschienen.

Jürgens gesamtes Verhalten wirft wieder die philosophischen Fragen des Scheins und der Wirklichkeit auf. So wie die Verpackung der Ware der Schein ist, der das Wesentliche verbirgt, so war sein Verhalten Schein, die sein wahres Wesen verbarg. Er beherrschte die Rolle des 'Liebenden' perfekt! Und er hat mein Bedürfnis nach Zärtlichkeit und Verständnis wirklich auszunutzen gewußt.«

Auch nach seinen Aussagen schrieb Ilse Jandt Briefe an Jürgen Bodeux. Es scheint, als sei ihre Sehnsucht, ihn zu sehen, auch als Mittel der staatsanwaltschaftlichen Ermittlungen eingesetzt worden. Nur, so hat man ihr offenbar gesagt, wenn sie auch ein Geständnis ablege, könne sie ihren »Harry« wiedersehen. Das geht aus einem Brief hervor, den Ilse Jandt am 8. Januar 1975 schrieb.

»Hallo Jürgen — Spatz!

Ich sitze in der Lehrter Straße in einer Zugangszelle und versuche, damit fertigzuwerden, was seit heute Morgen um mich herum und in mir vorgeht.

Nach dem Flug begrüßt werde ich von zwei bekannten Gesichtern, und aus dem Urlaub extra angereist ins Polizeipräsidium kam der Herr Staatsanwalt Przytarski. Klug aufgebaut war das, was auf mich einhämmerte. Ich hoffe, ja hoffe Jürgen, weil ich es wirklich nicht mehr einzuschätzen vermag, um sagen zu können ich weiß, daß Du mir etwas verzeihst! Verzeih Spatz, daß ich es vorzog, nichts zu sagen, statt Dich zu sehen, verzeih mir!

Aber eine Besuchsgenehmigung für Dich, um Dich besuchen zu können, hätte ich nur bekommen, wenn ich ein 'Geständnis' abgelegt hätte oder eben eine Aussage. Ich schwieg, und nur Du wirst wissen, was es für mich bedeutet, Dich nicht wiedersehen zu können. Nicht Deine Hände zu spüren, nicht das Grün Deiner Augen leuchten zu sehen, nicht meine Haarsträhne zwischen den Lippen spielen zu lassen.

Und doch hatte ich den ganze Flug über eine irre Angst davor, wenn ich aus dem Flugzeug steige, Du plötzlich und unvorbereitet vor mir stehen würdest. Erst langsam im Polizeipräsidium wurde ich ruhiger! Man hatte die Konfrontation also nicht gesucht. Während bei Besuchsgenehmigungen ja Zeit zur Vorbereitung vorhanden ist, ist eine Konfrontation etwas Schockartiges ...

Und Spatz, bitte versuche zu begreifen, versuche es wenigstens, daß ich Dich nicht besuchen kann, der Preis wäre falsch und zu hoch. Und das kommt eben dazu: es wäre um einen Preis! Tauschwert. Nein Spatz, bisher habe ich meine Liebe zu Dir sauber halten können, und ich hoffe es bleibt so ...

Ich habe mich die letzten Wochen wohl tausendmal gefragt: Was geht in einem Menschen vor, der es fertig bringt, Liebe abzulegen wie ein benutztes Handtuch? Ich finde und finde keine Antwort darauf.

Und dann muß ich aus fremdem Mund hören: 'Nicht die Sache, um die es geht, ist Herrn Bodeux's Probelm. Sein Probelm sind ganz sicher Sie'. Still, Ilse, still. Kein Wort, und wenn es noch so schmerzt. Schizophrenie auf allen Wegen!

Erinnerungen sind gut, wenn's faschistisch wird, schlecht. Ich weiß, ich weiß. Und ich bin um eine Hoffnung ärmer. Welche das ist, werde ich Dir später einmal erzählen.

Und mir ist so kalt, innerlich kalt. Ich kann das Frieren nicht abstellen. Und nicht eine wärmende Hand!

'Grüßen Sie Herrn Bodeux von mir' habe ich Herrn Schmidt nachgerufen, aber das wollte er nicht tun. Unschwer zu erraten wieso! Oh, was wissen sie alle von Liebe!

Ich würde Dir gern sagen, was ich noch alles zu hören bekam. Aber ich würde es kommentieren, und darum geht es nicht. Aber eine Einschätzung ist total falsch, aber da besonders kraß, und mich ärgert daran, weil man mich da für dumm verkaufen will. Das betrifft Dein Schweigen mir gegenüber, warum Du nicht schreibst. Ach Spatz, Spatz, Spatz, Du selber hättest gelacht bei der Begründung. Mir zogs das Herz zusammen, weil ich ja weiß, warum Du nicht schreibst.

Und ich selbst bin da so antagonistisch wie sonst nie, weil ich schreibe und Dir sage: ich liebe Dich. Lächel ruhig in Dich hinein, klopf Dir vor die Brust oder sonstiges, mir ist selbst das schon egal geworden. Ja, Du kannst eben sicher sein, von mir geliebt zu werden. Wie ich damit fertigwerde ist meine Sache, ohne die Einheit, die Liebe ausmacht. Und hier schreit Elvis aus dem Lautsprecher: 'Fever ...' Elvis forever ... Ja, Fieber, Fieber, Fieber nach Liebe! Oh ja, es wäre ein Schock gewesen, Dir plötzlich gegenüber zu stehen. Und jetzt atmen wir die gleiche verpestete Luft. Aber ob unsere Sehnsüchte noch die gleichen sind, ist fraglich. 'Danach kommt nichts mehr — alles wäre Abklatsch', sage ich.

Ach Schluß jetzt — ich habe Kopfschmerzen. Es grüßt Dich Spatz mit zärtlichem Kuß Dein Spätzchen.«

Am 16. April 1975, knapp ein Jahr nach dem Mord an Ulrich Schmücker, lief in der ARD-Fernsehsendung »Panorama« ein Beitrag über die Rolle des Verfassungsschutzes in dem Fall.

Das Magazin zeigte die Briefe, in denen das Berliner Landesamt die Polizei über Schmückers Kontakte zum Verfassungsschutz informierte.

Damit wurde öffentlich, was der Verfassungsschutz bis dahin immer bestritten hatte, daß nämlich Ulrich Schmücker noch fünf Tage vor seinem Tod einen Kontaktmann beim VS getroffen und ihn über seine Beziehungen zur Wolfsburger Gruppe unterrichtet hatte.

Der Berliner Innensenator Neubauer versuchte, die Ausstrahlung des Beitrages in letzter Minute durch ein Fernschreiben an den NDR zu verhindern.

»Ich bedaure es selbst außerordentlich, daß sich eine öffentliche Erörterung des Falles Schmücker zum gegenwärtigen Zeitpunkt im Interesse der Aufklärungs- und Ermittlungsarbeit des Verfassungsschutzes verbietet, denn aufgrund der gerade bei diesem Fall geleisteten hervorragenden Arbeit könnte ich eine derartige Möglichkeit zur Darstellung der erfolgreichen Tätigkeit des Verfassungsschutzes nur begrüßen.«

Götz Tilgener, der in dem »Panorama«-Beitrag vor der Kamera über die Vorbereitungen zum Schmücker-Mord ausgesagt hatte, wurde am 18. Juli 1975 in seiner Wohnung in der Cuvrystraße tot aufgefunden. Tilgener hatte in den letzten Monaten sehr viel getrunken und dazu Medikamente eingenommen. Der Obduktionsbericht ergab, daß seine durch den Alkohol- und Medikamentenkonsum angegriffenen inneren Organe versagt hatten. Ob sich Tilgener durch bewußt hohe Dosen an diesem Tage selbst das Leben genommen hatte, ob sein Tod ein Drogenunfall war, oder ob jemand anders die Hand im Spiel hatte, wurde nie eindeutig geklärt.

Der Prozeß

Am 6. Februar 1976 begann der erste Schmücker-Prozeß vor der Jugendkammer des Landgerichts Moabit, weil die Mehrzahl der Angeklagten zur Tatzeit noch als Jugendliche galten.

Wolfgang Weßlau (Wölli) war 18, Wolfgang S. (Farim) 18, Sönke L. (Söre) 18, Annette von W. ebenfalls 18, Jürgen Bodeux (Harry) 20 und Ilse Jandt war zur Tatzeit 36.

Schon am ersten Verhandlungstag ließ Jürgen Bodeux von seinem Verteidiger eine Erklärung verlesen, nach der er so lange nicht bereit sei, die Fragen der Anwälte der von ihm belasteten Mitangeklagten zu beantworten, wie die übrigen Angeklagten nicht bereit seien, Fragen seines Anwalts zu beantworten.

Das war zumindest ungewöhnlich.

Eine totale Aussageverweigerung von Angeklagten darf in normalen Prozessen nicht gegen sie verwendet werden. Wenn aber ein Angeklagter — wie Bodeux — auf bestimmte Fragen gezielt schweigt, darf das Gericht — nach ständiger Rechtssprechung des Bundesgerichtshofes — daraus seine Schlüsse ziehen. Vor dieser Konsequenz bewahrte das Gericht den angeklagten Kronzeugen Bodeux, indem es durch zwei Gerichtsbeschlüsse 148 Fragen, die die anderen Verteidigungen stellen wollten, nicht zuließ. Begründung: »Fragen, von denen von vornherein feststeht, daß sie zulässigerweise unbeantwortet bleiben, sind unzulässig.«

Zeitweise fand im Gerichtssaal ein absurdes Blinde-Kuh-Spiel statt. Um die Glaubwürdigkeit des mitangeklagten Kronzeugen zu überprüfen, der sich aber keinem Kreuzverhör stellen wollte, mußten die Anwälte ihre Fragen an den Vorsitzenden Richter stellen, der sie dann — wenn ihm die Fragen gefielen — an den Angeklagten Bodeux weiterreichte.

Fragen, die der Vorsitzende für nicht relevant hielt — und das war sehr oft der Fall — wurden auch nicht gestellt.

Mit ähnlichen Begründungen wurden auch Beweisanträge abgelehnt, die dubiose Rolle des Berliner Landesamt für Verfassungsschutz im Mordfall Schmücker aufzuklären. Schon vor Prozeßbeginn hatte der Vorsitzende Richter Leschonski von Innensenator Neubauer die Mitteilung bekommen, Akten des Verfassungsschutzes würden nicht zum Prozeß zur Verfügung gestellt, und Beamte des Verfassungsschutzes würden keine Aussagegenehmigung erhalten. Eine wesentliche, wohl entscheidende Informationsquelle zur Aufdeckung der gesamten Wahrheit über den Schmücker-Mord wurde damit von Anfang an gezielt verstopft. Unklar blieb damit auch fürs erste, wieweit der Verfassungsschutz selbst an der Affäre beteiligt war.

So sahen sich die Verteidiger vor der Situation, einen vom Verfassungsschutz, polizeilichen Staatsschutz, Staatsanwalt und schließlich vom Gericht ausgewählten Ausschnitt der Wirklichkeit präsentiert zu bekommen, den sie ihrerseits kaum überprüfen konnten.

»Das Urteil«, so die Verteidigung in einem Antrag an das Gericht, »müßte letztlich auf folgender Basis gefunden werden: der Angeklagte Bodeux, wie der Staatsanwalt und der Verfassungsschutz füttern das Gericht mit einer schalen, im juristischen Sinne gerade das notwendige enthaltende Geschichte an, tun aber alles, um Ursprung und Zustandekommen, den Zusammenhang und die Widersprüche dieser Informationen vor dem Gericht und der Öffentlichkeit zu verbergen. Das Gericht hinge als Marionette an Fäden, die es selbst nicht auf ihre Haltbarkeit zu überprüfen vermöchte«.

So war die Glaubwürdigkeit des Zeugen Bodeux von Anfang an die Basis der Anklage. Mit ihrem Wanken wäre die Staatsanwaltschaft in arge Bedrängnis gekommen.

Tilgener, der zweite Belastungszeuge, war tot. Zudem bezogen sich seine Aussagen nur auf den Mordplan, nicht aber auf dessen Durchführung.

Mit Bodeux's Aussagen ging das Gericht aber sehr großzügig um. Offenkundige Widersprüche vor allem zum Tatablauf gab es genug.

Was von diesen Versionen des Tatherganges nun stimmte, und was nicht, darüber brachte der erste Prozeß kaum Klarheit. Bemerkenswerte Versuche zur Wahrheitsfindung wurden jedenfalls nicht unternommen. So lehnte das Gericht sogar einen Antrag der Verteidigung ab, bei einem Lokaltermin in Augenschein zu nehmen, ob der von Bodeux beschriebene Tatablauf stimmen konnte. Ein Augenschein sei »zur Erforschung der Wahrheit nicht erforderlich«.

Merkwürdigkeiten fanden sich schließlich nicht nur in Jürgen Bodeuxs Aussagen. Auch in deren Vorgeschichte gab es offenbar eine Menge zu verheimlichen.

Der erste Hinweis darauf ergab sich, als das anonyme Schreiben, mit dem Bodeux auf dem Observationsfoto zusammen mit Ilse Jandt identifiziert wurde, im Gericht zur Sprache kam.

Dieser Brief fehlte in den Akten. Am 20. Verhandlungstag beantragten die Anwälte die Vorlage des anonymen Schreibens. Fast eine Stunde lang wurde im Gerichtssaal über das Fehlen des Papiers diskutiert. Der Staatsanwalt hüllte sich in Schweigen. Erst später erfuhr der Gerichtsvorsitzende durch die Staatsschutzabteilung der Polizei das Versteck des Dokuments: es war in der Handakte des Staatsanwalts Przytarski. Ein Begleitschreiben der Kölner Kriminalpolizei wurde dem Gericht nur teilweise zugänglich gemacht: Ganze Absätze waren vor dem Kopieren sorgsam abgedeckt worden. Ein Antrag der Verteidigung, das Original des Fernschreibens vorzulegen, wurde abgelehnt.

Eher durch Zufall wurde bei der Befragung eines Kriminalbeamten im Gerichtssaal bekannt, daß sich bei der Abteilung Staatsschutz der Polizei noch ein ganzer Sammelband mit Hinweisen zum Tatgeschehen befand. Als das Gericht schließlich gegen Ende der Beweisaufnahme in den Besitz dieses Hinweisordners gelangte, sah es sich gezwungen, von Amts wegen weitere Zeugen vorzuladen.

Der eine Zeuge hatte in der Tatnacht bis 24 Uhr in der Nähe des Tatortes geangelt.

Der andere, ein gewisser Antonio Rücker aus Viersen, hatte am 6. Juni 1974 der Polizei telefonisch mitgeteilt, er habe Schmücker noch in der Mordnacht gesehen. Gegen 20.00 Uhr sei Schmücker im Dahlemer Studentenlokal »Anna Pam« gewesen. Er habe Schmücker dann mit zwei zivilen Herren das Lokal verlassen sehen. Alle drei Personen habe er dann gegen 22.15 Uhr — also etwa der von Bodeux geschilderten Tatzeit — beim Betreten des leerstehenden Hotels »Rheingold« wiedergesehen.

Das Hotel »Rheingold« liegt wenige Hundert Meter vom Tatort entfernt.

Antonio Rücker wurde nach seinem Anruf bei der Polizei nicht einmal verhört.

Als das Gericht versuchte, Rücker vorzuladen, war er angeblich unauffindbar.

Tatsächlich befand er sich in Kassel im Gefängnis — auf Grund eines Haftbefehls des Berliner Amtsgerichts Tiergarten. Wo Rücker steckte, das fand nicht die Polizei heraus, sondern ein Journalist. Bei seiner Vernehmung vor Gericht bestätigte Rücker im wesentlichen seinen Hinweis.

Gleichermaßen seltsam verliefen die Ermittlungen in Schmückers ehemaliger Arbeitsstelle, dem Appartments-Hotel, das zwei Häuser neben dem Amtssitz des Berliner Verfassungsschutzes liegt. Hier hatte Schmücker noch an seinem Todestage als Hilfs-Portier gearbeitet. Die Geschäftsführerin des Hotels, Ursula Peters, sagte der Polizei, eine Angestellte des Hotels namens Bartholomäus habe am Tattage um 16.00 Uhr beobachtet, wie Ulrich Schmücker kurz vor Feierabend ein Telefonat führte. Er habe den Gesprächspartner gedutzt und sich mit den Worten »na, wir sehen uns ja gleich« verabschiedet. Frau Bartholomäus selbst wurde nie verhört.

Frau Peters, die als Zeugin geladen wurde, ist verschwunden. Ermittlungen des Autors dieses Buches ergaben, daß Frau Peters im Herbst 1974 in die DDR ging, diese aber nach kurzer Zeit wieder »in Richtung BRD« verließ. Erst 1979 nahm die Staatsschutzabteilung der Berliner Polizei die Suche nach Ursula Peters auf.

Vor ihrem Verschwinden hatte Ursula Peters bei der Polizei zu Protokoll gegeben:

»In der Zwischenzeit fielen mir hinter der Rezeption noch zwei Zettel in die Hände, auf denen sich handschriftliche Aufzeichnungen von Herrn Schmücker befinden. Ich übergebe beide Zettel der Kriminalpolizei«.

Diese Zettel blieben spurlos verschwunden. Der ermittelnde Kriminalbeamte teilte dem Gericht im ersten Verfahren schriftlich mit, er könne sich nicht erinnern, wo die Zettel geblieben seien. Eine Vorladung des Beamten lehnte das Gericht ab. Dies — obwohl das Gericht selbst als wahr unterstellte, daß sich Schmücker auf den Zetteln eine Verabredung noch für denselben Tag und eine Rufnummer notiert hatte. Wen Schmücker wenige Stunden vor seinem Tode treffen wollte, das schien das Gericht nicht zu interessieren.

Einen Hinweis darauf, daß es vielleicht der Verfassungsschutzbeamte Peter Rühl war, mit dem sich Schmücker kurz vor seinem Tode telefonisch zu einem Treffen verabredet haben könnte, gab ausgerechnet der Leiter des Berliner Landesamtes für Verfassungsschutz, Natusch.

Ein Verfassungsschützer sagt aus

Mehr als vier Monate nach Beginn des Prozesses wurde der Berliner Verfassungsschutzchef dem Gericht als Zeuge präsentiert.

Und das kam so:

Die Verteidigung stellte den Beweisantrag, u.a. den Leiter des Berliner Landesamtes für Verfassungsschutz vorzuladen. Er könne möglicherweise Auskunft darüber geben, daß die Herren vom Hotel »Rheingold« Beamte des Verfassungsschutzes gewesen seien, daß diese nächtens im Grunewald observiert hatten und bezeugen könnten, daß nicht der Angeklagte Wolfgang Weßlau geschossen habe.

Das Gericht verwies auf die grundsätzliche Verweigerung der Aussagegenehmigung durch Innensenator Neubauer. Daraufhin zogen die Verteidiger vor das Verwaltungsgericht — das sich für nicht zuständig erklärte. Zuständig sei die Strafkammer selbst. Doch der Vorsitzende Richter Leschonski hatte eine andere Rechtsauffassung als das Verwaltungsgericht. Es sah sich nicht in der Lage, Innensenator Neubauer zu einer Aussagegenehmigung für die Verfassungsschützer zu verurteilen. So wurde der Schwarze Peter hin und hergeschoben.

Die Verteidigung beschloß, per Sprung-Revision das Bundesverwaltungsgericht um eine Entscheidung anzurufen. Daraufhin setzte das Gericht den Prozeß für vier Monate aus. Das Verfahren gegen den geständigen Angeklagten Bodeux sollte abgetrennt werden. Der Prozeß war damit geplatzt. Nach vier Monaten hätte man wieder von vorn anfangen müssen.

Vor diesen Konsequenzen bewahrte Innensenator Neubauer das Gericht. Plötzlich und unerwartet gewährte er eine — beschränkte — Aussagegenehmigung für Herrn Natusch, auf die man vier Monate lang vergeblich gehofft hatte.

Überstürzt und ohne Einhaltung der gesetzlich vorgeschriebenen Ladungsfristen wurden die Prozeßbeteiligten telegrafisch zusammengerufen, um das geplatzte Verfahren doch noch fortzusetzen. Der Prozeß geriet vollends zur Farce.

Ein freundlicher älterer Herr im grauen Anzug, Franz Natusch, Leiter des Berliner Landesamtes für Verfassungsschutz, saß da auf dem Zeugenstuhl:

Frage: »Waren Beamte des Berliner Verfassungsschutzes am Abend des 4. Juni 1974 mit Schmücker zusammen?«

Natusch: »Kein Mitarbeiter des Landesamtes traf zu irgendeinem Zeitpunkt des 4. Juni mit Schmücker zusammen.«

Alles sei mit großer Sorgfalt geprüft worden, er persönlich habe alle 20 dafür in Frage kommenden Beamten befragt. Kein Mitarbeiter des VS habe Schmücker nach dem Treff vom 31. Mai lebend gesehen. Zu diesem Treffen aber könne er keine Einzelheiten sagen — seine Aussagegenehmigung sei beschränkt. Über Personen, Arbeitsmethoden und operatives Vorgehen des Verfassungsschutzes dürfe er keine Auskunft geben.

Dafür, daß der Leiter des VS auf keinen Fall Gefahr lief, mehr zu sagen als nach seiner Aussagegenehmigung erlaubt war, sorgte der Staatsanwalt. Forsch und eilfertig sprang er jedesmal dazwischen, wenn die Verteidiger Fragen an Franz Natusch richteten, die er unter Umständen nicht beantworten durfte. Ihm selbst die Entscheidung über die Grenzen seiner Aussagegenehmigung zu überlassen, schien dem Staatsanwalt zu gefährlich zu sein.

Und in der Tat sorgte die Zeugenaussage des Verfassungsschützers Natusch für eine kleine Sensation.

Frage: »Gab es Versuche von Seiten des VS, Schmücker zwischen dem 31. Mai und den 4. Juni zu sehen?«

Natusch: »Nein.«

Frage: »Hat Schmücker von sich aus noch einmal Kontakt aufgenommen? Hat er vielleicht am 4. Juni bei Herrn Rühl angerufen?«

Natusch: »Ja, ein solches Telefongespräch hat stattgefunden.«

Bis dahin hatte man dieses Telefonat wenige Stunden vor Schmückers Tod verschwiegen.

Frage: »Was war der Inhalt des Telefongespräches?«

Natusch: »Schmücker nannte zwei Namen.« Diese könne er aber nicht nennen, das sei durch seine Aussagegenehmigung nicht gedeckt.

Es seien keine Namen von Angehörigen des Landesamtes gewesen. Es seien Namen von Leuten gewesen, von denen Schmücker sich bedroht gefühlt habe und die ihm bei dem Gespräch am 31. Mai nicht eingefallen seien.

Den genauen Zusammenhang könne er aufgrund seiner beschränkten Aussagegenehmigung nicht nennen.

Schmücker habe aber bei dem Telefongespräch um ein erneutes Treffen mit Herrn Rühl am 7. Juni gebeten.

Das sei alles.

Im übrigen habe es überhaupt kein »Mitarbeiterverhältnis« von Ulrich Schmücker zum Verfassungsschutz gegeben. Das Treffen am 31. Mai sei der erste Kontakt nach acht Monaten gewesen. Da der Verfassungsschutz gewußt habe, daß Schmücker sich wieder in terroristischen Kreisen bewegte, sei man ihm mit äußerster Vorsicht begegnet.

Auf die Frage, woher man das wußte, durfte Verfassungsschützer Natusch nicht antworten.

Frage: »Warum hat der Verfassungsschutz Schmücker, gegen den zu dieser Zeit ein Haftbefehl vorlag, nicht festnehmen lassen?«

Einspruch des Staatsanwalts.

Natusch ist nicht bereit und befugt, über die Gründe Auskunft zu geben.

Frage: »Hat der VS irgendwelche Schritte unternommen um eine Verhaftung herbeizuführen?«

Natusch: »Zu diesem Zeitpunkt nicht.«

Frage: »Wann denn?«

Natusch: »Dazu gibt es keine Aussagegenehmigung.«

Frage: »War dem Verfassungsschutz bekannt, wo Schmücker wohnte und arbeitete?«

Natusch: »Wo er wohnte ja — wo er arbeitete nicht.«

Sollte dem Verfassungsschutz entgangen sein, daß Schmücker zwei Häuser neben seiner Dienststelle im Appartments-Hotel arbeitete?

Frage: »Warum wurde die Observation von Ulrich Schmücker nach dem Gespräch vom 31. Mai abgebrochen?«

Rüge vom Staatsanwalt. Die Frage sei unzulässig.

Beschluß des Gerichts: Die Frage wurde als »ungeeignet« nicht zugelassen.

Frage: »Wurden zwischen dem 31. Mai und dem 4. Juni im Fall Schmücker Kontakte zu anderen Behörden aufgenommen?«

Dazu durfte Natusch nichts sagen.

Frage: »Warum hat das Landesamt für Verfassungsschutz die Tatsache des Telefongespräches an Schmückers Todestag zwei Jahre lang geheimgehalten?«

Auch dieser Punkt war durchs Natusch's Aussagegenehmigung nicht abgedeckt.

Frage: »Trifft es zu, daß der Verfassungsschutz Schmücker einen Studienplatz im Ausland angeboten habe?«

Natusch: »Das trifft zu.«

Frage: »Sind dem angeklagten Kronzeugen Jürgen Bodeux ähnliche Angebote gemacht worden?«

Auch darauf durfte Natusch wegen seiner beschränkten Aussagegenehmigung nicht antworten.

Die Verteidiger beantragten, beim Innensenator eine Aussagegenehmigung zu diesem — allerdings wirklich hochinteressanten — Punkt einzuholen.

Das Gericht lehnte den Antrag ab.

Die weiteren Anträge der Verteidigung, auch den Verfassungsschützer Rühl vorzuladen und Einsicht in die Akten des Verfassungsschutzes zu nehmen, wurden ebenfalls abgelehnt.

Die Verteidiger beantragten, das Verfahren bis zur verwaltungsgerichtlichen Entscheidung darüber auszusetzen. Auch dieser Antrag wurde abgelehnt. Die Anhörung des Zeugen Natusch reiche aus.

Das Urteil

Am 22. Juni 1976 verkündete die 7. Große Strafkammer — Jugendkammer — das Urteil gegen die sechs Angeklagten wegen »gemeinschaftlichen Mordes«.

Ilse Jandt wurde zu lebenslanger Freiheitsstrafe verurteilt, Wolfgang Weßlau zu einer Jugendstrafe von 8 Jahren, Jürgen Bodeux und Wolfgang S. zu einer Jugendstrafe von je 5 Jahren, Annette von W. und Sönke L. zu je vier Jahren.

Die Untersuchungshaft wurde angerechnet.

Ilse Jandt wurde dazu verurteilt, die sie betreffenden Kosten des Verfahrens und ihre notwendigen Auslagen zu tragen. Den übrigen wurden die Gerichtskosten erlassen, sie hatten lediglich ihre notwendigen Auslagen zu tragen.

In der Urteilsbegründung hieß es:

»Jeder Angeklagte hat einen Tatbeitrag zur direkten Begehung oder zur Förderung der Tat geleistet. Der Angeklagte Weßlau hat den tödlichen Schuß abgegeben, der Angeklagte Bodeux hat die Tatwaffe zur Verfügung gestellt, gemeinsam mit der Angeklagten Jandt hat er den Tatort ausgesucht, diese hat schließlich Ulrich Schmücker zum Tatort gelockt.«

Und weiter:

»Die Angeklagte Jandt ist als Initiatorin und als Motor des gesamten Unternehmens anzusehen, wogegen die heranwachsenden Angeklagten rechtlich zwar als Mittäter, tatsächlich aber mehr als Mitläufer zu betrachten sind. Beim Angeklagten Bodeux ist außerdem mildernd berücksichtigt worden, daß er ein Geständnis abgelegt und sich dazu durchgerungen hat, sich von der Denk- und Verhaltensweise früherer Zeit zu distanzieren.«

An der Glaubwürdigkeit des Kronzeugen Bodeux hatte das Gericht keine Zweifel:

»Was den Angeklagten Bodeux betrifft, so ist kein Grund ersichtlich, dessentwegen sich dieser zu Unrecht des schwersten Verbrechens bezichtigen sollte, was er mit seinen Angaben uneingeschränkt getan hat. Er mußte mit der Verhängung einer lebenslangen Freiheitsstrafe rechnen, zumal er der weitaus älteste der Angeklagten Heranwachsenden war und bei der Begehung der Tat kurz vor Vollendung seines 21. Lebensjahres stand, so daß die Anwendung des allgemeinen Strafrechts für ihn nahe lag. Unter diesen Umständen ist die Tatsache, daß er zunächst lediglich sein Wissen um die geplante Tötung Schmückers preisgab, den Umfang seiner eigenen Tatbeteiligung aber im Unklaren ließ, durchaus verständlich. Umso mehr spricht es für seine Glaubwürdigkeit, daß er in Kenntnis der sich hieraus für ihn ergebenden und ihm drohenden strafrechtlichen Konsequenzen schließlich doch ein rückhaltloses Geständnis abgelegt hat...

Er hat seine bereits im Ermittlungsverfahren gemachten Angaben in der Hauptverhandlung in Gegenwart der von ihm mitbelasteten Mitangeklagten, zu denen er monatelang in einem engen Verhältnis stand, ruhig und sachlich wiederholt. Er hat dies getan, obwohl er weiß, daß er mit hartnäckiger Feindschaft seiner früheren Kreise rechnen und ein Leben voller Angst auf sich nehmen muß. Er selbst hatte den ehemaligen Genossen Ulrich Schmücker für ein gleiches Verhalten zum Verräter erklärt und sich an der deswegen beschlossenen Tötung beteiligt ...

Die generell zu bejahende Glaubwürdigkeit des Angeklagten Bodeux (...) war lediglich insoweit einzuschränken, als es sich um präzise Angaben zu Daten, Zeitpunkten und Zeiträumen handelt.«

Das Urteil war 127 Schreibmaschinen lang. Aufgehoben wurde es vom 5. Senat des Bundesgerichtshofes mit einer Entscheidung, die knapp drei Seiten lang war.

Revisionsgrund war die Ablehnung eines Antrages des Rechtsanwaltes Elfferding durch das Gericht. Der Anwalt hatte beantragt, sämtliche früheren Vernehmungsprotokolle des Zeugen Bodeux verlesen zu lassen. Das Gericht hielt das nicht für nötig. Es ließ lediglich die Verlesung derjenigen Bodeux-Aussagen zu, die sich direkt auf den Mordfall Schmücker bezogen. Das Revisionsgericht kam zu der Auffassung, daß auch die übrigen Aussagen Bodeux's hätten verlesen werden müssen. Aus ihnen hätte man Rückschlüsse über die Glaubwürdigkeit des Zeugen Bodeux ziehen können.

Der Prozeß mußte noch einmal von vorn beginnen.

Weihnachten 1976 wurden Sönke L. und Annette von W. aus der Haft entlassen.

Ostern 1977 kam Jürgen Bodeux frei. Seine Verteidiger hatten als einzige das Urteil angenommen. Damit war Jürgen Bodeux rechtskräftig wegen Mordes verurteilt.

Das aber hatte erhebliche Konsequenzen für die Neuauflage des Verfahrens, denn nun mußte Bodeux als Zeuge aussagen und auch die Fragen der Verteidiger seiner ehemaligen Mitangeklagten beantworten.

Vorgefechte zum zweiten Prozeß

Einer der Verteidiger war für Jürgen Bodeux besonders gefährlich. In der Arbeitsverteilung unter den Anwälten war Rainer Elfferding die Rolle zugefallen, sich besonders intensiv mit Jürgen Bodeux und dessen Glaubwürdigkeit zu beschäftigen.

Von allen Versuchen der Berliner Staatsanwaltschaft, Elfferding aus dem neuen Verfahren herauszuhalten, sei hier nur ein Fall geschildert — und der hatte wiederum mit dem Kronzeugen Bodeux zu tun.

Im November 1975 war ein junger Mann namens Detlef Neumann in Elfferdings Kanzlei aufgetaucht und hatte um rechtliche Beratung gebeten. Im Verlauf des Gesprächs stellte sich heraus, daß Neumann in der Jugendstrafanstalt Plötzensee mit Jürgen Bodeux eingesessen hatte. Elfferding fragte Neumann, ob er als Zeuge im Prozeß irgendwelche Auskünfte über Bodeux's vermuteten Umgang mit Beamten des Verfassungsschutzes machen könne. Man werde dann bei Gelegenheit wieder auf ihn zurückkommen. So die Darstellung Elfferdings.

Im Juni 1976 mußte Neumann wieder zurück in die »Plötze«, wo er erneut auf Bodeux stieß. Neumann erzählte Jürgen Bodeux über seinen Besuch bei Elfferding. Daraus entstand eine »Eidesstattliche Versicherung«, in der Neumann schrieb, Elfferding habe ihn beauftragt, einen Bericht über Bodeux zu verfassen. Darin sollte stehen, daß Bodeux Kontakt zum Verfassungsschutz habe und daß er ihm, Neumann, erzählt habe, sein Geständnis in der Mordsache Schmücker sei falsch. Als Belohnung habe Elfferding ihm kostenlose Rechtsberatung angeboten. Er habe aber das illegale Ansinnen empört von sich gewiesen.

Über Bodeux's Rechtsanwalt wanderte diese Erklärung an die Staatsanwaltschaft — die umgehend tätig wurde. In einer Vernehmung bestätigte Neumann der Inhalt seiner eidesstattlichen Erklärung.

Als Beweis für die Richtigkeit seiner Aussage führte er noch »zwei oder drei« Briefe mit verfänglichem Inhalt an, die Anwalt Elfferding ihm geschrieben haben sollte. Die Briefe selbst hatte er nicht mehr. Also mußten die beweiskräftigen Duplikate herangeschafft werden. Zu diesem Zweck wurden ausgerechnet Elfferdings Kontrahenten im Schmücker-Prozeß, die Staatsanwälte Przytarski und Müllenbrock aktiv. Zusammen mit einem weiteren Staatsanwalt und acht Polizeibeamten rückten sie in Elfferdings Kanzlei ein. Der Anwalt gab die gesuchten Kopien freiwillig heraus. Doch das nützte ihm nichts. Die Staatsanwaltschaft: »Diese Briefe, die einen unverfänglichen Inhalt haben, hat der Zeuge Neumann nach seinen Angaben nie erhalten ... Diese Sachlage drängt zu der Annahme, daß Rechtsanwalt Elfferding die Durchschläge nachträglich gefertigt hat, um die Strafverfolgungsbehörden irrezuführen.«

Die Staatsanwälte zimmerten aus Neumanns eidesstattlichen Erklärung eine Anklage. Diese Anklage führte zu einem Beschluß des Kammergerichts, mit dem Rechtsanwalt Elfferding wegen »dringender Verdachts der versuchten Strafvereitelung« von der Verteidigung im Schmücker-Prozeß ausgeschlossen wurde. Das alles, bevor der ganze Sachverhalt vor einem Gericht erörtert worden war — von einer Verurteilung ganz zu schweigen.

Am Mittwoch, dem 26. November 1977, kam dann die Stunde der Wahrheit. Der Zeuge Neumann präsentierte sich dem Gericht. Er machte keine gute Figur. Sanft und beharrlich zog ihm die Vorsitzende Richterin Hackenberger die Tatsachen aus der Nase.

An das Gespräch mit Elfferding konnte sich der Zeuge kaum noch erinnern. Ob der ihm Versprechungen gemacht hatte, wußte er nicht mehr. Ob Elfferding ihn zu einer falschen Aussage übereden wollte? Nein, so direkt nicht. Wie denn? Ja, irgendwie »durch die Blume«. Was denn in den Briefen gestanden hätte? Irgendetwas illegales wohl, so genau wüßte er das nicht mehr. Wo denn die Briefe seien? Er habe sie weggeworfen. Ob das denn vielleicht doch die Briefe, deren Durchschläge Elfferding dem Staatsanwalt gegeben hatte, gewesen sein könnten? Ja, möglicherweise.

Schließlich verfranste sich der Zeuge derart im Gestrüpp widersprüchlicher Aussagen, daß Elfferdings Anwalt Panka beantragte, ihn über die Strafbarkeit falscher Aussagen vor Gericht zu belehren. Das geschah — und da war es ganz vorbei. Der Zeuge verweigerte die Aussage. Es kam jedoch — sozusagen als Schlußgag — noch heraus: Die eidesstattliche Erklärung hatte er auf Bodeux's Wunsch auf dessen Schreibmaschine in dessen Beisein geschrieben. Bodeux hatte ihm »Formulierungshilfe« geleistet, offenbar bis zum letzten Komma.

Er mochte nicht einmal ausschließen, daß Bodeux selbst an der Schreibmaschine gesessen hatte; er selbst wäre auch gar nicht in der Lage gewesen, den komplizierten Text einigermaßen fehlerfrei hinzutippen. Selbst beim buchstabieren des Namens Bodeux hatte er Schwierigkeiten.

Ein armes Würstchen saß da auf der Anklagebank, diesmal nun wirklich und ganz offensichtlich von anderen zu einer falschen »eidesstattlichen Aussage« veranlaßt. Ins Feuer geschickt, um einen bedrängten Kronzeugen zu retten. Die Rechnung ging nicht auf. Elfferding wurde freigesprochen. Das Kammergericht mußte die Ausschließung Elfferdings aus dem Schmücker-Verfahren aufheben.

Das alles spielte sich in der Zeit vor dem zweiten Schmücker-Verfahren ab. Elfferding konnte als »Bodeux-Spezialist« an der Revisionsverhandlung teilnehmen.

Ausgeschlossen dagegen blieb — ausgerechnet — der für das neue Verfahren vorgesehene Richter.

Nachdem der Bundesgerichtshof das erste Urteil aufgehoben hatte, war nach dem Geschäftsverteilungsplan die 9. Strafkammer am Landgericht Berlin zuständig. Vorsitzender Richter war dort Bernd Poelchau. Nach dem rechtsstaatlichen Prinzip »Niemand darf seinem gesetzlichen Richter entzogen werden« hätte Poelchau den Fall übernehmen müssen.

Doch es kam anders. Schuld daran war ein Leserbrief des Richters Poelchau an den »Spiegel«.

Das Magazin hatte ein Gespräch mit dem später ermordeten Generalbundesanwalt Buback gedruckt. Darin war Buback auch nach der Rolle des Kronzeugen Hoff im Stammheimer Baader-Meinhof-Verfahren gefragt worden.

»Der *'Spiegel':* Welche Hoffnungen oder Versprechungen hat man ihm für seine Aussage gemacht?

Buback: Keine, mit Ausnahme der allgemeinen Erklärung, daß ein geständiger Täter natürlich auf die Milde des Gerichtes hoffen kann.«

Das las auch Richter Poelchau und reagierte mit einem Leserbrief:

»Die 'allgemeine' Erklärung, daß 'ein geständiger Täter natürlich auf die Gnade des Gerichtes bauen kann', gerade nicht allgemein, sondern dem Beschuldigten Hoff in ganz bestimmter Situation gegeben und vom Generalbundesanwalt öffentlich bestätigt: Ich nenn so etwas: eine Zusage ... Darf der Generalbundesanwalt so präjudizieren? Er darf es nicht. Das ist eine Voraussetzung eines nicht unwichtigen Stückleins Rechtsstaat: die Unabhängigkeit der Gerichte.

Wer zerrt den Rechtsstaat auf den Hackklotz? Im übrigen geht es bei Hoff jetzt gar nicht darum, daß er gesteht (sich belastet), sondern darum, daß er 'singt' (andere belastet) ...«

Das mochte wiederum die Staatsanwaltschaft nicht gern lesen. Wie würde Richter Poelchau wohl mit ihrem Kronzeugen umgehen, der ja auch »gesungen« hatte?

Mit einem solchen Richter wollten sich die Berliner Staatsanwälte offenbar nicht im Schmücker-Verfahren abplagen. Sie stellten — in der Justizgeschichte ein eher ungewöhnlicher Fall — einen Befangenheitsantrag gegen Richter Poelchau.

Und das Landgericht entschied: »Das Ablehnungsgesuch ist begründet.«

Poelchau wurde aus dem Schmücker-Verfahren ausgeschlossen, weil »der Inhalt des Briefes geeignet« ist, bei der »Gesuchstellerin Mißtrauen gegen die Unparteilichkeit des Richters zu rechtfertigen.«

Insgesamt gab es bis zum Abschluß des zweiten Schmücker-Prozesses mindestens fünf Strafverfahren und mindestens dreizehn Ehrengerichtsverfahren gegen die beteiligten Anwälte.

Jedes einzelne dieser Verfahren lief wegen Äußerungen der Verteidiger im Prozeß, die im Zusammenhang mit dem Kronzeugen Bodeux und der dubiosen Rolle des Verfassungsschutzes standen. Keines dieser Verfahren wurde wegen einer Formalbeleidigung eingeleitet.

Ein Kronzeuge wird demontiert

Aufgeschreckt durch die Aufhebung des ersten Urteils, gab sich das Gericht im zweiten Schmücker-Verfahren erkennbar mehr Mühe, den komplizierten Sachverhalt aufzuklären. So wurden wesentlich weniger Beweisanträge der Verteidigung abgelehnt als im ersten Verfahren. Der entscheidende Unterschied zum ersten Verfahren aber bestand darin, daß Jürgen Bodeux nun als Zeuge galt, der auch die Fragen der Verteidiger seiner ehemaligen Mitangeklagten zu beantworten hatte. Im Verlauf des Prozesses, stellte sich heraus, daß Bodeux's Gedächtnis merklich nachgelassen hatte.

Ein Beispiel dafür waren seine Aussagen zum Motiv der Tat.

Rechtsanwalt Elfferding fragte Bodeux, ob denn in den Gruppengesprächen nicht die Möglichkeit erörtert worden sei, daß Schmücker unter dem Schutz des Verfassungsschutzes gestanden habe, daß er also bei der geplanten Erschießung von Observanten des Verfassungsschutzes beobachtet und in einer Gefahrensituation von ihnen geschützt worden wäre. Schließlich hätte es sehr nahe gelegen, daß die Behörde, für die Schmücker ja nach Auffassung der Gruppe arbeitete, ihren gefährdeten Informanten geschützt hätte. Darauf sagte Bodeux, die Gruppe sei ja gar nicht davon ausgegangen, daß Schmücker ein Agent gewesen sei. Er habe nur wegen seiner Aussagen bei der Polizei und vor Gericht erschossen werden sollen.

Demgegenüber hatte Bodeux an genau sieben in den Prozeßakten belegten Stellen das genaue Gegenteil gesagt.

So etwa in der ersten Hauptverhandlung am 22. Oktober 1976:

»Wie Ilse erklärte, stand es ihrer Meinung nach fest, daß Ulrich Schmücker ein Verräter ist und für den Verfassungsschutz arbeitet.«

Und in der Hauptverhandlung am 9.9.78:

»Erst als es hieß, daß Schmücker ein Agent des Verfassungsschutzes sei, war ich damit (mit der Hinrichtung) einverstanden.«

In allen Vernehmungen gab sich Jürgen Bodeux wortkarg. Auf Details wollte er sich kaum noch festlegen lassen, verwies immer wieder auf seine richterlichen Vernehmungen vom Oktober 74.

Auch im zweiten Verfahren wurden die Akten des Verfassungsschutzes nicht beigezogen. Auch Beamte des Verfassungsschutzes erhielten — mit Ausnahme des Berliner Verfassungsschutz-Präsidenten Natusch — keine Aussagegenehmigung. Und doch kamen bröckchenweise neue Tatsachen ans Tageslicht. Tatsachen, die sich auf die Verbindungen zwischen dem Kronzeugen Jürgen Bodeux und dem Verfassungsschutz bezogen.

Spurenakte ’74

Den ersten Zipfel der Wahrheit fanden die Verteidiger in den Akten des Strafverfahrens gegen einen gewissen Harry Schäfer, der sich wie Bodeux im politischen Untergrund des Köln/Bonner Raumes bewegt hatte.

In einem Fernschreiben, das die Kripo Bonn am 29. März 1974 unter der Nummer 4139 an mehrere Polizeidienststellen geschickt hatte, hieß es:

»Es konnte Hinweis erlangt werden, daß Tätergruppe Jarowoy und Reimers vor Dezember 1973 Überfälle auf Geschäftsgeldboten mit Geldbomben unter Verwendung einer abgesägten Schrotflinte aufführen wollten.«

Auf Grund eines Hinweises vom Bundesamt für Verfassungsschutz waren Robert Jarowoy und Wernfried Reimers seinerzeit verdächtigt worden, den Geldboten eines Supermarktes in Köln-Porz überfallen und erschossen zu haben.

Den Anwälten fiel dreierlei auf: Erstens waren Reimers und Jarowoy alte Bekannte von Jürgen Bodeux, zweitens ging es um einen Supermarkt in Porz, Jürgen Bodeuxs Heimatort, drittens gab es einen sehr ähnlichen Vermerk in Bodeuxs Aussageprotokollen.

In seinen Vernehmungen vom Oktober und November 1974 hatte Bodeux nämlich eben dieses gesagt: Jarowoy und Reimers hätten geplant, mit einer abgesägten Schrotflinte Überfälle auf Geldboten von Supermärkten zu unternehmen. Konnte es also sein, daß der Hinweis an das Landesamt für Verfassungsschutz vom März 74, immerhin zu einer Zeit, als Jürgen Bodeux noch in Freiheit war, aus derselben Quelle stammte?

Die Anwälte versuchten, die Akten zu dem Raubmord in Porz zu bekommen. Es gelang ihnen zunächst, einen Auszug aus der Hauptakte aufzutreiben.

In einem der Vermerke in dieser Akte wurde Bezug genommen auf die Übersendung von Bodeuxs Aussageprotokollen zu den von Reimers und Jarowoy geplanten Raubüberfällen. »Die... angeführten Tathinweise auf Anarchisten waren hier schon bekannt und sind in der Spur Nr. 74 enthalten. Diesbezüglich wurden Kontakte unterhalten mit dem Bundesamt für Verfassungsschutz.«

Die Verteidiger im Schmücker-Verfahren stellten daraufhin einen umfangreichen Beweisantrag. Sie verlangten die Beiziehung der Ermittlungsakten über den Raubmord in Porz einschließlich der Spurenakten und beantragten, u.a. Günter Nollau, den ehemaligen Präsidenten des Bundesamtes für Verfassungsschutz, als Zeugen zu vernehmen.

Sinn dieses Antrages der Verteidigung war es, zu beweisen, daß »der Zeuge Bodeux bereits vor seinem Überwechseln von Köln/Bonn nach Wolfsburg im Jahre 1974 als Informant für das Bundesamt für Verfassungsschutz gearbeitet hat.«

Im Schlußabschnitt des Beweisantrages hieß es: »Welche Bedeutung dieser Umstand für die hier aufzuklärende Tat — die Erschießung Ulrich Schmückers am 4.6.74 — hat, bedarf keiner weiteren Erläuterung. Die Version, welche die Anklagebehörde hier vom Tatgeschehen vermitteln will, würde dann zugleich zwingend bedeuten, daß ein Mitarbeiter des Bundesamtes für Verfassungsschutz aktiv an der Erschießung des Ulrich Schmücker beteiligt gewesen wäre.«

Das Gericht lehnte die Beiziehung der Akten über den Raubmord Porz ab.

Es erklärte sich aber bereit, u.a. den ehemaligen und den gegenwärtigen Präsidenten des Verfassungsschutzes, Günter Nollau und Richard Meier, als Zeugen vorzuladen.

Da aber machte das Bundesinnenministerium nicht mit.

Am 3. November 1978 schrieb der Staatssekretär im Innenministerium, Dr. Fröhlich, an das Gericht:

»Der Antrag der Verteidigung, die derzeitigen bzw. früheren Bediensteten des Bundesamts für Verfassungsschutz, Präsident Dr. Meier, Präsident a.D. Dr. Nollau, LRD a.D. Hoffmann, ORR Vogt als Zeugen zu vernehmen, zielt darauf ab nachzuweisen, daß das Bundesamt für Verfassungsschutz mit Jürgen Bodeux zusammengearbeitet hat (letzter Satz des Beweisantrages). Dies trifft nicht zu. Das Bundesamt für Verfassungsschutz hat hierzu die als Anlage beigefügte Behördenerklärung abgegeben...«

Beigefügt war eine vom Vizepräsidenten des Bundesamtes für Verfassungsschutz, Bardenhewer, unterschriebene Erklärung:

»Betr.: Strafsache gegen Jandt u. A.

Az.: 509-95/77

In der o.g. Strafsache gibt das Bundesamt für Verfassungsschutz folgende amtliche Erklärung ab:

Jürgen Bodeux ist und war kein geheimer Mitarbeiter des Bundesamtes für Verfassungsschutz.«

Damit war der Beweisantrag vom Tisch. Doch die Ermittlungen gingen weiter. Wenige Monate später gelang es Gaby W., der ehemaligen Freundin Jürgen Bodeux's, die für den »Stern« Recherchen anstellte, die »Spurenakte 74« aus den Ermittlungsakten zum Raubmord Porz aufzutreiben.

In der »Spur 74« fand sich ein ganzer »Aktenvorgang« um den Kronzeugen Jürgen Bodeux.

Danach schrieb am 2. April 74 der Leiter der Kripo-Sonderkommission, Rudolf Rübesamen, unter der Registernummer 73399 an Herrn Kühne von der Abteilung III (Linksradikalismus) des BfV und teilte mit, daß im Fall Raubmord Porz der Porzer Kriminalkommissar Eckhard Kondziela für Auskünfte zur Verfügung stehe. Eine Woche darauf kam der Kontakt zwischen Kripo und Verfassungsschutz zustande.

In einem Aktenvermerk der Kripo Porz vom 9. April hielt Kommissar Kondziela das Gespräch fest.

Weil BfV-Beamter Kühne nicht im Amt gewesen sei, habe er mit dem Sachbearbeiter, Amtmann Koppermann, Telefon Köln 72 93 15, eine persönliche Aussprache gehabt. Koppermann erklärte, so der Vermerk, »über einen Informanten in Erfahrung bringen zu wollen, wer für den Porzer Raubmord in Frage kommt. Er wolle diesbezügliche Kontakte knüpfen und an die Person herankommen, die Verbindung nach Porz hat«.

Am 24. April meldete sich Verfassungsschützer Koppermann wieder bei dem Kriminalbeamten Kondziela. Der verfaßte am 25. April einen weiteren schriftlichen Vermerk. Kondziela notierte, Herr Koppermann vom Verfassungsschutz habe ihm mitgeteilt, »das der Porzer Kontaktmann ermittelt wurde. Hiernach soll es sich um den Jürgen Bodeux handeln«.

Damit die Polizei sich ein besseres Bild von dem Porzer Kontaktmann machen konnte, schickte das Kölner Amt dem Kommissar Kondziela ein Verfassungsschutz-Dossier über Jürgen Bodeux. Aktenzeichen: »III/A 47-o86-S-161 276-2/73« vom 11.9.1973.

Bodeux sei dem Verfassungsschutz damals aufgefallen, weil er im Januar 1973 das Blatt »Schwarze Hilfe Porz« herausgegeben hatte.

Die Anwälte unternahmen einen neuen Vorstoß, um die Kontakte Bodeuxs zum Verfassungsschutz eindeutig zu beweisen.

Sie stellten einen weiteren Beweisantrag in Sachen Bodeux — der wiederum abgelehnt wurde. Obwohl inzwischen durch das Auftauchen der »Spur 74« aktenkundig war, daß Bodeux als »Kontaktmann« des Bundesamtes für Verfassungsschutz galt, ließ es das Gericht nicht zu, noch einmal zu versuchen, Beamte des Verfassungsschutzes als Zeugen vorzuladen.

»Die Ladung und Vernehmung der Zeugen Kühne, Koppermann und Frings, sämtlich Beamte des Bundesamtes für Verfassungschutz, wird abgelehnt, da sie unerreichbar sind.«

»Unerreichbar« waren diese Zeugen, weil sie von ihrem Dienstvorgesetzten, dem Bundesinnenminister keine Aussagegenehmigung erhalten hatten.

Daraufhin zogen die Verteidiger vor das Verwaltungsgericht und versuchten, die Aussagegenehmigung einzuklagen. Das Verwaltungsgericht entschied gegen die Wahrheitsfindung. Der äußerst wichtige Zeuge Koppermann brauchte nicht auszusagen. Stattdessen wurde dem Berliner Gericht auf Vorschlag des beklagten Innenministeriums ein anderer Beamter des Bundesamtes für Verfassungsschutz als Zeuge präsentiert. Es handelte sich dabei um einen gewissen Herrn Abramowski, der angeblich über dasselbe Wissen verfügte wie Herr Koppermann, dessen Identität aber nicht derselben Geheimhaltung unterlag.

Wie kaum anders zu erwarten, stellte Abramowski den Aktenvermerk und die Aussage des Kripomannes Kondziela als »Mißverständnis« hin. Bodeux sei kein Kontaktmann des Verfassungsschutzes gewesen. Das müsse Kondziela total falsch verstanden haben.

Damit war wieder ein Versuch abgeblockt worden, die merkwürdigen Verbindungen des Kronzeugen Jürgen Bodeux zum Verfassungsschutz aufzuklären.

Der Prozeß ging dem Ende zu. Die Bilanz bis dahin sah so aus, daß der Kronzeuge Bodeux immer noch die Hauptstütze der Anklage war. Alle übrigen Indizien hätten weitgehend in eine andere Tatversion gepaßt. Nur im Zusammenhang mit der Aussage Bodeuxs erhielten sie ihre Relevanz:

1. Die Aussagen Götz Tilgeners, die nach Ansicht der Staatsanwaltschaft »nahtlos« in die Aussagen Bodeux's übergingen. Tatsächlich hatte Tilgener nur über die Vorbereitungen zum Schmücker-Mord ausgesagt, nicht aber über die konkrete Tatausführung.
2. Die Aussage der Zeugin Monika Bräuer, welche Ilse Jandt und Jürgen Bodeux am Abend des 3. Juni 1974 in Ulrich Schmückers Wohnung gesehen haben wollte.
3. Die Schreibmaschine, auf der nach Tilgeners Aussagen der »Bekennerbrief« geschrieben worden war, und die die Polizei an einer von Bodeux bezeichneten Stelle im Mittellandkanal gefunden hatte.
4. Die Holzkiste aus der Bäckergasse in Wolfsburg, in der nach Bodeux's Aussage das von ihm mitgebrachte »Handwerkszeug« vergraben worden war.
5. Die Eintragungen in das Sparbuch Jürgen Bodeux's, die seinen Aufenthalt an bestimmten, für das Tatgeschehen wichtigen Orten, bewiesen.
6. Die Stempel in den Reisepässen der Angeklagten, vor allem am 2. und 4. Juni 1974, die allerdings für keinen der Angeklagten einen Aufenthalt in Berlin zur Tatzeit bewiesen.
7. Die Flucht Volker von Weingrabers.
8. Das Verschwinden der angeblichen Tatwaffe.
9. Der »Bekennerbrief«, an dessen Formulierung Tilgener mitgearbeitet haben wollte.

10. Das Datum der Versendung des »Bekennerbriefes«, weil nämlich zu dem Zeitpunkt, als dieser in den Briefkasten geworfen worden war, nur die Täter von der Erschießung Ulrich Schmückers wissen konnten.
11. Das Ende des Fernsehfilms »Der längste Tag«, das sich mit Bodeux's Aussagen von Weßlaus angeblicher telefonischer »Erfolgsmeldung« deckte.
12. Die Auskünfte der Deutschen Bundesbahn über die Berlin in der Nacht zum 5. Juni 1974 verlassenden Züge, deren Abfahrtszeiten Bodeux's Version möglich machten.
13. Das Gutachten der Sachverständigen Prof. Dr. Krauland und Dr. Schneider, das eine Tatzeit zwischen 22.45 Uhr und 23.15 Uhr bestätigt hatte.
14. Der Fisch an der Angel des Zeugen Schönau, der jenen Schuß gehört haben wollte, der in den Zeitplan der Staatsanwaltschaft paßte.

All das bestätigte nach Ansicht der Staatsanwaltschaft die Glaubwürdigkeit der Aussagen Jürgen Bodeux's.

Nicht gegen seine Glaubwürdigkeit sprachen folgende Indizien:

1. Die Aussagen der Polizeibeamten Lange und Sommer und die Aussagen der Sozialrichterin Chomse und der Hausfrau Voigtmann, die allesamt einen Schuß zu einer Zeit gehört haben wollten, die mit der von Bodeux angegebenen Tatzeit nicht übereinstimmte, und die seine Version vom Tathergang widerlegt hätten.
2. Die Aussagen der Zeugen Gend und Reimers, die beide Bodeux in wichtigen Punkten seiner Aussage widerlegt hatten.
3. Die Aussagen der Mutter und Schwester des angeblichen Todesschützen Wolfgang Weßlau. Beide hatten im Prozeß gesagt, sie seien mit Wolfgang Weßlau noch am Tattage zu einer Zeit in Wolfsburg gewesen, zu der Weßlau nach Bodeux's Aussage schon lange in Berlin war. Mutter und Schwester hatten ausgesagt, Wolfgang sei am späten Nachmittag des 4. Juni zuerst in der elterlichen Wohnung gewesen und sei dann mit ihnen zusammen zu einer SPD-Wahlkundgebung, auf der Willy Brandt sprach, gegangen. Sicher ist, daß die Kundgebung tatsächlich am

4. Juni stattfand — doch den Rest der Aussage von Mutter und Schwester wollte die Staatsanwaltschaft und später das Gericht nicht glauben. Kein Wunder, denn wenn Mutter und Schwester die Wahrheit gesagt hätten, dann hätte Wolfgang Weßlau nicht am Vormittag des Tattages — wie Bodeux behauptet hatte — mit ihm zusammen den Tatort an der Krummen Lanke begutachten können. Es wäre ihm zudem nur unter extrem guten Verkehrsverbindungen möglich gewesen, rechtzeitig zur Tat nach Berlin zu kommen.

4. Der — nach Ansicht der Staatsanwaltschaft »untaugliche« — Versuch, dem Kronzeugen Bodeux Verbindungen zum Verfassungsschutz anzuhängen.

Verzweifelt versuchten die Verteidiger der Angeklagten, die entscheidende Quelle zur Aufdeckung der vollen Wahrheit über den Schmücker Mord doch noch zum Fließen zu bringen: den Verfassungsschutz.

Selbst auf die Gefahr hin, daß Aussagen und Unterlagen von Verfassungschützern möglicherweise die Version der Angeklagten stützen könnten, verlangten sie immer wieder Aussagegenehmigungen für Beamte und Vorlage der amtsinternen Akten. Vergeblich.

Bis zum Abschluß des Schmücker Prozesses strengten die Verteidiger insgesamt 11 Parallel-Verfahren an, von denen bis zur Urteilsverkündung lediglich drei Verfahren rechtskräftig abgeschlossen wurden. In einigen dieser Verfahren lagen die Akten über drei Jahre bei den betreffenden Gerichten, ohne daß es zu einer Verhandlung, geschweige denn zu einer Entscheidung kam. Alle diese Verfahren drehten sich um Aussagegenehmigungen für Verfassungsschutz- und Kripobeamte sowie um die Vorlage amtsinterner Akten.

Es stellte sich heraus, daß die Erteilung oder Nichterteilung von Aussagegenehmigungen für Verfassungsschutz- und Kripobeamte zum Angelpunkt des gesamten Verfahrens wurde. Wie sollte ein Gericht zu einem Urteil kommen, wenn eine — vielleicht die entscheidende — Informationsquelle systematisch verstopft wurde?

Wie sollte es zu einem Urteil kommen, wenn möglicherweise noch ganze Aktenberge in den Ämtern ruhten, die vielleicht eine ganz andere Version vom Tatablauf beinhalteten?

Die Wahrscheinlichkeit, daß gravierende Einzelheiten systematisch verschleiert wurden, rückte im Verlaufe der letzten Prozeßwochen immer näher.

Rechtsanwalt Philipp Heinisch, der Verteidiger von Ilse Jandt, machte das Problem der Erteilung und Nichterteilung von Aussagegenehmigungen für Beamte zum Thema seines Schlußvortrages im Gericht. Unter dem Titel »Logik der Macht« sagte er: »Das Wohl des Staates ist die prozeßentscheidende Instanz dieses Verfahrens. Sie taucht zwar in der Verfassung der Bundesrepublik nirgends auf, hat jedoch bei jeder Gelegenheit eingegriffen, als es galt, die Wahrheit ohne den Kronzeugen Bodeux herauszufinden.

Kein geringerer als Adolf Arndt, schrieb im Jahre 1961 den bemerkenswerten Satz: 'Mit der letzten Gewißheit, daß es keinen Primat der Politik vor dem Recht geben kann, steht und fällt der Rechtsstaat'.

Folgt man den Vertretern der 'objektivsten Behörde der Welt', so bleibt nach diesem Prozeß vom Primat des Rechts über die Politik nicht mehr allzuviel übrig. Denn die behördlicherseits verhängten Wahrheitsfindungsverbote begründen sich nun alle auf den politischen Begriff vom Wohle des Staates, von dem die Staatsschutzbehörden einen durchaus ausufernden Gebrauch gemacht haben. (...)

Sicherlich ist ein wesentliches Indiz für die Annahme eines politischen Prozesses, wenn sich die Machtfrage stellt, z.B. also die Frage, wer unter welchen Bedigungen aussagen darf oder nicht. Wenn der Politiker, sei es Innenminister Baum, sei es Innensenator Ulrich, bestimmt, dieser oder jener dürfe nicht, dann ist dies eine politische Entscheidung ...«

Nur einem der gleichzeitig blind und taub war, konnte im Verlaufe des Schmücker-Prozesses entgangen sein, daß das Verfahren durch Erteilung und Nichterteilung von Aussagegenehmigungen, durch die gezielte Freigabe und Nichtfreigabe von Akten zumindest den Eindruck machte, als werde es gezielt gesteuert. Ein Vorgang, der nach den klassischen Regeln des Rechtsstaates eigentlich undenkbar sein müßte.

So schreibt der Verfassungsrechtler August Bettermann in seinem Standartwerk »Grundrechte«, (Band III, 2. Teil, Seite 543):

»Art. 101, Abs. 1, Satz 2 schützt die Zuständigkeit der Richter, d.h. nicht nur ein Verbot der Sondergerichtsbarkeit, sondern vor allem die Freiheit des Gerichts vor den Versuchen außergerichtlicher Institutionen, Einfluß auf das Verfahren zu nehmen«.

Der Eindruck aber, daß außergerichtliche Institutionen, im Klartext: der Verfassungsschutz, das Schmücker-Verfahren manipulierten, drängte sich immer wieder auf. Je länger der Prozeß dauerte, desto deutlicher wurde, daß hier entscheidende Dinge verschleiert werden sollten.

Nachermittlungen zum Mordfall Ulrich Schmücker

Als die Nachricht von der Ermordung Ulrich Schmückers durch die Zeitungen ging, wurde auf einer Konferenz der Redaktion »Panoram« beim NDR-Fernsehen ein Mitarbeiter beauftragt, einen Beitrag darüber herzustellen. Ich selbst hatte mich für den Fall interessiert, war aber gerade mit einem anderen Thema beschäftigt.

So begannen zwei Kollegen mit den Recherchen und den Dreharbeiten. Der Beitrag wurde zunächst nicht fertiggestellt, weil es zu dieser Zeit noch zu wenig Informationen über den Ablauf der Geschehnisse in der Nacht vom 4. auf den 5. Juni an der Krummen Lanke gab. Vor allem eine Frage erschien allen, die über den Fall nachdachten, völlig unklar: Warum war Ulrich Schmücker, der ja von dem Mißtrauen wußte, das ihm seine ehemaligen Freunde entgegenbrachten, zu nächtlicher Stunde an diese entlegene Stelle des Grunewaldes gegangen? Es tauchte die Theorie auf, daß Schmücker selbst so sehr von der Schändlichkeit seiner Aussagen im Gefängnis überzeugt gewesen war, daß er sich sozusagen freiwillig dem »Exekutionskommando« gestellt hatte.

Völlig unklar war auch zunächst, ob Ulrich Schmücker — wie von seinen Mördern in dem Bekennerbrief behauptet — als V-Mann für den Verfassungsschutz gearbeitet hatte. Der Berliner Innensenator Neubauer hatte als Dienstherr des Berliner Landesamtes für Verfassungsschutz jede Tätigkeit Schmückers für den Verfassungsschutz bestritten.

Nun gelang es den Kollegen von »Panorama« damals, das Pfortenbuch der Justizvollzugsanstalt abzufilmen, in der Ulrich Schmücker nach seinem Gedächtnisprotokoll Besuch vom Verfassungschützer Rühl erhalten haben wollte. Tatsächlich waren in dem Pfortenbuch die Besuche eines Herrn Peter Rühl vom Berliner Verfassungsschutz aufgeführt.

Sonst gab es — außer den Aussagen von Schmückers Mutter — kaum Hinweise darauf, daß die Einzelheiten in Schmückers Gedächtnisprotokoll der Wahrheit entsprachen.

Der Beitrag für »Panorama« blieb erst einmal ungesendet.

Im Laufe der folgenden Zeit beschäftigte ich mich am Rande weiter mit dem Fall. Der Zufall wollte es, daß ich bei Recherchen in Berlin auf Götz Tilgener stieß, der mir den Ablauf der Ereignisse, die zum Tode Ulrich Schmückers führten, aus seiner Sicht erzählte. Tilgener war auch bereit, seine Aussagen vor der Kamera zu wiederholen.

Außerdem bekam ich von anderer Seite Informationen, daß das Berliner Landesamt für Verfassungsschutz nicht ganz so ahnungslos war, wie es immer wieder beteuert hatte. Es sollte mehrere Schreiben des Verfassungsschutzes an die Polizei geben, in denen der VS berichtete, daß Ulrich Schmücker wenige Tage vor seinem Tode Kontakt mit dem Amt aufgenommen hatte.

Nach einigen Schwierigkeiten gelang es mir, Fotokopien dieser Briefe aufzutreiben. (Die Briefe sind in diesem Buch auf den Seiten 284 bis 288 abgedruckt).

Damit war klar, daß der Verfassungsschutz zumindest über die Vorgeschichte des Schmücker-Mordes genau informiert war. Immerhin hatte Ulrich Schmücker bei dem »Treff« mit seinem Kontaktmann vom Verfassungsschutz gesagt, daß man ihn als »Verräter« erst ausgestoßen hatte, ihm dann einen »Fragebogen« vorgelegt und ihm die Chance zur Bewährung in einer »Gruppierung der IRA« angeboten habe. Und schließlich hatte er berichtet, daß er sich von »linken Genossen beobachtet« und sich von ihnen »konkret bedroht« fühlte. Zu guter letzt hatte Schmücker dem Dokument des Verfassungsschutzes zufolge noch um eine Pistole gebeten.

Aus einem zweiten Verfassungsschutz-Papier ging damals hervor, daß auch die »Observation« Schmückers in der »Tarantel« unter den Augen des Verfassungsschutzes stattgefunden hatte.

Die VS-Papiere und das Interview mit Götz Tilgener bildeten damals, im April 1975, die Grundlage für einen »Panorama«-Beitrag.

All diese Informationen ließen den Verdacht nicht ganz abwegig erscheinen, daß das Berliner Landesamt für Verfassungsschutz vor der Tat so viel wußte, daß es den Mord hätte verhindern können.

Der »Panorama«-Beitrag endete mit den Sätzen: »Entweder muß der Mord unter den Augen des Verfassungsschutzes stattgefunden haben, was kaum zu glauben wäre. Oder der Verfassungsschutz hat seinen gefährdeten Informanten nicht sorgfältig genug observiert, was ebenfalls kaum zu glauben wäre. Die Frage ist: Warum hat der Verfassungsschutz Schmücker nicht festnehmen lassen, und sei es zu seinem eigenen Schutz? Ein Haftbefehl lag nämlich gegen ihn vor. Doch die Verfassungsschützer ließen ihn laufen. Ulrich Schmücker lief in den Tod.«

Berlins Innensenator Neubauer versuchte damals, die Ausstrahlung des »Panorama«-Beitrages in letzter Minute zu verhindern. In mehreren Telefongesprächen ließ er durchblicken, daß durch die Veröffentlichung in »Panorama«, deren Einzelheiten er ja noch nicht kannte, weitere Informanten des Verfassungsschutzes gefährdet sein könnten. Auf die konkrete Frage, ob es sich dabei um den in der Sendung auftretenden Götz Tilgener handelte, antwortete Neubauer mit »Nein«.

Da wir in der Sendung niemand anders vorführen wollten, der möglicherweise für den Verfassungsschutz arbeitete, wurde beschlossen, den Beitrag trotz Neubauers Intervention zu zeigen.

Neubauers Hinweis brachte uns aber zum ersten Mal auf den Gedanken, daß ein anderer, direkt oder indirekt an der Ermordung Schmückers Beteiligter, für den Verfassungsschutz arbeiten könnte.

In der Folgezeit beschäftigte ich mich weiter mit der Affäre. Ich sprach mit den Anwälten, Angeklagten, mit ihren Eltern und Bekannten. Ich sammelte Akten, Briefe, Lebensläufe, nahm an den Gerichts-Verhandlungen teil, versuchte den Widersprüchen des von Tilgener und Bodeux geschilderten Tatablaufes nachzugehen.

Und langsam tauchten immer mehr Merkwürdigkeiten auf, die man nur mit größter Naivität unter »normalen« polizei- und gerichtsüblichen Schlampereien einordnen konnte.

Da war das Verschwinden des Briefes, der vom Polizeibeamten Langhafel und von den US-Soldaten auf der Leiche gefunden worden war. Da war das Verschwinden der beiden von Schmücker handgeschriebenen Zettel, die die Geschäftsführerin des Appartments-Hotels, Ursula Peters, der Polizei übergeben hatte. Da war das Verschwinden der Zeugin Ursula Peters selbst. Da war die Geheimhaltung ganzer Aktenteile, und nicht zuletzt die anscheinend panische Angst des Verfassungsschutzes davor, Beamte vor Gericht als Zeugen aussagen zu lassen.

Insgesamt ein Bild, das meinen eigenen Glauben an den Rechtsstaat, an einen fairen Prozeß, an die Unabhängigkeit der Gerichte erschütterte.

An einem der ersten Prozeßtage im ersten Schmücker-Verfahren stand ich in der Verhandlungspause zusammen mit einem der beiden Verteidiger des Kronzeugen Bodeux auf dem Flur vor dem Gerichtssaal. Wir unterhielten uns über den bisherigen Ablauf des Prozesses. Plötzlich sagte Bodeux's Verteidiger zu mir: »Das ist ein programmierter Zeuge«. Er meinte damit seinen eigenen Mandanten.

Dennoch war ich sehr skeptisch, als die ersten konkreten Hinweise auftauchten, daß möglicherweise Jürgen Bodeux für den Verfassungsschutz gearbeitet haben könnte.

Im Oktober 1978 hatte einer der Verteidiger, Rainer Elfferding, einen umfangreichen Beweisantrag eingebracht. Wie schon berichtet, war er in den Akten eines anderen Verfahren auf ein Fernschreiben gestoßen, in dem es hieß: »Es konnte Hinweis erlangt werden, daß Tätergruppe Jarowoy und Reimers vor Dezember 1973 Überfälle auf Geschäftsgeldboten mit Geldbomben unter Verwendung einer abgesägten Schrotflinte ausführen wollten ...« Das Fernschreiben war u.a. an die Kripo in Porz gerichtet, die einen bis heute unaufgeklärten Raubmord bearbeitete.

Die Antwort hatte gelautet: »Die ... Tathinweise ... waren hier schon bekannt und sind in der Spurenakte 74 enthalten. Diesbezüglich wurden Kontakte unterhalten mit dem Bundesamt für Verfassungsschutz ...«

Diese Tathinweise hatten eine erstaunliche Ähnlichkeit mit Angaben, die Jürgen Bodeux innerhalb seiner umfangreichen Aussagen gemacht hatte.

Elfferding zog damals den nicht ganz unlogischen Schluß, daß Bodeux schon früher, als er noch in Freiheit war, Lieferant eben jener Informationen an das Bundesamt für Verfassungsschutz gewesen sein könnte.

Wie gesagt, mir schien das alles sehr vage. Es konnte sein, daß Bodeux der Hinweisgeber im Fall des Raubmordes Porz war, es konnte aber auch jemand anderes gewesen sein. Umso überraschter war ich, als die Stern-Mitarbeiterin Gaby W. die Spurenakte 74 auftat, in der als »Kontaktmann« in Sachen Raubmord Porz tatächlich Jürgen Bodeux aufgeführt war. (Siehe Seite 263).

Schon bevor der »Stern« über die neuen Verdachtsmomente gegen Bodeux berichtete, hatte ich mich an jemanden gewandt, von dem ich wußte, daß er über Verbindungen zu Geheimdienstkreisen verfügte. Ich hatte ihn gebeten, sich doch einmal umzuhören, auf welche Weise der Verfassungsschutz tatächlich in die Mordaffäre verwickelt war. Es dauerte lange, bis diese »Quelle« mit den ersten Informationen aufwartete. Da war zuerst einmal der Hinweis, daß Jürgen Bodeux wirklich in irgendeiner Verbindung zum Verfassungsschutz gestanden hatte. Zweitens, so die »Quelle«, sei in der Tatnacht ein Observationskommando in der Nähe des Tatortes gewesen.

Die Informationen erschienen mir so vage, daß ich keinen Gebrauch davon machte.

Nach einiger Zeit kam es zur Übergabe eines schmalen Aktenordners mit amtlichen Unterlagen über Jürgen Bodeux. Darin fand sich das Original eines Fernschreibens, das dem Gericht im Schmückerverfahren nur in Auszügen vorgelegt worden war, und das zum Anlaß intensiver Auseinandersetzungen zwischen Verteidigung und Gericht geworden war.

Einige Monate nach dem Schmücker-Mord war in verschiedenen Zeitungen ein Foto veröffentlicht worden, das Ilse Jandt mit einem unbekannten Mann zeigte. Daraufhin ging bei der Kölner Polizei ein anonymer Brief ein, in dem Jürgen Bodeux als der Unbekannte auf dem Foto identifiziert wurde. Das Landeskriminalamt Düsseldorf teilte diese Information fernschriftlich anderen Polizeidienststellen mit. Das Fernschreiben trug die Nr. 650 und tauchte später in den Prozeßakten auf. Beim Kopieren des Fernschreibens waren allerdings ganze Passagen aus angeblich »polizeitaktischen Gründen« abgedeckt worden. Die Anwälte hatten sich immer wieder vergeblich bemüht, die vollständige Kopie des Fernschreibens zu bekommen. Die Anforderung, so das Gericht, sei »völlig aussichtslos«, das Beweismittel sei, wie die mehrfachen vergeblichen Anforderungen ergeben hätten, »unerreichbar«.

Doch so ganz unerreichbar, wie das Gericht meinte, war das Original des Fernschreibens Nr. 650 nicht.

In dem Aktenordner, den ich damals erhielt, war eine vollständige Kopie. Es ergab sich daraus, daß es Akten über Bodeux geben mußte, daß Bodeux offenbar ein guter Bekannter für die Polizei war, und daß man diese Tatsache dem Gericht vorenthalten wollte. Eine der abgedeckten Stellen des Fernschreibens lautete:

»Jürgen Bodeux ist hier bekannt als führender Funktionär der 'Schwarzen Hilfe Porz', einer Außenstelle von 'Schwarz-Kreuz Köln', 50 Köln 1, Moltkestr. 27 (Heinzelhaus).«

Warum wurde diese Information zurückgehalten? Vielleicht deshalb, weil es womöglich mehr Akten gab, in denen noch mehr — vielleicht Brisanteres — über Jürgen Bodeux stand?

Zusätzlich zu diesem Fernschreiben erhielt ich zu jener Zeit die erste konkrete Information, daß tatsächlich in der Mordnacht in der Nähe des Tatortes in Berlin eine Observation durchgeführt worden war. Die Nummer des Observationseinsatzes sollte 437/4 lauten. Beteiligt gewesen sein sollten die Verfassungsschutzbeamten mit den echten oder den Decknamen Folk, Berstel, Hambach, Steiner, Lutz und Braun.

Außerdem bekam ich damals die Kopie eines Aktenvermerkes aus dem Bundeskriminalamt.

Unter dem Briefkopf des BKA hieß es darin:

»BfV (also Bundesamt für Verfassungsschutz) Abt. III, führt Personenüberprüfung durch. Führung der V-Person 4537 bei BfV. Jürgen Bodeux bei hiesiger Dienststelle unter V 34/72 registriert. Einsatz/Obs-Gruppe(also Observationsgruppe) /V-Mann-Führung koordiniert mit BfV. Telf. Vereinbarung v. Sh getroffen. Führung über Köln. III/A 47-086-S-161 276 2/73. Reisekostenabrechnung über Köln.«

Bedeutete dieser Vermerk, daß Jürgen Bodeux unter der V-Mann-Nr. 4537 geführt wurde? Bedeutete das ferner, daß Jürgen Bodeux beim Bundeskriminalamt als V-Mann unter der Nummer 3472 registriert war? Bedeutete der Vermerk, daß Jürgen Bodeux doch ein V-Mann war, der von Köln, also vom Bundesamt für Verfassungsschutz geführt wurde, daß der Verfassungsschutz die Reisekosten für Bodeux übernahm?

Auffallend war, daß der Vermerk als Datum den 1.11. eines nicht genannten Jahres trug. Am 31. Oktober 1973 war Ilse Jandt aus der Haft in Vechta entlassen worden. Konnte es sein, daß sich dieser Vermerk auf eben jenes Datum bezog, daß nämlich Jürgen Bodeux direkt nach Ilse Jandts Haftentlassung auf sie angesetzt worden war?

All diese Informationen lagen mir im Frühsommer 1979 vor. Es war kurz vor der Urteilsverkündung im zweiten Berliner Schmücker-Prozeß. Konnte, durfte ich diese Informationen zurückhalten? Ich entschloß mich, einen weiteren Beitrag in »Panorama« zu machen. Vielleicht, so waren damals meine Überlegungen, könnte das Berliner Gericht aufgrund der Veröffentlichung in »Panorama« doch noch einen Versuch unternehmen, die volle Wahrheit aus den Ämtern herauszuholen.

Am Freitag vor der »Panorama«-Sendung traf ich mit Bundesinnenminister Baum zusammen und unterrichtete ihn über die mir vorliegenden Informationen. Der Innenminister versprach, bei seinen Ämtern noch einmal nachzuforschen.

Bis zur Ausstrahlung des Beitrags stand ich in Verbindung mit dem Leiter des Ministerbüros, um zu erfahren, ob das Ministerium fündig geworden war. Doch dem Dienstherrn über Verfassung und Bundeskriminalamt gelang es nicht, die entsprechenden Akten aufzutreiben. Die Ämter blieben bei ihrer Version, Bodeux sei kein Mitarbeiter des Verfassungsschutzes oder des Bundeskriminalamts gewesen. Auch eine Observation hätte in der Tatnacht an der Krummen Lanke nicht stattgefunden.

Das Bundesamt für Verfassungsschutz teilte dem Minister lediglich mit, nicht Bodeux habe für das Amt gearbeitet, in der Gruppe um Gaby W. (zu der ja auch Bodeux gehört hatte) sei ein anderer Informant gewesen. Bodeux sei also nicht selbst Informant gewesen, er sei vielmehr selbst ausgespäht worden.

Konnte, durfte man diese Version glauben? Alle Indizien sprachen dagegen. Zudem hatte ich keine ernsthaften Zweifel an den mir vorliegenden Informationen und Dokumenten. Ich wußte zu genau, aus welcher Quelle sie stammten.

Dennoch entschloß ich mich, den »Panorama«-Beitrag in äußerst vorsichtiger Form abzufassen. Die Schlußpassage lautete: »Die restlose Aufklärung dieses Sachverhaltes ist dringend erforderlich. Denn wenn die »Panorama«-Informationen stimmen, dann müßte man vermuten, daß ein Mitarbeiter des Verfassungsschutzes an einem Mord beteiligt war. Dann könnte das bedeuten, daß die Vorbereitungen zu dem Mord an Ulrich Schmücker bis ins Detail vorher bekannt waren, daß man sogar ein Observationskommando in die Nähe des Tatortes schickte. Ein Observationskommando, das den Mord an Ulrich Schmücker nicht verhinderte.«

In der Nachmoderation zu dem »Panorama«-Beitrag sagte ich damals: »Wir haben hier nur einen Zipfel der möglichen Wahrheit aufgedeckt. Man möchte fast hoffen, daß wir uns irren — denn wenn das alles so war, dann eröffnet das wahrhaft beängstigende Perspektiven über die Arbeit unserer Geheimdienste.«

Am Tage nach der Sendung wurde ich als Zeuge vor das Berliner Gericht geladen.

Ich übergab dem Gericht Abschriften der mir vorliegenden Dokumente sowie die Aufstellung der Informationen über eine Observation in der Tatnacht.

Daß plötzlich das jahrelang zurückgehaltene Original des Fernschreibens 650 dem Gericht vorlag, wurde stillschweigend zur Kenntnis genommen. Der Vermerk aus dem Bundeskriminalamt wurde mit einer Mitteilung des BKA gekontert, daß man »trotz intensiver Suche« kein Duplikat des Aktenvermerks gefunden habe. Und zu Worten wie »Manipulation« ließ sich der Staatsanwalt hinreißen, als ich erklärte, daß wir die Einzelheiten über die Observation — wie im übrigen klar in der Sendung zu erkennen gewesen war — in der üblichen Form eines »Inserts« eingeblendet hatten. Während wir alle in dem Beitrag als Dokumente gezeigten Papiere auch als Dokumente bezeichnet hatten, war die Aufstellung der Einzelheiten zu der Observation deutlich als eine schriftliche Aufstellung uns vorliegender Informationen gekennzeichnet gewesen.

Vielleicht hätte man die Einblendung in Sütterlin-Schrift abfassen müssen, um auch dem wohlmeinendsten Staatsanwalt klarzumachen, daß wir hier nicht etwa den Eindruck zu erwecken versuchten, es handele sich um die Ablichtung eines Original-Dokumentes.

Kurzum: das Ganze ging aus wie das Hornberger Schießen.

Der Prozeß zog sich in die Länge. Meine Recherchen gingen weiter. Kurz vor Abschluß des Verfahrens erhielt ich neue Informationen. Es war eine schriftliche Aufstellung von Vorgängen, die sich aus einem bestimmten Aktenordner in einer bestimmten Dienststelle ergeben sollten.

Die Liste sah so aus:

1. »Bodeux wurde laut Koppermann bereits im Oktober 1973 von einem Kontaktmann des BfV mit Decknamen Rieke angegangen. Rieke unterhielt im Auftrag des BfV konspirative Verbindungen zu Angehörigen der Anarcho-Szene. Rieke war nicht Beamter des BfV. Rieke arbeitete auch für die Sicherungsgruppe Bonn (Bundeskriminalamt). Kollege Pollmann erhielt im Fall Müller Hinweise von BfV über Rieke. In Akte S-161 276-2/73 des BfV war Handvermerk über Bodeux als Kontaktperson.«

(Koppermann war jener Verfassungsschutzbeamte, der im Falle Raubmord Porz mit dem Kripobeamten Kondziela gesprochen hatte. Dabei hatte Koppermann — entsprechend einem Aktenvermerk des Kripo-Mannes — Bodeux als »Kontaktperson« bezeichnet. Das Aktenzeichen S-161 276-2/73 hatte auf einem VS-Dossier über Bodeux gestanden, das Koppermann an Kondziela geschickt hatte. Außerdem war es auf dem von mir in »Panorama« veröffentlichten BKA-Aktenvermerk aufgeführt.

Der Name »Rieke« war neu. Handelte es sich dabei vielleicht um jenen Informanten aus der Gruppe um Gaby W., von dessen Existenz der Verfassungsschutz Innenminister Baum unterrichtet hatte? War jener »Rieke« vielleicht identisch mit einer Person, die die Gruppe um Gaby W. schon damals als Verfassungsschutz-Agenten im Verdacht hatte? Handelte es sich dabei um Reinhard K., den Gaby W. eines Tages beim Schreiben eines detaillierten Berichts über diverse Aktivitäten überrascht hatte, und der heute trotz seiner Verwicklungen in die Anarcho-Szene als beamteter Lehrer im Schuldienst tätig ist?)

Punkt 2 der Liste war bereits bekannt:

2. »Kriminalhauptkommissar Kondziela (Kriminalpolizei Köln), Vermerk vom 25.4.74, Auszug: 'Der vom BfV-Kontaktmann angegangene Informant ist J. Bodeux.'
Kondziela sagt, daß er von der Sicherungsgruppe des BKA Hinweise auf Bodeux erhalten habe, die einwandfrei Bodeux als Informanten des BfV bezeichnen.«
3. »Bodeux ist laut Aktenvermerk der Abteilung Sicherungsgruppe (Unterzeichner Pollmann) als Informant des BfV registriert. Vier Anfragen der SG an das BfV mit der Bitte um Informationsgewinnung durch Bodeux wurden an Koppermann weitergegeben.«
4. »Bei Abteilung Sicherungsgruppe liegt in Spurenmappe II, Fall Schmücker, ein Handvermerk von KHK Pollmann, daß Bodeux über BfV kontaktet werden könne.
Vermerk SG-Akte v. 23.8.74:
'Bodeux laut BfV mit der Jandt in Darmstadt aufhältlich. Obs-Gruppe auf Einsatz vorbereitet. Bodeux hat keine neuen Hinweise erbringen können. Verhaftung des Bodeux nach Absprache mit BfV'. Vermerk ist von Pollmann abgezeichnet.«

(Drei Tage, nachdem dieser Vermerk geschrieben worden sein soll, wurden Bodeux und Ilse Jandt bei Darmstadt festgenommen).

5. »Vermerk vom 3.4.74 in SG-Unterlagen Bodeux: Laut Mitteilung der Abt. III des BfV (Koppermann) erhielt Bodeux Weisung, nach Berlin zu reisen, um Kontakt zur Jandt aufzunehmen. Bodeux will in Erfahrung gebracht haben, daß in Berlin eine neue Kampfgruppe mit der Jandt erstellt werden soll. (Vermerk auf Telefon-Mitteilungs-Formular).«

(Am 10. April 1974 war Bodeux über Wolfsburg nach Berlin gereist, um Ilse Jandt zu besuchen).

6. »Vermerk vom 2.6.74 — SG-Unterlage Fallakte Bodeux: Koppermann teilt mit, daß Obs (Observationsgruppe) nach Berlin abreist. Bodeux hat Kontakt zu einem Kreis anarchisti-

scher Personen in Berlin. LfV Berlin unterrichtet. Erkenntnisse werden an Auswertung SG weitergegeben.«

(Das war zwei Tage vor dem Mord an Ulrich Schmücker).

7. »Kondziela setzte am 26.4.74 Telex an BKA Wiesbaden — Dauerdienst ab. Pers.-Überprüfung J. Bodeux. Das Fernschreiben wurde vom Dauerdienst über BfV und LfV-Ämter gesteuert.

8. »Obs-Einsatzberichte des LfV Berlin (Landesamt für Verfassungsschutz) für 4.6.74 vorhanden. An diesem Tag fanden in West-Berlin drei Obs-Einsätze statt. Der letzte Einsatz endete laut Reisekostenabrechnung — 5.6.74 — 04.30 Uhr.

(Die Nacht vom 4. auf den 5. Juni war die Tatnacht).

9. »Vernehmungsakte Bodeux, 19.9.74:
Bodeux verlangt wiederholt mit einem Beamten des BfV zu sprechen. B. gibt an, von einer nicht näher genannten Dienststelle Entgeld für Aufwendungen erhalten zu haben. U.a. soll die Reise nach Darmstadt von dieser Behörde verauslagt worden sein. Bodeux gibt den Anschein, Informationen aus der Untergrund-Szene an Behörden weitergegeben zu haben«.

Soweit der Wortlaut der Liste, die meine »Quelle« nach Durchsicht von Akten angelegt hatte.

Ich entschloß mich, den Verteidigern im Schmücker-Verfahren einen Hinweis zu geben, um der möglichen Wahrheit doch noch ein Stück näher zu kommen. Daraufhin stellte einer der Anwälte den Beweisantrag, jene Beamten als Zeugen vorzuladen, die Jürgen Bodeux nach seiner Verhaftung zum ersten Mal verhört hatten. Tatsächlich hatte Bodeux nämlich am 19.9.74 Besuch von Beamten des Hessischen Landeskriminalamts erhalten. Am Tage darauf hatte er mit seinen — zunächst geheimgehaltenen — Aussagen auf Tonband — begonnen.

Die beiden Besucher waren laut Pfortenbuch der Anstalt Kriminalhauptkommissar Geisser und Kriminalhauptmeister Simoneit.

Vom Gericht vorgeladen, sagten die beiden Beamten aus, ihrer Erinnerung nach habe Bodeux in diesem Gespräch am 19.9.74 nicht auf Kontakte zum Verfassungsschutz hingewiesen. Bei der Vernehmung rutschte einem der Beamten allerdings heraus, daß es wohl noch eine Akte gäbe, in der sich eine vierseitige Mitschrift von Bodeux's ersten Aussagen befände.

Da die Existenz dieser Akte aber nicht »offiziell bekannt« war, wurde der Antrag der Verteidigung, die Akte anzufordern vom Gericht abgelehnt.

Mit der Vernehmung der beiden Beamten vom Hessischen Landeskriminalamt waren die Verteidiger wieder einmal kein Stück weitergekommen.

Die Beweisaufnahme wurde endgültig abgeschlossen.

Am 27.7.79 kam das Urteil:

Ilse Jandt, lebenslänglich, Wolfgang Weßlau 8 Jahre Jugendstrafe, Annette von W., Wolfgang S. und Sönke L. jeweils 4 Jahre Jugendstrafe.

Lediglich Wolfgang S. hatte ein Jahr weniger bekommen als in dem ersten Verfahren. Für alle anderen war die Strafe dieselbe. Zusätzlich wurden sie im Gegensatz zum ersten Prozeß dazu verurteilt, die Kosten des Verfahrens zu tragen. Damit war für die Jugendlichen das Urteil im Revisionsverfahren insgesamt härter ausgefallen als im ersten Prozeß.

Für die meisten Prozeßbeobachter blieb ein schaler Geschmack zurück. Das Verfahren hatte, so ein Journalist, genau da aufgehört, wo es hätte beginnen müssen: bei der Untersuchung der Verwicklungen des Verfassungsschutzes in den Mordfall Ulrich Schmücker.

Die Anwälte beantragten zum zweiten Mal eine Revision des Verfahrens. Auf mehr als 1.000 Seiten begründeten sie ihren Revisionsantrag. Bis zum Abschluß dieses Buches wurde darüber nicht entschieden.

In der folgenden Zeit erhielt ich aus meiner »Quelle« neue Informationen und Unterlagen. Es waren zunächst sechs Papiere.

1. Ein Vermerk der Sicherungsgruppe Bonn des Bundeskriminalamtes:

»SG 22 Bad Godesberg, den 5.6.74

Vermerk:
Betr.: B o d e u x, Jürgen
Bezug: Telef. Rücksprache mit BfV/III und LfV Berlin
u. Vermerk v. 2.6.74

Nach telef. Rücksprache mit BfV und Berlin (LfV) — (s. Tel.-Vermerk Nr. 3) wurde heute hier bekannt, daß der Mordfall in Berlin in Zusammenhang mit der Meldung v. 2.6.74 steht.

Nach dem Ermittlungszustand handelt es sich um SCHMÜCKER (Pers. hier bekannt).

Lt. Mitteilung des BfV v. 3.4.74 soll SCH. in der Folgezeit von der Jandt u.a. wiederholt nach Westdeutschland (Raum Köln) bestellt worden sein. Bodeux hatte mehrere Kontakte zu SCH. aufgenommen. Nach Absprache mit dem LfV Berlin sollte jedoch der Treff der Jandt-Gruppe mit SCH. nicht im Bereich der BRD stattfinden, sondern in Berlin abgewickelt werden.

Über die Vorkommnisse in Berlin wird gesonderter Bericht über Tatzusammenhänge und Täterkreis nach hier weitergegeben.

Nach hier vorliegenden Erkenntnissen hatte B. zur Tatzeit eine Kontaktaufnahme mit SCHMÜCKER beabsichtigt. Die zuständigen Dienststellen wurden von hies. Sachstand telef. unterrichtet.«

2. Ein Vermerk aus dem Hessischen Landeskriminalamt:

»HLKA Wiesbaden Wiesbaden, den 26.
Abt. V/Z Gei.

Vermerk:

Heute wurde mit Herrn Koppermann (BfV/III) nochmals telefonisch Rücksprache gehalten betreffend der Verhaftung der Jandt und Bodeux in Darmstadt. Aus vorliegenden Vermerken (s. Bl. 16/23) geht hervor, daß der

Bodeux, Jürgen,
geb. 28.7.1953 Wanne-Eickel,

lt. Auskunft des BfV/III als Informant tätig gewesen sei. Nach Absprache mit der o.a. Dienststelle wurde B. nach der Verhaftung von der übrigen Gruppe getrennt. Die Vernehmungsprotokolle Bodeux sollen nach Weisung vorerst nur zu den Handakten genommen werden. Sollte B. während seiner Vernehmung Äußerungen über seine Informantentätigkeit für eine Dienststelle bekanntgeben, werden diese Aussagen gesondert vermerkt. Diese Absprache wird auch der zuständigen StA übermittelt.

B. soll ausführliche Aussagen über den Personenkreis machen, den er mit der Jandt getroffen hatte und der Kontakt zu Vieth u.a. in Berlin hat. Es wird noch erwogen, ob den Vernehmungen Beamte des BfV beiwohnen sollen. Vom vorstehenden Sachverhalt wurden die betreffenden Sachbearbeiter dieser Dienststelle unterrichtet.«

(Der 26.8.74 war der Tag, an dem Jürgen Bodeux und Ilse Jandt in Darmstadt festgenommen worden waren. Das Kürzel »Gei.« könnte auf den Beamten des HLKA Geisser hindeuten.)

3. Ein weiterer Vermerk aus dem Hessischen Landeskriminalamt:

»HLKA/V Wiesbaden, den 19.9.74

Vermerk

Laut telef. Anweisung des LfV Hessen sollen die Aussagen des BODEUX zur Auswertung an das BfV gesandt werden. Diese Absprache wurde vom Leiter Abteilung V genehmigt.

Die Einlassungen des B., die seine Informantentätigkeit mit dem BfV und dem LfV betreffen, sollen nicht in die Vernehmung aufgenommen werden. Angaben dieser Art werden in Vermerkform festgehalten und zu den Handakten gegeben.«

(Der 19.9.74 war der Tag, an dem Jürgen Bodeux in der Haftanstalt Giessen mit den Beamten Geisser und Simoneit sprach. Einen Tag darauf hatte er mit seinen umfangreichen Aussagen auf Tonband begonnen).

4. Ein weiterer Vermerk aus dem Hessischen Landeskriminalamt:

»HLKA Abt. V/Z Sim. Wiesbaden, den 20. Sept. 1974

1. Vermerk:
Bodeux hat heute während seiner Vernehmung mehrere Angaben über eine Zusammenarbeit mit dem VS gemacht. B. hat aber nicht Namen genannt. Während der Befragung über die Jandt hat B. wiederholt geäußert: »Warum fragt ihr da nicht die vom VS, denen hab ich doch alles berichtet.« B. hat auch nachgefragt, ob die anderen Mitglieder der J.-Gruppe Bemerkungen über seine Person, speziell über seine Informantentätigkeit gemacht hätten. B. wollte auch wissen, ob jemand vom BfV oder LfV ihn in der nächsten Zeit aufsuchen würde, denn er würde bestimmt noch einige Kosten ersetzt bekommen.
2. z.d.H.Akte«
(Das Kürzel »Sim« könnte auf den Kriminalbeamten Simoneit hindeuten).

5. Ein weiterer Vermerk aus dem Hessischen Landeskriminalamt:

»HESSISCHES Wiesbaden, den 20. Sept. 1974
LANDESKRIMINALAMT
Abt. V/S.

Vermerk

Vor seiner Vernehmung vom 19.9.1974 gab der
BODEUX, Jürgen
weitere Personalien bekannt,
folgendes an:
Bodeux wollte vor seiner ersten Vernehmung mit einem Beamten des Verfassungsschutz Köln sprechen. Diese Dienststelle wisse über B. genau Bescheid.
Nach eingehender Befragung durch die Unterzeichner gab Bodeux weitere Informationen über einen Kontakt zu o.a. Dienststelle bekannt.

Danach will B. seit Frühjahr 1974 für VS-Behörden in Köln und Berlin gearbeitet haben.
Nach telefonischer Rücksprache mit BfV Köln (Koppermann) Abt. III soll dieser Aussageteil nicht in Vernehmung aufgenommen werden. K. bezog sich auf seinen Vermerk v. 23.8.74.
Weitere Erkenntnisse über Informantentätigkeit können über LfV Berlin (Grünhagen) eingezogen werden.
Das BKA Abt. SG wurde von Sachverhalt unterrichtet (20.9.74).
2. Handakte B.« Gs/Sm.
(Die Kürzel »Gs.« und »Sm.« könnten ebenfalls auf die Beamten Geisser und Simoneit hindeuten).

6. Ein Brief des Hessischen Landeskrimalamts an das Bundeskriminalamt:

»HESSISCHES
LANDESKRIMINALAMT
- Abt. V -

An das
Bundeskriminalamt
Abt. (...)

Betr.: Verhaftung der Jandt-Gruppe vom 26.8.74
hier: BODEUX, Jürgen, geb. 28.7.53 Wanne-Eickel
Bezug: Telef. Rücksprache v. 19.9.74 Sim./Gs.

Bei hiesiger Dienststelle — Abt. V — ging bereits am 23.8.74 ein Vermerk des BfV Köln (Abt. III/Koppermann) ein, in dem Bodeux als Informant des Amtes bezeichnet wird. Bodeux soll nach Absprache mit dem LfV Berlin im April 1974 an die Jandt geführt worden sein. Herr Koppermann teilte der hiesigen Dienststelle telefonisch den o.a. Sachverhalt am 25.8.74 mit.
Sollten über die Tätigkeit des B. weitere Erkenntnisse erforderlich sein, wurde um Kontaktaufnahme mit BfV — Hr. Koppermann — und LfV Berlin — Hr. Grünhagen — gebeten. Die Informantentätig-

keit des Bodeux für die angeführten Dienststellen soll nur in den Handakten belassen werden. Bodeux verwies während der ersten Einvernahmen wiederholt auf einen Kontakt mit dem Verfassungsschutz hin. B. will von dieser Dienststelle Entgeld für Aufwendungen zur Darmstadt-Reise erhalten haben.«

Was war von diesen Papieren zu halten? Zunächst: die in den Unterlagen genannten Daten und Einzelheiten paßten genau in das Raster der aus dem Fall bekannten Einzelheiten. Andererseits widersprachen sie wesentlichen, in dem Prozeß von Beamten und Dienststellen gemachten schriftlichen und mündlichen Äußerungen. Konnte es wirklich sein, daß bundesdeutsche Beamte einem deutschen Gericht gegenüber unwahre Angaben gemacht hatten?

Ich veröffentlichte die Papiere zunächst nicht.

Da ergab sich plötzlich eine ganz neue Spur.

Astrid Proll war aus England freiwillig zurückgekehrt, um sich einem Gericht zu stellen. Ihr wurde vorgeworfen, im Jahre 1972 bei einer versuchten Festnahme auf einen Polizeibeamten und einen Verfassungsschützer geschossen zu haben.

Die Anklage lautete u.a. auf Mordversuch.

In dem ersten Verfahren, dem sie sich nach einer Prozeßunterbrechung durch Flucht entzogen hatte, waren die beiden Belastungszeugen vor Gericht erschienen.

Nun erhielt einer der Verteidiger im Schmücker-Verfahren einen anonymen Anruf. Man solle sich doch jenen Verfassungsschutz-Beamten etwas genauer ansehen, der damals gegen Astrid Proll ausgesagt hatte. Ich ging diesem Hinweis nach und stöberte in alten Zeitungsausschnitten.

Es stellte sich heraus, daß der Verfassungsschützer aus Berlin kam und Michael Grünhagen hieß.

Weiter stellte sich heraus, daß jener Michael Grünhagen in einem eher nebensächlichen Vorgang bereits in dem Schmücker-Verfahren aufgetaucht war. Die Anwälte hatten damals eine Information bekommen, nach der Götz Tilgener in der Haft einmal von diesem Beamten des Berliner Landesamtes für Verfassungsschutz aufgesucht worden war.

Sie hatten daraufhin Grünhagen als Zeugen vorladen lassen. Der Berliner Innensenator aber hatte Grünhagen keine Aussagegenehmigung erteilt.

Über Umwege wurde ein Foto des Verfassungsschutzbeamten Grünhagen beschafft. Dieses Foto, das zweifelsfrei Grünhagen darstellte, wurde mehreren Personen vorgelegt, die im Laufe der vergangenen Jahre in der Haft Besuch von einem gewissen Herrn, der sich »Peter Rühl« nannte, erhalten hatten. Offenbar war »Peter Rühl« damals bei mehreren Terrorismus-Verdächtigen aufgetaucht.

Es ergab sich, was kaum jemand für möglich gehalten hatte. Ohne daß den Betreffenden vorher gesagt wurde, um welchen Zusammenhang es ging, erkannten alle auf Anhieb auf dem Foto von Michael Grünhagen den Mann wieder, der sich bei ihnen unter »Peter Rühl« vorgestellt hatte.

Das konnte ja wohl nur bedeuten, daß auch der »Peter Rühl«, der versucht hatte, Ulrich Schmücker für den Verfassungsschutz anzuwerben mit Michael Grünhagen identisch war. Mehr noch: »Peter Rühl« alias Michael Grünhagen hatte ja nach Auskunft des Verfassungsschutzes noch wenige Tage vor dem Mord ein Treffen mit Ulrich Schmücker gehabt, auf dem ihn dieser detailliert über seine Lage informiert hatte. Zudem hatte er nach der Aussage seines Verfassungsschutz-Chefs Natusch noch am Tattage mit Schmücker telefoniert.

Auf zwei Papieren des Hessischen Landeskriminalamtes war wiederum neben dem Herrn Koppermann aus dem Bundesamt für Verfassungsschutz ein Beamter namens Grünhagen vom Berliner LfV als derjenige bezeichnet worden, der über Jürgen Bodeux's Kontakte zum Verfassungsschutz Auskünfte geben könne.

Bedeutete das alles, daß Michael Grünhagen vom Berliner Landesamt für Verfassungsschutz gleichzeitig Jürgen Bodeux und das Opfer Ulrich Schmücker »betreut« hatte?

Kein Wunder, daß Michael Grünhagen in der Neuauflage des Prozesses gegen Astrid Proll plötzlich keine Aussagegenehmigung erhielt. Wie hätte man irgendeinem normal denkenden Menschen klarmachen können, daß Grünhagen alias Rühl als Belastungszeuge im Proll-Prozeß eine Aussagegenehmigung erhalten hatte, nicht aber eine Aussagegenehmigung für den Schmücker-Prozeß?

Und noch ein weiteres ergab sich aus dem Proll-Verfahren. Erst fast acht Jahre nach Astrid Prolls angeblichem Mordversuch an zwei Beamten wurden dem Frankfurter Gericht entlastende Dokumente ausgehändigt. Andere Verfassungsschutz-Beamte, die am »Tatort« gewesen waren, hatten nichts davon bemerkt, daß Astrid Proll auf Grünhagen und auf den anderen Beamten geschossen haben sollte. Die Vermerke, in denen sie ihre Wahrnehmungen festgehalten hatten, waren acht Jahre lang nicht herausgegeben worden.

Erst als Bundesinnenminister Baum Ende 1979 die Dokumente auf den Tisch bekam, gab er sie für den Prozeß frei.

Parallelen zum Schmücker-Verfahren drängen sich geradezu auf: und nicht nur was die Identität von Grünhagen und Rühl anbetrifft.

Sollte es so sein, daß in den Aktenschränken des Verfassungsschutzes oder anderer Dienststellen vielleicht auch Unterlagen über den Mord an Ulrich Schmücker liegen, die möglicherweise einen ganz anderen Tatablauf als den von Bodeux geschilderten zum Inhalt haben?

Ich habe meine Unterlagen am 23. Januar 1980 an das Bundesinnenministerium geschickt. Man darf gespannt sein, was die Aktenüberprüfung durch den Dienstherrn des Bundesamtes für Verfassungsschutz diesmal ergibt.

Im Grunde gibt es nur zwei Möglichkeiten: entweder sind die Unterlagen falsch — dann muß es eine Abteilung »Desinformation« in einem der Ämter geben, mit der Zielsetzung, Journalisten durch gezielte Falschinformationen aufs Glatteis zu führen.

Oder aber die Unterlagen sind echt. Was das bedeutet, liegt auf der Hand.

Ich neige der zweiten Möglichkeit zu.

Das letzte Kapitel über den Mordfall Ulrich Schmücker ist noch nicht geschrieben.